中学教科書ワーク　学習カード

JN093975

尊敬語は？

言う・話す

1

謙譲《けんじょう》語は？

言う・話す

2

尊敬語は？

行く・来る

3

謙譲《けんじょう》語は？

行く・来る

4

尊敬語は？

いる

5

謙譲《けんじょう》語は？

いる

6

尊敬語は？

見る

7

謙譲《けんじょう》語は？

見る

8

謙譲《けんじょう》語は？

聞く

9

尊敬語は？

食べる・飲む

10

謙譲《けんじょう》語は？

食べる・飲む

11

尊敬語
おっしゃる
〈例文〉先生のおっしゃるとおりです。

ポイント
謙譲語《けんじょう》は，「申す・申し上げる」。

尊敬語
いらっしゃる・おいでになる
〈例文〉お客様は五時にいらっしゃる。

ポイント
「いらっしゃる・おいでになる」は「いる」の尊敬語でもある。

尊敬語
いらっしゃる・おいでになる
〈例文〉山田さんはいらっしゃいますか。

ポイント
「おる」は謙譲語《けんじょう》。「おられる」としないように注意。

尊敬語
ご覧になる
〈例文〉校長先生が絵をご覧になる。

ポイント
謙譲語《けんじょう》は「拝見する」。

謙譲語《けんじょう》
伺《うかが》う・承《うけたまわ》る
〈例文〉ご用件を伺います。

ポイント
「伺う」は「行く·来る」の謙譲語でもある。

謙譲語《けんじょう》
いただく
〈例文〉「何かお飲み物はいかがですか。」「コーヒーをいただきます。」

ポイント
尊敬語は「召《め》しあがる」。

使い方

- ミシン目で切り取り，穴をあけてリングなどを通して使いましょう。
- カードの表面には問題が，裏面には答え・例文・ポイントがあります。

謙譲語《けんじょう》
申す・申し上げる
〈例文〉母がよろしくと申しております。

ポイント
尊敬語は，「おっしゃる」。

謙譲語《けんじょう》
参る・伺《うかが》う
〈例文〉父が学校に伺います。

ポイント
「伺う」は「聞く」の謙譲語でもある。

謙譲語《けんじょう》
おる
〈例文〉私には兄が二人おります。

ポイント
尊敬語は「いらっしゃる・おいでになる」。

謙譲語《けんじょう》
拝見する
〈例文〉チケットを拝見します。

ポイント
尊敬語は「ご覧になる」。

尊敬語
召《め》しあがる
〈例文〉お客様が紅茶を召しあがる。

ポイント
謙譲語《けんじょう》は「いただく」。

尊敬語は？

する

12

謙譲語《けんじょう》は？

する

13

尊敬語は？

くれる

14

謙譲語《けんじょう》は？

もらう

15

謙譲語《けんじょう》は？

与《あた》える・やる

16

謙譲語《けんじょう》は？

知る・心得る

17

尊敬語は？

出席する

18

謙譲語《けんじょう》は？

案内する

19

尊敬語は？

書く

20

謙譲語《けんじょう》は？

会う

21

尊敬語は？

選ぶ

22

尊敬語は？

述べる

23

謙譲語《けんじょう》

いたす

〈例文〉私が部屋の清掃《せいそう》をいたします。

ポイント

尊敬語は「なさる」。

尊敬語

なさる

〈例文〉どうぞ気楽になさってください。

ポイント

謙譲語《けんじょう》は「いたす」。

謙譲語《けんじょう》

いただく

〈例文〉旅行のお土産《みやげ》をいただく。

ポイント

「いただく」は「食べる・飲む」の謙譲語でもある。

尊敬語

くださる

〈例文〉先生がサインをくださる。

ポイント

対義の「もらう」の謙譲語《けんじょう》は「いただく」。

謙譲語《けんじょう》

存ずる

〈例文〉その件については何も存じません。

ポイント

「存ずる」は「考える・思う」の謙譲語でもある。「存じる」ということもある。

謙譲語《けんじょう》

差し上げる

〈例文〉先生に花束を差し上げる。

ポイント

対義の「くれる」の尊敬語は「くださる」。

謙譲語《けんじょう》

ご案内する

〈例文〉お客様，応接室にご案内します。

ポイント

動詞を「ご～する」の形にすると謙譲語になる。

尊敬語

ご出席になる

〈例文〉市長が卒業式にご出席になる。

ポイント

動詞を「ご～になる」の形にすると尊敬語になる。

謙譲語《けんじょう》

お会いする

〈例文〉明日は先輩《せんぱい》にお会いする。

ポイント

動詞を「お～する」の形にすると謙譲語になる。

尊敬語

お書きになる・書かれる

〈例文〉先生が手紙をお書きになる。

ポイント

動詞を「お～になる」の形にする，「～れる（られる）」を付けると尊敬語になる。

尊敬語

述べられる

〈例文〉先生が林さんの受賞について述べられる。

ポイント

上一段・下一段・カ行変格活用の動詞に助動詞「られる」を付けると尊敬語になる。

尊敬語

選ばれる・お選びになる

〈例文〉校長先生が本を選ばれる。

ポイント

五段活用とサ行変格活用の動詞に，助動詞「れる」を付けると，尊敬語になる。

中学教科書ワーク　学習カード

ポケットスタディ

古語の意味

国語3年

Pocket Study

意味は？

☆☆☆

あまた

〈あまた〉

1

意味は？

☆☆

あやし

〈あやし〉

2

意味は？

☆☆☆

ありがたし

〈ありがたし〉

3

意味は？

☆☆☆

いと

〈いと〉

4

意味は？

☆☆☆

いみじ

〈いみじ〉

5

意味は？

☆☆☆

うつくし

〈うつくし〉

6

意味は？

☆☆☆

え〜ず

〈え〜ず〉

7

意味は？

☆☆☆

おどろく

〈おどろく〉

8

意味は？

☆☆☆

おはす

〈おわす〉

9

意味は？

☆☆☆

おぼしめす

〈おぼしめす〉

10

意味は？

☆☆

げに

〈げに〉

11

意味 たくさん。

ポイント
漢字では「数多《あまた》」と書き，数量が多い様子を表す。

使い方

- ミシン目で切り取り，穴をあけてリングなどを通して使いましょう。
- カードの表面には問題が，裏面には答え・例文・ポイントがあります。

意味 ①珍《めずら》しい。②優《すぐ》れている。

ポイント
「有り＋難《がた》し」(有ることが難しい)ことから，「珍しい」，めったにないほど「優れている」という意味になった。

意味 ①不思議だ。②粗末《そまつ》だ。

ポイント
「怪《あや》し・奇《あや》し」という字を当てるときは①，「賤《あや》し」を当てるときは②の意味になる。

意味 程度が甚《はなは》だしい。

ポイント
とても「よい」場合にも，とても「ひどい」場合にも使われる。

意味 とても。たいそう。

ポイント
「いと」よりも程度が甚《はなは》だしいときには，「いとど」を使う。

意味 〜できない。

ポイント
下に打ち消しの語(ず・じ・まじ等)を伴《ともな》って，「〜できない」という不可能の意味を示す。

意味 かわいらしい。いとしい。

ポイント
現代語の「美しい」と意味が異なるので注意。

意味 いらっしゃる。

ポイント
「行く・来《く》」(行く，来る)，「あり・居《を》り」(いる)の尊敬語。

意味 ①気づく。②目を覚ます。

ポイント
もともとは，物音などにはっとするという意味の語であった。

意味 本当に。なるほど。

ポイント
人の言動などに対して，「なるほど，そのとおりである」と納得《なっとく》すること。

意味 お思いになる。

ポイント
「思ふ」の尊敬語。「おぼす」も「思ふ」の尊敬語だが，「おぼしめす」のほうが高い敬意を表す。

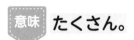

意味は？

☆☆½

つきづきし

〈つきづきし〉

12

意味は？

☆☆☆

つとめて

〈つとめて〉

13

意味は？

☆☆☆

つれづれなり

〈つれづれなり〉

14

意味は？

☆☆

にほふ

〈におう〉

15

意味は？

☆☆☆

のたまふ

〈のたもう〉
（まう）

16

意味は？

☆☆½

はづかし

〈はずかし〉

17

意味は？

☆☆☆

やうやう

〈ようよう〉

18

意味は？

☆☆

やむごとなし

〈やむごとなし〉
（ん）

19

意味は？

☆☆½

ゆかし

〈ゆかし〉

20

意味は？

☆☆☆

わろし

〈わろし〉

21

意味は？

☆☆☆

居《ゐ》る

〈いる〉

22

意味は？

☆☆☆

をかし

〈おかし〉

23

意味 **早朝。**

ポイント

「翌朝」という意味を表すこともある。類義語は「あした（朝)」。

意味 **美しく色づく。**

ポイント

「にほふ」の「に」は，赤い色のこと。赤い色が目立つ様子から，「美しく色づく」意味になった。

意味 **立派だ。優《すぐ》れている。**

ポイント

自分と相手を比べて引け目に感じる気持ちや，こちらが恥《は》ずかしくなるほど相手が「立派だ」という意味を表す。

意味 **①捨てておけない。②尊い。**

ポイント

「捨てておけない」の意から，それほど大切な「尊い」ものという意味になった。「やんごとなし」ともいう。

意味 **よくない。見劣《みおと》りがする。**

ポイント

他と比べてよくないことには「わろし」，本質的に悪いことには「あし」を使う。

意味 **趣《おもむき》がある。**

ポイント

知的な感動を表す「をかし」に対し，「あはれ」は，心が深く動いたときの感動を表す。あわせて覚えよう。

意味 **似つかわしい。ふさわしい。**

ポイント

物と物とがぴったり合う感じから，「似つかわしい･ふさわしい」という意味になった。

意味 **退屈《たいくつ》である。**

ポイント

鎌倉《かまくら》時代の随筆《ずいひつ》『徒然草《つれづれぐさ》』(兼好《けんこう》法師著）の冒頭《ぼうとう》の一節「つれづれなるままに……」は有名である。

意味 **おっしゃる。**

ポイント

「言ふ」の尊敬語。「言ふ」の尊敬語には，「おほす（仰す)」「おほせらる（仰せらる)」もある。

意味 **だんだん。しだいに。**

ポイント

平安《へいあん》時代の随筆《ずいひつ》『枕草子《まくらのそうし》』(清少納言《せいしょうなごん》著）の一節に，「春はあけぼの，やうやう白くなりゆく山ぎは」とある。

意味 **①知りたい。②懐《なつ》かしい。**

ポイント

そこへ行きたいと思うほど，強く心がひかれる様子を表す。

意味 **座《すわ》る。**

ポイント

秋の季語「居待ち月」は，旧暦《きゅうれき》十八日の月。満月を過ぎ，出るのが遅《おそ》くなった月を，座って待ったことから名付けられた。

もくじ 教育出版版 国語3年

【写真提供】アフロ，ピクスタ 【イラスト】artbox

解答 1ページ　スピードチェック 2ページ

確認のワーク　ステージ1

春に

学習のねらい
●「春」を迎えた「ぼく」の中にわき上がる「気もち」を捉えよう。

漢字と言葉

1 漢字の読み 読み仮名を横に書きなさい。
*は新出漢字　▼は新出音訓・◎は熟字訓

❶ *渦まく

2 漢字の書き 漢字に直して書きなさい。

❶ 水流が（　）《うず》になる。

3 語句の意味 意味を下から選んで、線で結びなさい。

❶ こみあげる・　・ア 対立して互いに争い合う。
❷ せめぎあう・　・イ 思いどおりにならずいらいらする。
❸ もどかしい・　・ウ 感情がわき上がってくる。

教科書の要点

1 表現技法 （　）に教科書の言葉を書き入れなさい。 教 p.14〜15

●繰り返し…「（①　）」という言葉が繰り返されている。
●（②　）法…「よろこびだ……かくれている」（8〜10行目）では、対になる言葉が、同じ構造で並べられている。
●隠喩法…11行目では「心」の状態を「（③　）」にたとえている。

2 構成 （　）に教科書の言葉を書き入れなさい。 教 p.14〜15

まとまり	内容
一 教初め〜p.14・⑤	●「春」の（①　）の流れが、（②　）からあしのうらを伝わってこみあげてくる。
二 p.14・⑥〜14・⑬	●生まれ出ようとするものと、押しとどめようとするものとが、せめぎあい、いまにも（③　）としている。
三 p.15・①〜終わり	●今いる場所に（④　）と思う一方で、早く未来に進みたいという（⑤　）気もちを抑えられない。

おさえよう

主題 「春」には、〔ア 大空　イ 大地〕からの躍動感あふれるエネルギーを感じる。「春」はさまざまな感情のせめぎあいのなかで、〔ア 現在　イ 未来〕への希望をかきたてられる季節だ。

知識の泉 漢字や語句のミニクイズです。勉強の合間に取り組んでみましょう。

★ 基本問題

次の詩を読んで、問題に答えなさい。

教 p.14～15

春に

谷川《たにかわ》 俊《しゅん》太《た》郎《ろう》

この気もちはなんだろう
目に見えないエネルギーの流れが
大地からあしのうらを伝わって
ぼくの腹へ胸へそうしてのどへ
①声にならないさけびとなってこみあげる
この気もちはなんだろう
枝の先のふくらんだ新芽が心をつつく
よろこびだ　しかしかなしみでもある
いらだちだ　しかもやすらぎがある
あこがれだ　そしていかりがかくれている
心のダムにせきとめられ
よどみ渦まきせめぎあい
いまあふれようとする
この気もちはなんだろう
あの空のあの青に手をひたしたい
まだ会ったことのないすべての人と
会ってみたい話してみたい
②あしたとあさってが一度にくるといい
ぼくはもどかしい
ⓐ地平線のかなたへと歩きつづけたい
ⓑそのくせこの草の上でじっとしていたい
ⓒ大声でだれかを呼びたい
ⓓそのくせひとりで黙っていたい
この気もちはなんだろう

1 この詩で使われている表現技法を全て選び、記号で答えなさい。

ア 直喩法　イ 体言止め　ウ 反復法
エ 対句法　オ 隠喩法

（　　　　）

攻略！ 構造の似た部分などに着目する。

2 よく出る ①声にならないさけびとなってこみあげる　ものは、何ですか。詩の中から十四字で抜き出しなさい。

3 ②あしたとあさってが一度にくるといい　とありますが、これと同じ気持ちを表す言葉を、詩の中から五字で抜き出しなさい。

4 線ⓐ～ⓓは、Ⅰ…「ぼく」の積極的な気もちと、Ⅱ…消極的な気持ちのどちらを表していますか。それぞれ記号で答えなさい。

Ⅰ…（　　）・（　　）　Ⅱ…（　　）・（　　）

知識の泉　Q □にあてはまる共通の漢字は？「□に入っては□に従え」

確認のワーク ステージ1 立ってくる春

解答 1ページ　スピードチェック 2ページ　予想問題 130ページ

漢字と言葉

1 漢字の読み 読み仮名を横に書きなさい。

①*縫う　②*暦の上　③*鬼(訓読み)　④*妖怪

*は新出漢字　▼は新出音訓・◎は熟字訓

2 漢字の書き 漢字に直して書きなさい。

①（ようかい）の絵を描く。　②着物を（ぬ）う。

③新しい（こよみ）。　④心を（おに）にする。

3 語句の意味 意味を下から選んで、線で結びなさい。

① さほど・　・ア すぐに。
② 類い・　・イ 天と地の境界。
③ 生気・　・ウ たいして。
④ 地平線・　・エ 同種のもの。
⑤ じきに・　・オ 活力にあふれた感じ。

学習のねらい

- 文章の種類や展開に注目して、筆者の独自の考えを捉えよう。
- 筆者が「春」に対して抱いているイメージを読み取ろう。

教科書の要点

1 話題 この文章は何について書かれていますか。漢字二字で書きなさい。

□□

2 内容理解 筆者の考えた「立つ春」のイメージにあてはまらないものを次から一つ選び、記号で答えなさい。 教p.20

ア 盛り上がってくるようなもの。
イ 空気のように目に見えないもの。
ウ こまかな生気あるものに満ちているもの。
エ 柔らかでのほほんとしているもの。

（　　）

3 筆者の考え 筆者は「立ってくる春」とはどのようなものだと考えていますか。（　）に教科書の言葉を書き入れなさい。 教p.20

さまざまな小さい（①　　）で埋めつくされた一枚の絵のようなもので、（②　　）がのぼるように地平線から次第《しだい》に高くのぼってゆき、（③　　）を覆うようになるもの。

小学生の筆者が最終的に思いついたイメージを捉えよう。

4 構成のまとめ

（　）に教科書の言葉を書き入れなさい。教p.18〜21

	回想（子どもの頃のエピソード）		現在
まとまり	教初め〜p.19・⑰ 自宅で	p.19・⑱〜p.21・② 学校へのみちみち	p.21・④〜終わり 「立春」への思い
内容	祖母「もう（①　　）ですよ、ひろみちゃん。」 ・昭和半ばの東京、二月初旬。一昨日は雪。 「私（筆者）」…いつまでも朝は布団《ふとん》から出られない。 家…木造で外と中の温度がさほど変わらない。 →まだ寒い ・暦の上では立春＝「春が（③　　）」 私「春って、立つの。」 祖母「立ちますよ。」	・立つ春とは、どんなものなのだろう。 ・目に見える　・柔らかでのほほんとしている ・こまかな生気あるものに満ちた、盛り上がるようなもの … ・私は「立ってくる春」のかたちを決めた。 立つ春とは ・小さい生き物で埋めつくされた一枚の絵のようなもの。 ・（④　　）の向こうにゆっくり上がってきて、日々次第に高くのぼってゆき、四月には全天を覆うようになるもの。	・勝手に解かれた「春が立つ」謎は、今も私の中に居つづけている。
「私（筆者）」の様子や心情	▼祖母の言葉に（②　　）。…興味をひく書き出し ▼祖母に「今日から春ですよ。」と言われ、「まだ冬なのに。」と口をとがらす。 …こんなに寒いのに、春のはずがない（不満） ▼祖母の言葉で、春は立つものだと思うようになる。	▼学校へのみちみち、考えた。 「春」を、人間、空気、竜・鬼・妖怪などと比較 ▼私は謎が解けて（⑤　　）した。 ▼たしかに、今日、ずっと向こうのあの山のあたりに、春が立った。 「よしよし。」「うんうん。」…生き生きした心情	◆（⑥　　）と聞くと、反射的に、水平線から立ち上がってくる靄《もや》のような絵を思い浮かべる。

おさえよう

主題 子どもの頃に〔ア 母　イ 祖母〕を通して初めて「立春」という言葉を知った筆者は、「立ってくる春」のかたちを決めた。そのイメージは今でも心の中にあり、立春という言葉を聞くと、〔ア 水平線　イ 全天〕から立ち上がる〔ア 靄《もや》　イ 雲〕のような絵を思い浮かべる。

知識の泉 Q「尻馬に乗る」の意味に近い熟語は？　ア＝付和雷同　イ＝用意周到

実力判定テストA ステージ2

立ってくる春

次の文章を読んで、問題に答えなさい。

教 p.19・⑤〜21・⑦

30分

自分の得点まで色をぬろう!
100点　合格!　80　もう一歩　60　がんばろう!　0

/100

解答 1ページ

「今日から春ですよ。」もう一度、祖母が言った。

「でもまだ冬なのに。」①私は口をとがらして答えた。霜柱はつんつん立っていたし、その朝も水道管が凍った。あおあおとしているのはつわぶきの葉とアオキばかりで、楓《かえで》も欅《けやき》も桜も柿もすっかり葉を落としてしんとしていた。②寒暖計の赤は下の方にわだかまり、ぜんぜん上がってこない。

「でも、暦の上では、ほら。立春ですよ。」

「りっしゅん。」

「春が立つ、春になるっていうことですよ。」

祖母の部屋には日めくりの暦が下げてあった。暦には、二月四日、木曜、立春、の字が並んでいた。

「春って、立つの。」

「立ちますよ。」そう言って、祖母は真面目に頷《うなず》いた。以来私は、春は立つものだと思うようになったのである。

③立つ春とは、どんなものなのだろう。学校へのみちみち、考えた。人間のかたちをしたものでは、なかろう。空気のようなものか。でも空気は目に見えない。「立つ」と感じるからには、目に見えなくては。本の中にある竜や鬼や妖怪に似た、この世のものではない生き物のかたちをしたものか。それも違う、春はもっと柔らかでのほほんとしているから、火を吐いたり金棒をふるったりするものたちの類いではあるまい。春とは、こまかな生気あるものに満ちた、盛り上がるようなものだ。それならば。

歩きながら、晴れた冷たい空気の中に見える遠い富士《ふじ》を眺めつつ、私は「立ってくる春」のかたちを、決めた。

立ってくる春とは、さまざまな小さい生き物でみっしり埋めつくされた一枚の絵のようなものにちがいない。その春が、地平線の向こうにゆっくり上がってくる。最初のころは端っこだけしか地平線近くに見えていないが、太陽がのぼるように、日々次第《しだい》に高くのぼってゆく。そして四月ともなれば、すっかり全天を覆うようになるのである。

④これだけのことを決め、ようやく私は満足した。よしよし。謎は解けた。なるほど春は立つものであろう。まだあんまり見えないけれど、たしかに、今日、ずっと向こうのあの山のあたりに、春が立った。うんうん。

勝手に解かれてしまった「春が立つ」謎は、今にいたるまで、じつは私の中に居つづけている。現在も、立春という言葉を聞くと、反射的に、水平線からゆっくりと立ち上がってくる靄《もや》のような絵を思い浮かべるのである。

知識の泉　A ア。「尻馬に乗る」＝無批判で，他人のやることに便乗すること。

まだまだ寒い、しかしじきに、春である。

〈川上《かわかみ》弘美《ひろみ》「立ってくる春」による〉

1 文章の初めから、「……春が立った。うんうん。」までを二つの場面に分けるとき、後半はどこからになりますか。初めの五字を書きなさい。（15点）

2 よく出る ①私は口をとがらして答えた。について答えなさい。

(1) このときの「私」はどんな気持ちでしたか。次から一つ選び、記号で答えなさい。（10点）

ア 怒り　イ 驚き　ウ 不満　エ 喜び　（　）

(2) 記述 なぜ、(1)のような気持ちになったのですか。その理由を書きなさい。（10点）

（　　）

攻略！ 祖母が言ったことと、「私」が感じていることをおさえよう。

3 ②寒暖計の赤は……上がってこない。とありますが、どのようなことを表現していますか。「気温」という言葉を使ってわかりやすく書きなさい。（15点）

（　　）

4 ③立つ春 とありますが、「私」は、「立つ春」をどのようなものだと考えましたか。（　）にあてはまる言葉を、文章中から抜き出しなさい。5点×3（15点）

・目に見えるもの。

・柔らかで（　　）としているもの。

・こまかな（　　）に満ちた、（　　）ようなもの。

5 ④これだけの……私は満足した。について答えなさい。

(1) 「これだけのこと」の具体的な内容が書かれている部分を文章中から抜き出し、初めと終わりの五字を書きなさい。完答（10点）

～

(2) なぜ満足したのですか。次から一つ選び、記号で答えなさい。（10点）

ア 春が立つ理由はわからないが、その姿は確認できたから。

イ 見えないはずの春が、自分にははっきりと見えたから。

ウ 春はまだ立っていないが、まもなく立つとわかったから。

エ 春を立つものとして、イメージすることができたから。

（　）

6 よく出る 現在の「私」の中にある「立春」のイメージはどのようなものですか。文章中から二十四字で抜き出し、初めと終わりの五字を書きなさい。完答（15点）

～

知識の泉 Q 「A君を委員長に（押・推）す。」（　）の中で正しいのはどっち？

確認のワーク ステージ1

なぜ物語が必要なのか

解答 2ページ　スピードチェック 2ページ　予想問題 131ページ

学習のねらい
- 文章の種類と特徴《とくちょう》をおさえよう。
- 人間にとっての「物語」の役割について、筆者の考えを読み取り、理解を深めよう。

漢字と言葉

1 漢字の読み 読み仮名を横に書きなさい。

❶ *獲得　❷ *魂（訓読み）　❸ *犠*牲　❹ *宛てる

*は新出漢字
▼は新出音訓・◎は熟字訓

2 漢字の書き 漢字に直して書きなさい。

❶（ぎせい）を払《はら》う。　❷ 部員を（かくとく）する。

❸ 友に（あ）てた手紙。　❹（たましい）を込める。

3 語句の意味 意味を下から選んで、線で結びなさい。

❶ 理不尽 ・　　・ア 物事が入り混じってはっきりしない様子。
❷ 辻褄《つじつま》 ・　　・イ 人間の手が加わった様子。
❸ 奇想天外 ・　　・ウ 道理に合わないこと。
❹ 混沌《こんとん》 ・　　・エ 物事の筋道。
❺ 人為《じんい》的 ・　　・オ 通常では思いつかない奇抜なこと。

教科書の要点

1 話題 この文章で、筆者はどのような問いを挙げていますか。 教 p.22

人間が生きてゆくのに、なぜ［　　］が必要なのか。

2 内容理解 人間は物語とどのように生きてきたと筆者は述べていますか。（　）に教科書の言葉を書き入れなさい。 教 p.22〜23

理不尽、疑問、自然、感動といった人生で出会うもろもろを物語の形に変え、自分なりに（　　）ことで、困難の多い（　　）を少しでも実り豊かなものにしようとしてきた。

3 筆者の考え 筆者は、物語に身を置くと何に気づけると述べていますか。 教 p.27

目には見えない、混沌《こんとん》とした内面の暗闇に沈んでいる［　　　　］。

「その目に見えない何かに光を当てる一つの方法が、物語に身を置くことなのだ」と筆者は述べているよ。

知識の泉　A 推。　押す＝力を加える。推す＝推薦《すいせん》する。

4 構成のまとめ

（　）に教科書の言葉を書き入れなさい。教p.22〜27

まとまり	範囲	内容
導入	教初め〜p.23・④	**人間と物語との関わり** ●神話の時代から人間は（①　　）とともに生きてきた。 ●物語の歴史が途切れなかったのはなぜか。 ▼人は、人生に起きるもろもろを物語の形に変え、自分なりに受け止めることで困難の多い人生を少しでも実り豊かなものにしようとしてきた。 ●物語は、辛抱強く、（②　　）に寄り添ってくれる。
筆者の経験と考察	p.23・⑤〜24・⑤	**物語の役割1** ●洋二郎《ようじろう》さん…精神の病に苦しみながらも、生きるための光を見いだそうとしていた。 ▼電車の窓に映る樹木と、声にならない声で会話を交わす。→彼だけの物語が、彼と（③　　）をつなぎとめた。 ●洋二郎さんの父（柳田邦男《やなぎだくにお》） ▼洋二郎さんの日記を読み、苦しみの真実にふれる。→物語が、死者と生者に別れた（④　　）をつないだ。
	p.24・⑥〜26・⑤	**物語の役割2** ●『アンネの日記』＝架空の友人キティーに宛てた手紙として、自らの思いを綴《つづ》ったもの。 私（筆者）衝撃を受けた。「書くことがこんなにも人の心を解き放つのか」。→（⑤　　）の原点。
まとめ	p.27・①〜終わり	**人間は自分の物語を作りながら生きている** ●自分だけの物語を作った…（⑥　　）の声を聴《き》いた洋二郎さん・（⑦　　）と会話したアンネ 物語の世界が、彼らの安全地帯になっている。→論理的ではない、（⑧　　）では説明できない世界。 ●彼らの物語が私に深い感動をもたらしている。→物語には時空を超え、人の（⑨　　）をつなぐ役割がある。 ▼個人の物語が（⑩　　）へと生まれ変われる。 ●物語という器を持ってさえいれば、魂を解放できる。 ●他者の物語にふれれば、その人の心に寄り添える。 →人間は誰しも自分の物語を作りながら生きている。そうでなければ生きてゆけない。

おさえよう

主題 人は、自分の〔ア 日記　イ 物語〕を作りながら生きている。物語は、苦しい現実を受け入れるための安全地帯になったり、魂を解放したりする。また、他者の物語にふれることで、混沌とした内面の暗闇に沈んだ大切な〔ア 真実　イ 心情〕に気づき、他者の心に寄り添えるのである。

知識の泉　Q「実行をためらう」意味の慣用句は？　ア＝二の舞　イ＝二の足を踏む

実力判定テストA　ステージ2

なぜ物語が必要なのか

30分

自分の得点まで色をぬろう！
100点　合格！　80　もう一歩　60　がんばろう！　0
/100

解答 2ページ

次の文章を読んで、問題に答えなさい。

教 p.25・⑦〜27・⑬

日記を読んだ時、書くことがこんなにも人の心を解き放つのかと、私は衝撃を受けました。書くという方法を使えば、自分も自由を得られるのだ。そう思い、早速、大学ノートを買ってきました。それが①作家の原点になったと言えるでしょう。

私は彼女がキティーに語りかけたのを真似《まね》し、アンネに向かって悩《なや》みを打ち明けるように、友達関係の難しさや両親とのいざこざを、②大学ノートに書きはじめました。時代も立場も飛び越えて、同世代の悩みを共有している気分でした。彼女との間に交わした空想の友情が、どれほど私の救いになってくれたか知れません。当時、私にとっての親友は、自分なりにこしらえた物語の世界に住む、決して会うことのできない少女だったのです。

十三歳から十五歳まで、隠れ家生活にあっても、アンネ＝フランクの心は成長してゆきました。ただ反抗心をむき出しにするばかりでなく、こうありたいと願う自分の、本来の姿を静かに模索するようになっていきました。たとえ肉体は狭い場所に閉じ込められていようとも、心はどこまでも豊かに深まってゆくのです。③その事実を、アンネの日記は証明しています。

一九四四年八月四日、何者かの密告により、隠れ家の人々は連行されます。一九四五年、アンネはドイツの強制収容所ベルゲン＝ベルゼンで、チフスのため命を落としました。家族の中で生き残ったのは、父のオットー一人きりでした。アンネの日記は一九四四年八月一日、火曜日が最後です。いつものとおり、親愛なるキティーへ、で始まり、じゃあまた、アンネ＝M＝フランクより、で終わっています。

④樹木の声を聴《き》いた洋二郎《ようじろう》さん、空想の友人と会話したアンネ。二人とも自分だけの物語を作った、という意味で共通しているように思えます。論理的ではない、理性では説明できない世界が、彼らの安全地帯になっています。更《さら》に不思議なのは、最初は彼らだけの物語だったものが、時を経て、無関係なはずの私にも深い感動をもたらしている、ということです。物語には時空を超え、人の心をつなぐ役割があるのでしょう。だからこそ、⑤個人の物語は文学へと生まれ変われるのです。

物語は作家だけが書いているのではありません。本当に大切な真実は、混沌《こんとん》とした内面の暗闇に沈んでいます。その目に見えない何かに光を当てる一つの方法が、⑥物語に身を置くことなのだと思います。底知れない自由と許しを持つ物語という器を持ってさえいれば、人間は魂を解放することができます。他者の物語にふれれば、どんなに立場が異なっていても、その人の心に深く寄り添えます。

人間は誰しも、自分の物語を作りなが

ら生きています。そうでなければ、生きてゆけないのです。

〈小川《おがわ》洋子《ようこ》「なぜ物語が必要なのか」による〉

1 よく出る ①作家の原点 とは、どんなことですか。次から一つ選び、記号で答えなさい。（10点）

ア 自分以外の人が書いた日記を初めて読んだこと。
イ 同世代の人がもっている悩みを共有できたこと。
ウ 書くことで心が解放されることに気づいたこと。
エ 自分の本音を綴《つづ》るためのノートを買ったこと。

（　　）

2 ②大学ノートに書きはじめました について答えなさい。

(1) 誰に向けて書いたのですか。（10点）

（　　）

(2) 書いている時、筆者はどんな気持ちでしたか。（10点）

（　　）

攻略！ 筆者は、アンネがキティーに書いたのを真似《まね》て書き始めている。

3 ③その事実 とは、どんな事実ですか。文章中から「……という事実」につながる形で抜き出し、初めと終わりの三字を書きなさい。完答（10点）

□□□～□□□という事実。

4 ④樹木の声を聴いた洋二郎さん、空想の友人と会話したアンネ。とありますが、二人について筆者はどんなことを考えましたか。（　）にあてはまる言葉を、文章中から抜き出しなさい。10点×2（20点）

・自分だけの物語を作り、それが彼らの（　　）となったこと。
・個人の物語が、無関係な私にも（　　）をもたらしたこと。

5 ⑤個人の物語は文学へと生まれ変われる のはなぜだと筆者は考えていますか。文章中から「……から。」につながる形で抜き出しなさい。（10点）

（　　）から。

6 記述 ⑥物語に身を置くこと でどんなことができると筆者は考えていますか。（10点）

（　　）

攻略！ 直前の部分から、筆者の考えを捉えよう。

7 筆者は物語にどのような力を感じていますか。次の書き出しに続けて書きなさい。10点×2（20点）

・物語という器を持つことで、（　　）
・他者の物語にふれることで、（　　）

知識の泉 Q 「普遍《ふへん》」の類義語はどっち？　ア＝一般　イ＝本質

確認のワーク ステージ1
私《わたし》（漢字の練習1）

学習のねらい
●「二重の情報」をどう捉えているか、違いを読み取ろう。
●登場人物の「市民対応」の違いを捉えよう。

解答 3ページ ｜ スピードチェック 2・3ページ ｜ 予想問題 132ページ

漢字と言葉

1 漢字の読み　読み仮名を横に書きなさい。

＊は新出漢字　▼は新出音訓・◎は熟字訓

①督＊促状　②特＊殊　③▼究める　④▼出納帳
⑤▼背く　⑥▼承る　⑦▼専ら　⑧▼和やか
⑨▼競う　⑩小▼児科　⑪夕▼映え　⑫◎助太刀

2 漢字の書き　漢字に直して書きなさい。

①（かんはつ）容《い》れず答える。　②計画を（へんこう）する。
③意見が（いっち）する。　④お（じぎ）をする。
⑤データの（ちくせき）。　⑥名を（たず）ねる。

3 語句の意味　意味を下から選んで、線で結びなさい。

①圧迫・　　・ア　押さえつけること。
②推察・　　・イ　同じものがかさなること。
③重複・　　・ウ　おし量ること。

教科書の要点

1 登場人物　（　）に教科書の言葉を書き入れなさい。　教p.32〜40

●「（①　　）」…物語の主人公。
●来庁した若い女性…督促状について問い合わせに来た人物。
●図書館の（②　　）の女性…貸出の窓口の人物。

2 あらすじ　正しい順番になるように、番号を書きなさい。　教p.32〜42

（　）図書館の「私《わたし》」のデータが二重登録で、本が借りられない。

（　）「私」は住民情報データと個人の密接な結びつきに気づく。

（　）二重登録されていた住民データの一方を消したと伝えると、女性は消されたほうが自分のデータだと主張する。

（　）「私」は正当な主張をして、二重状態を解消させる。

（　）若い女性が来庁し、督促状は自分宛てではないと言うが、督促状に間違いは見つからない。

（　）司書は二重になっているのは「あなた自身」だという。

（　）消したデータを復元すると、女性は納得して帰る。


市庁舎と図書館の二つの場面があることに注意しよう。

知識の泉　A ア。「普遍《ふへん》」は全てのものに共通していること。対義語は「特殊」。

3 構成のまとめ

（　）に教科書の言葉を書き入れなさい。教p.32〜42

場面		できごと	心情や様子
場面① 市庁舎	教初め〜p.32・⑥	●昨日、市内の未納者宛てに督促状を発送した。	私 そろそろ問い合わせの電話がかかってくるはずだ。
	p.32・⑦〜34・⑯	●若い女性が来庁。 →督促状は「私宛てではないような気がする」。 ●督促状に間違いは見つからない。	私 言葉に最大限の謝意を込め、心中にはさざ波すら立てず、頭を下げる。＝「（①　　　）とされる市民対応」 私 内心の当惑を抑え込み、相手の様子を観察。
	p.34・⑰〜37・⑥	●二重登録した市民データの一方を消したと発覚。 女性「消されたのは、私のデータなのです。」 →消去したデータの（②　　　）を要求。	私 親身な態度を見せつつ、同じデータであると説明する。 女性 悲しそう…同じデータではなく、違いがあると考えている 私「処理としては難しいが、対応は可能」という姿勢を見せる。
	p.37・⑦〜38・⑬	●消去したデータを復元し、今までと内容的に変わらない督促状を差し出す。	女性「ああ！　確かに私の名前です！」 →女性は安堵《あんど》し、未納料金を払《はら》って立ち去る。
	p.38・⑭〜39・⑧	●女性が念押しした、古いほうの督促状をシュレッダーにかける。	私 我ながら満足のいく「模範的な市民対応」。 データと（③　　　）の密接な結びつきに気づく。 …「私」を証明できるのは役所にデータがあるから 全てのデータがなくなったら、「私」という存在も消えるのでは？
場面② 図書館	p.40・③〜終わり	●入力ミスで「私」のデータが二重になっている。 司書 二重になっているのは、「あなた自身です」。 ●正常な状態に戻す＝五分ほどで二重状態が解消へ。	司書 すげない態度…「模範とされる市民対応」からはほど遠い。 私 申し立てに対して適切な対応が取られ、満足。 →どちらを「削除」しようが、同じ「（④　　　）」なのだ。

おさえよう

主題 「私《わたし》」という［ア 存在　イ データ］を、「私」の［ア 存在　イ データ］によって証明する二つの場面を示すことで、「［ア 私　イ 市民］」とは何かという問題を提起する作品である。

知識の泉 Q □に合うのは（　）のどっち？　日直を□（交換・交代）する。

実力判定テストA ステージ2

私《わたし》

30分

自分の得点まで色をぬろう！
合格！　もう一歩　がんばろう！
100点　80　60　0　/100

解答 3ページ

次の文章を読んで、問題に答えなさい。

教 p.37・⑰〜39・⑧

「私《わたし》」は市民の女性の要望に応え、彼女の住民データについて、二重登録で消去したほうのデータを復元するよう、情報管理課に頼んだ。

「よし、こちらの住民データは置き換えたぞ。そちらの個別システムの情報を更新しろ。それでデータは置き換わるから。」

「ああ、ありがとう。」

私は電話を切り、「お待たせして申し訳ありません。」と女性に断りながら、個別システムの住民データを更新した。画面上には、先ほどまでとは置き換えられた……、だが、内容的にはなんら変わりはない、彼女の督促データが表示された。

そのデータを元に、私は督促状を印刷し直した。

「①こちらでいかがでしょうか。」

新しい督促状を差し出すと、彼女は不安そうな面持ちで、そこに印字された文字を見つめた。もちろん、今までの督促状と一字一句変わらないものではあったが……。

「ああ！　確かに私の名前です！」

彼女は、心の底から安堵《あんど》したように言うと、嬉《うれ》しそうに督促状を胸に抱え込んだ。

「古いほうの督促状は、シュレッダーにかけてもらえますか。」

未納料金を払《はら》った彼女は、立ち去りかけて振り返り、②そう念押しした。

「かしこまりました。」

彼女が立ち去ってから、私はフロアの片隅のシュレッダーに向かった。ちょうど他にも廃棄書類が溜《た》まっていたところだ。個人情報関連の書類をシュレッダーにかけながら、今の「市民対応」を振り返る。

相手の言わんとするところに理解を示し、対処法を筋道立て、臨機応変に対応し、納得して帰ってもらう。③我ながら満足のいく「模範的な市民対応」であった。

今回の事例は、私一人で把握しておけばいい案件ではなかった。「重複データ消去時の、住民データの個人との同一希薄性発生時の対応」として市民対応マニュアルに追加し、課題と解決策とを課内で共有化しなければならない。

それにしても、住民情報データと個人が、これほど密接に結びついているとは、思ってもみなかった。考えてみれば、私が「私」であるということを証明できるのは、こうして役所にデータがあるからこそだ。もしかしたら、それら全てのデータがなくなってしまったら、「私」という存在そのものも消えてしまうのではないだろうか？

シュレッダーで④無数の「個人情報」を裁断しながら、私はつい、そんな想像をしてしまった。

〈三崎《みさき》 亜記《あき》「私《わたし》」による〉

知識の泉　**A 交代。**「交代」＝役や場所を入れかえる。「交換」＝ものを取りかえる。

1

(1) よく出る ①こちらでいかがでしょうか。について答えなさい。

このとき「私」はどのような気持ちだったと考えられますか。次から一つ選び、記号で答えなさい。(10点)

ア 同じデータの細かい違いに気づくとは、すばらしい。
イ きっと新しい難題を持ちかけてくるにちがいない。
ウ 同じデータなのだから、どちらでも変わらないだろう。
エ 改めて見てみると、同じデータでも違うのでおもしろい。

（　　）

(2) 女性の気持ちはどのように変化しましたか。次のⅠ・Ⅱのときの女性の気持ちを最もよく表している言葉を、文章中からそれぞれ二字で抜き出しなさい。10点×2(20点)

Ⅰ…新しい督促状を差し出された直後

Ⅱ…督促状の印字された文字を確認したとき

攻略！ 前後の、督促状について書かれている部分から読み取ろう。

2

②そう念押しした について答えなさい。

(1) 女性はなんと念押ししたのですか。念押しした内容を文章中から一文で抜き出しなさい。(10点)

（　　）

(2) 女性はなぜこのように念押ししたと考えられますか。次から一つ選び、記号で答えなさい。(10点)

ア 本当の自分ではないデータが存在すると困るから。
イ 個人情報は慎重に扱ってほしいと思ったから。
ウ 古い督促状で二重に請求されると迷惑《めいわく》だから。
エ 「私」に同じ過《あやま》ちをしてほしくないと思ったから。

（　　）

3

③我ながら満足のいく「模範的な市民対応」とありますが、「私」は「模範的な市民対応」とはどのようなものだと考えていますか。次から一つ選び、記号で答えなさい。(10点)

ア 市民の言い分に耳を傾《かたむ》けつつ、市の方針を理解してもらうもの。
イ 市民に市の方針を伝え、できないことははっきり断るもの。
ウ 市民を全て平等に扱い、感謝の気持ちをもって接するもの。
エ 市民の言い分を尊重し、相手が満足するように対応するもの。

（　　）

4

④そんな想像 について答えなさい。

(1) よく出る 「私」はどのような想像をしたのですか。(20点)

（　　）

(2) 記述 (1)のように「私」が想像したのは、どのように考えたからですか。(20点)

（　　）

攻略！ 前の段落に書かれている内容から読み取ろう。

知識の泉 Q 「塞翁が馬」の意味は？

実力判定テストB　ステージ3

私《わたし》

30分

自分の得点まで色をぬろう!
100点　合格!　80　もう一歩　60　がんばろう!　0
/100

解答 4ページ

★ 次の文章を読んで、問題に答えなさい。

教 p.40・⑧〜42・⑪

窓口の女性司書は、端末画面の貸出履歴を一瞥《いちべつ》し、私の置いた五冊の本を確認すると、バーコードを読み取ろうとする手を止めた。

「既に六冊借りられていますので、本日は四冊までしか貸し出すことはできません。」

「一週間前に、三冊しか借りていないはずですが。」

借りた冊数に間違いはない。貸出カードは常に財布に入れて持ち歩いているので、親族の誰かが利用して借りることもありえない。

「それでは、①二重になっているようですね。」

司書の女性は、間髪を容《い》れずに答える。それで私も、ようやく納得できた。

「ああ、貸出データが二重になっているんですね。それでは、そのデータを正して、貸出ができるようにしてもらえますか。」

無感動な表情が私に向けられる。

「いえ、二重になっているのは、データではなく、あなた自身です。」

「どういうことですか?」

「貸出データによると、あなたは一週間前に三冊借りて、一昨日も三冊借りられています。一昨日に借りられた記憶がないということでしたら、あなた自身が二重になって借りられたものと思われます。」

よくあることだとばかりに、彼女の説明はよどみなかった。

「なるほど……。」

私はようやく合点《がてん》がいった。入力ミスで個人情報データが二重になることがあるのだ。逆に、「私《わたし》」の存在そのものが二重になることもあるだろう。もう一人の「私」が、一昨日図書館で三冊の本を借りたにちがいない。

「一昨日、本を借りられたのも、今日借りられるのも、同じあなたですから、十冊という制限を超えて貸し出すことはできませんよ。」

まるで私が無理な要求をしているとでもいうように、②彼女はすげなかった。立場こそ違え、彼女も「市民サービス」の向上を目ざすべき立場のはずだ。「模範とされる市民対応」からはほど遠いと言わざるをえない。

「③納得できません。同じ『私』とはいえ、私自身は与《あずか》り知らぬかたちで貸出が行われたのですから、私にはこの五冊を借りる権利があるはずです。」

はっきり言って、そこまで本を借りることに執着《しゅうちゃく》しているわけではない。だが私は、自分が「無理難題タイプ」でも、「論理矛盾タイプ」でもなく、「正当な主張」をする利用者であることを彼女に理解させるために、貸出を強要した。

知識の泉　A　**人の幸不幸は予測がつかない。**　「禍福はあざなえる縄のごとし」が類義。

「わかりました。それでは少々お待ちいただけますか。」

彼女はそう言って、いったん奥の事務所に入った。担当部署に電話をかけているようだ。

しばらくして、彼女は相変わらず無感動な表情のまま、カウンターに戻ってきた。

「確認が取れました。正常な状態に戻すということです。五分ほどで④二重状態が解消されるそうですから、もう少々お待ちいただけますか。」

「わかりました。」

適切な対応が取られたことに満足し、私はカウンターを離れた。すぐにしかるべき部署が、どちらかを、「削除」するだろう。どちらが消えようが、同じ「私」なのだ。何の問題もない。

〈三崎《みさき》 亜記《あき》「私《わたし》」による〉

1 レベルUP ①二重になっているようですね とありますが、「私」と「司書」は、「二重になっている」ことについて、それぞれどのように理解していますか。次から一つずつ選び、記号で答えなさい。 10点×2（20点）

ア 「私」についての貸出情報が二つある。
イ 「私」について見た目は同じだが別の情報が二つある。
ウ 別の人が「私」になりすましている。
エ 「私」の存在が二つになっている。
オ 「私」の記憶が曖昧になっている。

「私」…（　　）
司書…（　　）

2 ②彼女はすげなかった について答えなさい。

(1) 「すげない」と同じような意味を表す言葉を、文章中から六字で抜き出しなさい。（10点）

(2) よく出る 司書のこのような態度を、「私」はどのように感じていますか。文章中から一文で抜き出しなさい。（10点）

3 よく出る ③納得できません。……権利があるはずです。とありますが、「私」はなぜこのような主張をしたのですか。（20点）

4 ④二重状態が解消される について答えなさい。

(1) 記述 「二重状態が解消される」とは、具体的にはどんなことが行われるということですか。（20点）

(2) (1)で行われることについて、「私」はどのように思っていますか。（20点）

知識の泉 Q 「情」の部首のもとになっている漢字はどっち？ ア＝心 イ＝色

確認のワーク ステージ1

薔薇《ばら》のボタン

学習のねらい
- ある写真との出会いが、筆者の考えをどう変えたか捉える。
- 筆者の仕事に対する思いを読み取ろう。

解答 5ページ｜スピードチェック 4ページ｜予想問題 133ページ

漢字と言葉

1 漢字の読み 読み仮名を横に書きなさい。

*は新出漢字 ▼は新出音訓・◎は熟字訓

① *壁（訓読み） ② *爆風 ③ 悲*惨 ④ 丁*寧
⑤ *涙（訓読み） ⑥ *塊（訓読み） ⑦ 象*徴

2 漢字の書き 漢字に直して書きなさい。

① （　　）《ていねい》な作業。 ② 平和の（　　）《しょうちょう》。
③ （　　）《なみだ》を流す。 ④ 部屋の（　　）《かべ》。

3 語句の意味 意味を下から選んで、線で結びなさい。

① 遺品・　　・ア 無慈悲でむごいさま。
② 相場・　　・イ ひどく痛ましいさま。
③ 悲惨・　　・ウ 故人が残した物。
④ 残酷・　　・エ その時その時の値打ち。

教科書の要点

1 題名 「薔薇《ばら》のボタン」とはどのようなボタンですか。（　）に教科書の言葉を書き入れなさい。 教p.48

昭和二十年八月六日の朝、（　　）で被爆した少女が着ていた（　　）の前立ての部分に縫いつけられていた赤いボタン。

2 話題 筆者の仕事部屋の写真についてまとめなさい。 教p.48

撮影場所	
撮影年月	
撮影者	

3 内容理解 筆者は写真の撮影者の話を聞き、どんなことに気づきましたか。 教p.50 （　　）

ア 広島市内にはおしゃれな洋服を着る人が多いこと。
イ モノクロで撮影すると物の陰影が強調されること。
ウ カラーの写真のほうが原爆の悲惨さが伝わること。
エ 戦争の遺品に対する自分の見方に偏りがあること。

4 構成のまとめ

（　）に教科書の言葉を書き入れなさい。教p.48〜52

まとまり	範囲	内容
導入 仕事部屋の写真	教初め〜p.48下・⑥	●筆者の仕事部屋の壁《かべ》の写真＝昭和二十年八月六日の朝、広島の少女が着ていた（①）の前立ての部分。 →広島で被爆した人たちの（②）を撮影し続けている石内都《いしうちみやこ》氏の作品。
第一のまとまり 石内氏との出会い	p.48下・⑦〜p.50下・⑩	●二〇〇八年に刊行された『ひろしま』という写真集 驚き①…当時の広島の若い女性が（③）を着ていたこと。 驚き②…写真そのものが（④）こと。 …石内氏の写真からは、「（⑤）撮る」という明確な意志が感じられた。 **石内氏に会いに行く** 私　疑問…被爆した人の写真を⑤撮るのは勇気がいったのでは？ 石内氏…女の子たちが着ていたときはもっときれいだった。それをきれいに撮ってなぜいけないのか。 私　はっとした・実感。 ●戦争の遺品を（⑥）や資料としか見ていなかった。 ▼死の瞬間まで丁寧に営まれていた（⑦）があった。
服の疑問	p.50下・⑪〜p.51上・⑦	●もんぺや地味な上衣の下にひそかにきれいな服を着ていたという広島の女の人たちの話。 ＝生命の危険にさらされた戦時下でも、自分自身のためにおしゃれがしたかった。＝共感
第二のまとまり 撮影に立ち会う	p.51上・⑧〜p.52下・⑤	●くしゃくしゃになったピンクの布の塊→戦争を知らない世代が抱く戦争の（⑧）。 …原爆の（⑨）の象徴のよう＝理解できない、恐ろしいもの。 ↓（⑩）が手で皺《しわ》を広げていくと鮮やかな赤い（⑪）が現れた。 ↓（⑫）がつながった。→理解し、共感し、何かを語りたくなった。
第三のまとまり 筆者の願い	p.52下・⑥〜終わり	●自分の仕事が、（⑩）の（⑬）のようであればいい。 ↓歴史の中で生きた人たちの気配を今を生きる人に感じてもらうこと。

おさえよう

主題　学芸員の手は、原爆の悲惨さの〔ア 証拠　イ 象徴〕のようだった布の塊を広げ、隠れていた薔薇のボタンをあらわにした。そのとき戦争を知らない世代の筆者は当時を理解し、〔ア 感動　イ 共感〕できたのである。

知識の泉　Q　対義語を作るとき，□にあてはまる漢字は？　受動⇔□動

実力判定テストA ステージ2 薔薇《ばら》のボタン

45分

自分の得点まで色をぬろう！ 合格！ もう一歩 がんばろう！ 100点 80 60 0 /100

解答 5ページ

1 教科書の次の部分を読んで、問題に答えなさい。

● 教 p.48・下⑦（石内氏の写真との最初の出会いは、……）〜

● 教 p.50・下⑩（……伝わってきたのである。）

1 教 p.48・下⑧「『ひろしま』という写真集」について答えなさい。 5点×2（10点）

(1) どんな作品が収録されていましたか。

広島の［　　］の写真が収録されていて、その多くが［　　］の衣服の写真だった。

(2) 写真集を見たとき、筆者は何に驚いたのですか。十字程度で二つ書きなさい。 5点×2（10点）

［　　　　　　　　　　］

［　　　　　　　　　　］

攻略！ 「驚いたのは……」、「もう一つの驚きは……」と二つ述べている。

2 よく出る 教 p.50・上⑧「これまで……決まっていた。」とありますが、広島の遺品はなぜモノクロ写真が主流だったのですか。文章中から抜き出しなさい。 （10点）

3 教 p.50・上⑫「衝撃を受けた」とありますが、このときの筆者の思いを次から一つ選び、記号で答えなさい。 （10点）

ア 広島の遺品は原爆の悲惨さを伝えるのが目的だから、明るい写真は被爆した人に申し訳ないと感じている。

イ 当時の広島には戦争中でもおしゃれを楽しもうとする女性が多かったのだと知り、心の底から驚いている。

ウ 残酷な歴史を物語る広島の遺品を、従来の撮り方に反して美しく撮影しようとする心意気に感動している。

エ 汚れたり、焼けこげたりした衣類を美しく見えるようにして写真に収める技術の高さに圧倒されている。

（　　）

4 よく出る 教 p.50・下②「私ははっとした。」とありますが、筆者はどんなことに気づき「はっとした」のですか。 5点×2（10点）

［　　　　］を、歴史史料や執筆の資料としてしか見ておらず、身に着けていた持ち主が［　　　　］まで丁寧に日常を営んでいたという視点が欠けていたこと。

知識の泉 A 能。 「受動」＝ほかから作用を受ける。「能動」＝ほかへ作用を及ぼす。

2 教科書の次の部分を読んで、問題に答えなさい。

● 教 p.51・上⑧（こうした経緯があって、……）

〜 教 終わり（……ボタンをあらわにした、あの手。）

1 教 p.51・上⑨「その日」とは、どんな日ですか。（10点）

（　　　　）

2 教 p.51・上⑩「薔薇のボタンのブラウス」を表現した四つの言葉を、教科書の順番に指定の字数で抜き出しなさい。5点×4（20点）

・（17字）

・（21字）

・（12字）

・（8字）

3 記述 教 p.52・下②「突然回路がつながったように」とありますが、どんなときに「回路がつながったように」感じたのですか。三十字以内で書きなさい。（10点）

攻略！ 学芸員が何をして、筆者が何を見たのか考えよう。

4 よく出る 教 p.52・下⑥「私は自分の仕事が、……いいと願う。」とありますが、「学芸員の手」とはどのようなものですか。適切なものを次から一つ選び、記号で答えなさい。（10点）

ア 固く縮こまった布でもしっかり皺《しわ》を広げ、着ることができるよう再生する技術。

イ 今を生きる私たちと過去に生きた人たちをつなぐ接点を見つけ出せる仕事。

ウ どんな状態の遺品でも、明るい光の下で撮影したかのようにみせる腕前。

エ 博物館を訪れる誰もが息をのむような、すばらしい展示写真を探す才能。

（　　）

知識の泉 Q（　）に合うのは？　おおよその（検討・見当）をつける。

確認のワーク ステージ1

構成を考えて主張をまとめる
メディア・リテラシーはなぜ必要か？

学習のねらい
- 自分の立場や主張を明確にし、論理の展開や構成を工夫しよう。
- メディア・リテラシーの必要性について考えよう。

解答 6ページ　予想問題 134ページ

基本問題　構成を考えて主張をまとめる

★よく出る　次は、「優先席の是非」というテーマのスピーチです。これを読んで、文章の構成をまとめなさい。

　私は、優先席を必要とする人が座れない様子を見るたびに、優先席は必要ではないのではないかと考えるようになりました。

　それでは、具体的にどうしたらいいのでしょうか。まず、私が主張したいのは、優先席の代わりに専用席を設けるべきだ、ということです。

　「優先」では、席を譲《ゆず》るかどうかは利用する人々のマナーに委ねられています。しかし、「専用」とすることで、座席を必要とする人が確実に座ることができるようになります。私がクラスの人にアンケートをとったところ、八割の人から専用席のほうが効果的だという意見も出ました。〈「構成を考えて主張をまとめる」による〉

課題	（①　　）は必要か。
主張	座席が必要な人が確実に座れるようになるから、（①）の代わりに（②　　）を設けるべきだ。

教科書の要点　メディア・リテラシーはなぜ必要か？

1 構成のまとめ　（　）に教科書の言葉を書き入れなさい。教p.60〜63

まとまり	内容
情報の本質 教初め〜p.61・上⑨	●アフリカのサバンナのドキュメンタリー ▼（①　　）により、映像が変わる例。 ●「事実はない。あるのは（②　　）だけだ。」 ▼情報とは常に、伝える人の視点であると意識に刻むこと。 ＝（③　　）の本質。
メディア・リテラシーの大切さ p.61・下①〜62・上⑨	二十世紀初頭 ●マスメディア（映画・ラジオ）が誕生した。 ▼（④　　）を使った宣伝により、ファシズムへ＝情報によって苦しみ、命を奪われた。
情報の時代を生きるには p.62・上⑩〜終わり	現在 ◆メディア・リテラシーの習得に失敗すれば、人類は（④）によって滅びるはずだ。

おさえよう

要旨　情報とは常に、伝える人の［ア 思いこみ　イ 視点］であると意識に刻むことが大切である。メディアは便利だが［ア 危険　イ 必要］でもあるので、自分やみんなのためにメディア・リテラシーを身につけよう。

基本問題 メディア・リテラシーはなぜ必要か？

★ 次の文章を読んで、問題に答えなさい。 教 p.61・下⑤〜62・上⑨

フリードリヒ＝ニーチェは、以下の言葉を残している。

「事実はない。あるのは解釈だけだ。」

十九世紀のドイツに生まれたニーチェは、テレビもスマホもSNSも知らない。でも①この言葉は、情報と、その情報を伝える手段であるメディアの本質を、とても端的に表している。解釈とは、その事実に接した人の視点。あるいは思い。それが情報として伝えられる。でも多くの人は情報を見たり読んだりした段階で、それを事実そのものだと思いこんでしまう。

百パーセント正確な事実は伝えられない。メディアがまちがえることもある。情報とは常に、それを伝える人の視点なのだ。これは②メディア・リテラシーを身につけるためのファーストステップであり、メディア・リテラシーの本質でもある。言いかえれば、このメカニズムをしっかりと意識に刻むことができれば、メディア・リテラシーはほぼ達成されているといえる。

ただし実のところ、これは相当に難しい。偉そうにこんなことを書いている僕も、見たり読んだりした情報を、すぐに真に受けてしまう。③人はそのようにできている。その自覚をもつことも重要だ。

〈森《もり》 達也《たつや》「メディア・リテラシーはなぜ必要か？」による〉

1 ①この言葉は……表している について答えなさい。

(1) 誰の、どんな言葉ですか。文章中から抜き出しなさい。

誰（　　　　）

言葉（　　　　）

(2) よく出る この言葉は、メディアのどのような本質を表しているのですか。

メディアが伝えている情報は事実［　　　　］ではなく、事実に接した人の［　　］や思いであること。

2 記述 筆者が考える、②メディア・リテラシーを身につけるためのファーストステップとはなんですか。

（　　　　）

3 攻略！「メディア・リテラシー」とはメディアを主体的に読み解く力だよ。

③人はそのようにできている。とはどういう意味ですか。次から一つ選び、記号で答えなさい。

ア 見たり読んだりした情報には誤りがあると疑ってしまう。

イ 情報には多様な解釈があるということを意識してしまう。

ウ 事実を伝えるのはどんな視点か知りたいと思ってしまう。

エ 伝えられた情報を事実だと思いこんで受けとってしまう。

（　　　　）

知識の泉 Q ——線の使い方は○か×か？ 彼の功績を他山の石として研究に励みたい。

実力判定テストA ステージ2

メディア・リテラシーはなぜ必要か？

30分

自分の得点まで色をぬろう！
がんばろう！ もう一歩 合格！
0 60 80 100点
/100

解答 7ページ

次の文章を読んで、問題に答えなさい。

教 p.62・上⑩〜63・下⑦

　僕たちは今、テレビやラジオ、新聞、インターネットなど①さまざまなメディアをとおして情報を受け取っている。二十世紀初頭、映像メディア（映画）と通信メディア（ラジオ）が誕生した。それまでは新聞や書籍など文字メディアだけだった。文字メディアを理解するためには、教育を受けることが前提だ。つまり識字能力。ところが二十世紀以前の世界は、教育を万人の権利と見なしていない。多くの人は文字を読んだり書いたりすることができなかった。だから教育を受けていなくても理解することができる映画とラジオは、世界中の人たちに熱狂《ねっきょう》的に迎えられた。こうしてマスメディアが誕生する。それによって、自分たちの生活はより豊かになり、格差や戦争もいつかはなくなる。②そう考えた人は多かった。ところが現実は逆に動いた。

　映画とラジオに人々が熱狂した一九二〇年代から三〇年代、ファシズム（全体主義）という政治形態が雨後の筍《たけのこ》のように世界に現れた。ナチスドイツ、そのドイツと同盟を結んだイタリアと日本、他にはスペインなどもファシズムに傾いた国だった。ファシズムを実現するためには、メディアを使ったプロパガンダが不可欠だ。誰もが理解できるメディアが誕生したことで、それが可能になってしまった。

　③もしもこの時多くの人が、ライオンから見た視点とインパラから見た視点では世界は全く違うことを理解していれば、ファシズムは誕生しなかっただろう。でもこの時代、メディア・リテラシーを身につけた人などほぼいない。A国は野蛮な国で危険極まりないと情報を与えられれば、ならば攻撃される前に攻撃しなくては、と思いこむ。我が国の指導者は人格者でその指示に従えば国は栄えるのだと言われれば、なんの疑いもなく信じこむ。こうして戦争が続く。

　第二次世界大戦では、ファシズム国家であるドイツとイタリアと日本は敗れた。その後の裁判で、多くの戦争犯罪が裁かれた。本来なら映画とラジオは、戦争に対して大きな責任があると裁かれねばならなかった。でも映画とラジオは被告席に座れない。だから責任を追及されなかった。それどころか戦後、映画とラジオは融合して、テレビジョンが誕生する。

　技術は進化した。僕たちは今、地球の裏側で起きていることをテレビでライブとして見ることができる。さらに、国境や地域を簡単に飛び越えてしまうインターネットが、メディアにおける新たな要素になった。情報を受信するだけではなく、発信できるようになったことは④画期的だ。こうしてメディアは新たな時代を迎える。まさしく今は情報の時代だ。

　だからこそ知ってほしい。メディアは便利だけどとても危険で

知識の泉 A ×。「他山の石」＝他人のつまらない言動を，自分を磨く材料にすること。

もある。多くの人が情報によって苦しみ、命を奪われてきた。でも、これは過去形ではない。今も続いている。正しい使い方を知らねばならない。誰のためか。あなたのため。みんなのため。⑤メディア・リテラシーを身につけよう。そしてもしこれに失敗すれば、たぶん人類はメディアによって滅びるはずだ。

〈森《もり》達也《たつや》「メディア・リテラシーはなぜ必要か？」による〉

1 二十世紀初頭の①メディア には、どのようなものがありましたか。次の（　）にあてはまる言葉を文章中から抜き出しなさい。　10点×3（30点）

メディアの種類	内容
映像メディア	①（　　）
通信メディア	②（　　）
③（　　）	新聞、書籍など

2 ②そう考えた人は……動いた。について答えなさい。

(1) 「そう」が指す内容を書きなさい。（15点）

(2) よく出る マスメディアによって「現実」はどう動いたのですか。次から一つ選び、記号で答えなさい。（10点）

ア 映画とラジオに世界中の多くの人が熱狂した。
イ ドイツやイタリアで映画とラジオがはやった。
ウ メディアを使うという宣伝の手法が確立した。
エ ファシズムが次々に世界に現れて戦争が続いた。

（　　）

攻略！ 直後の段落に、「現実」の動きが書かれているよ。

3 よく出る ③もしもこの時……誕生しなかっただろう。とありますが、筆者はここでどんなことを伝えたいのですか。□にあてはまる言葉を、文章中から抜き出しなさい。　10点×2（20点）

情報は伝える人の□□であると理解して、与えられた情報に□□をもつこと。

4 ④画期的 とありますが、どんなことが「画期的」なのですか。（10点）

5 記述 ⑤メディア・リテラシーを身につけよう。……滅びるはずだ。とありますが、筆者がこのように考えるのはなぜですか。（15点）

攻略！ 「メディア・リテラシー」をもたないとどんな問題が起きるのかな。

確認のワーク

ステージ 1

新聞が伝える情報を考える

漢字の広場1　呉音・漢音・唐音

漢字

1 漢字の読み

読み仮名を横に書きなさい。

▼*は新出漢字　▼は新出音訓・◎は熟字訓

① *呉 音
② *唐 音
③ 修 行
④ *煩 雑
⑤ *煎 茶
⑥ 面 目
⑦ 経 文
⑧ ▼仮 病
⑨ *矯 正
⑩ 平 *癒
⑪ 一 *巡
⑫ *狂 言
⑬ 静 脈
⑭ 静 *寂
⑮ 直 *轄
⑯ 未 *曽 有

2 漢字の書き

漢字に直して書きなさい。

❶ （　　こうてい　　）的な意見。
❷ （　　きょうげん　　）の舞台を見る。
❸ 魔法の（　　じゅもん　　）。
❹ （　　しょうがく　　）金をもらう。
❺ 理論と（　　じっせん　　）。
❻ 手続きが（　　はんざつ　　）だ。

❶「こうてい」の対義語は、「否定」だよ。

基本問題

学習のねらい

新聞が伝える情報を考える

● 新聞の特徴を捉え、社説の内容を読み取る。
● 漢字の音の歴史について、理解を深める。

解答　7ページ　スピードチェック 4ページ

1 新聞社が紙面の構成で考えることについて、あてはまる言葉をあとの 〔　〕 から選んで書きなさい。

新聞社がもつ① （　　　　） や判断の違いに応じ、② （　　　　） の大きさや記事の内容、③ （　　　　）、載せる位置などを変更する。

予想　見出し　分類　主張　トップ　分量

2 よく出る　新聞を作成する場合、一面のトップ記事（記事1）はどこに置くとよいですか。図中の記号で答えなさい。（　　　　）

新聞名

広告

ア

その他の主な記事

イ

ウ

広告

知識の泉　A 助長。　生長を助けようと苗を引っ張り，苗を枯らしたという故事による。

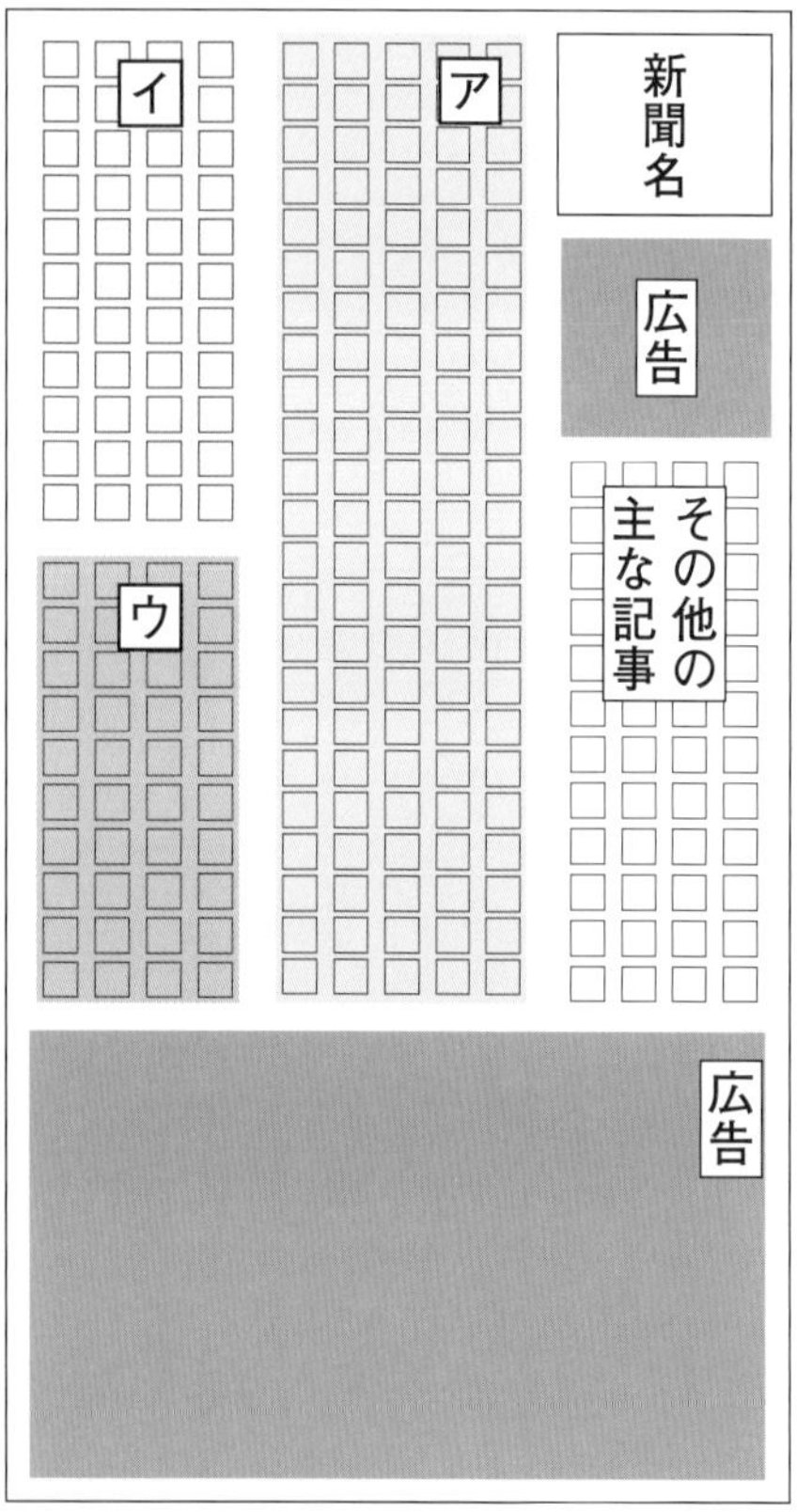

3 教科書の次の部分を読んで、問題に答えなさい。

●教 p.66（大坂《おおさか》なおみ選手の快挙……）

●教 p.67（……欠かせない。）

1 よく出る 二つの社説で取り上げているできごとはなんですか。

[　　　　　]選手が、テニスの全米オープンで初優勝し、四大大会シングルス優勝は日本初の[　　]であること。

2 記述 大坂選手の人柄を示すできごととして、共通してあげているのはどんなことですか。次の書き出しに続けて書きなさい。

ウィリアムズ選手に（　　　　）

攻略！ 試合後のできごとに着目しよう。

3 次の文の内容がA新聞の社説にある場合はA、B新聞の社説にある場合はB、どちらにも共通する場合はCを書きなさい。

ア 試合中、大坂選手は集中力を切らさなかった。（　）

イ 現状、女子テニス界には絶対的女王がいない。（　）

ウ 大坂選手は、新しい日本人像を示している。（　）

エ 大坂選手の父はハイチ出身、母は日本人である。（　）

オ 競技の発展には日本人選手の活躍が欠かせない。（　）

基本問題 漢字の広場1

1 漢字の音の歴史について、あてはまる言葉をあとの[　]から選んで書きなさい。

最も古い時代に日本に伝来したのが（①　　）、奈良時代から平安時代にかけて伝来したのが（②　　）、それ以降に伝来したのが（③　　）である。

漢音	呉音	唐音

攻略！ 呉音、漢音、唐音はそれぞれ伝来した時期が異なる。

2 次の――線部の漢字の読みを片仮名で（　）に書きなさい。

① A 初夏（　） B 夏至（　）

② A 保留（　） B 留守（　）

③ A 予鈴（　） B 風鈴（　）

3 次の□に共通して入る漢字をあとの[　]から選び、（　）に書きなさい。

① □風 □情（　）　② □字 □刺（　）

③ 国□ □内（　）　④ 母□ □楽（　）

⑤ □語 伝□（　）　⑥ □形 □体（　）

⑦ □料 □無（　）　⑧ 肯□ □規（　）

定	言	名	境
人	音	強	有

知識の泉 Q 「光陰矢のごとし」の意味は？

確認のワーク　ステージ1

文法の小窓1　助詞のはたらき

解答　8ページ　スピードチェック　19ページ

学習のねらい
- 助詞の意味やはたらきを正しく理解しよう。
- 助詞を適切に使い分けられるようになろう。

教科書の要点

1 助詞のはたらき　（　）に教科書の言葉を書き入れなさい。 教 p.282

助詞…語句と語句との①（　　）を示したり、さまざまな意味をつけ加えたり、話し手（書き手）の②（　　）を示したりする。

2 助詞の分類　（　）に教科書の言葉を書き入れなさい。 教 p.282〜284

格助詞	●主に①（　　）につく。 ●②（　　）や③（　　）などをつくり、あとの語句との関係を示す。 例・雪の降る朝。（主体）・本を読む。（④　　）
接続助詞	●主に⑤（　　）や助動詞につく。 ●あとの語句とさまざまな関係でつながる。 例・て（順接）・が（逆接）
副助詞	●いろいろな語句につき、意味をつけ加える。 例 僕しかいない。（⑥　　）
終助詞	●⑦（　　）や⑧（　　）の終わりなどにつく。 ●話し手（書き手）の気持ちや態度を示す。 例・飲みますか。（疑問）・美しいなあ。（⑨　　）

基本問題

1 次の――線の助詞の種類はなんですか。あとから選び、記号で答えなさい。

① あの人に何があったの。（　　）
② 犬が走ってきた。（　　）
③ 荷物をトラックで運ぶ。（　　）
④ 兄は高校生で、妹は小学生だ。（　　）
⑤ 雨が降ってきたので、急いで帰った。（　　）
⑥ 負けたままでいいのか、と思った。（　　）
⑦ これは、よく読めば解ける問題だ。（　　）
⑧ あなただけが頼りだ。（　　）
⑨ その本は私のだ。（　　）
⑩ 弟の演奏する曲を聴《き》く。（　　）
⑪ 暗くても予定通り出発する。（　　）

ア　格助詞　　イ　接続助詞
ウ　副助詞　　エ　終助詞

攻略！ 助詞の種類とはたらきを捉えよう。

2 よく出る　次の――線の格助詞は、どんなはたらきをしていますか。あとから選び、記号で答えなさい。

① チューリップの花が咲いた。（　　）

知識の泉　A　月日がたつのは早いこと。「歳月《さいげつ》人を待たず」も類義のことわざ。

② 父は毎日車を運転する。（　　）
③ 日光が部屋に差し込む。（　　）
④ 緑茶や麦茶を用意する。（　　）

ア 主語をつくる。　イ 連体修飾語をつくる。
ウ 連用修飾語をつくる。　エ 並立語をつくる。

攻略！ 格助詞のはたらきを捉えよう。

3

次の――線の格助詞「で」はどのような意味を表していますか。あとから選び、記号で答えなさい。

① 飛行機で海外へ行く。（　　）
② 公園でテニスをする。（　　）
③ 強風で葉が落ちる。（　　）

ア 手段　イ 時間
ウ 場所　エ 原因

4

次の――線の接続助詞と同じはたらきをする接続助詞を、あとの□から二つずつ選び、（　）に書きなさい。

① 夏になれば、暑くなる。（　　）（　　）
② 悲しいのに、涙が出ない。（　　）（　　）
③ 本を読みつつ、テレビを見る。（　　）（　　）

し	が	ので	けれど	たり	から

5

次の――線の接続助詞の示す関係をあとから選び、記号で答えなさい。

① 雨が降ろうと、気にしない。（　　）
② 歩きながら話そう。（　　）

ア 条件　イ 逆接　ウ 同時　エ 原因・理由

6

次の――線の副助詞は、どんなはたらきをしていますか。あとから選び、記号で答えなさい。

① 紅茶でも飲もう。（　　）
② 五十メートルほど先に駅がある。（　　）
③ 千円しか持っていない。（　　）
④ 今度こそ一位になるぞ。（　　）

ア 程度　イ 限定　ウ 例示　エ 強調

7

〔　〕に示された意味の終助詞をあとの□から選んで（　）に入れ、文を完成させなさい。

① とても大きな木だ（　　）。〔感動〕
② 明日は水筒を忘れないで（　　）。〔念押し〕
③ 荷物は無事に届く（　　）。〔疑問〕
④ 室内では走る（　　）。〔禁止〕

かしら	なあ	な	ね

8

よく出る　次の――線の助詞の種類を答えなさい。

A 天気がいいから散歩をした。（　　）
B さなぎから成虫になる。（　　）

知識の泉
Q 「地震・知的・人造」の中で熟語の構成が違うのはどれ？

確認のワーク ステージ1 AI《エーアイ》は哲学できるか

解答 8ページ | スピードチェック 5ページ | 予想問題 135ページ

学習のねらい
●事例や筆者の主張が適切か考えながら読もう。
●人工知能について筆者のものの見方や考え方を捉えよう。

漢字と言葉

1 漢字の読み 読み仮名を横に書きなさい。

＊は新出漢字 ▼は新出音訓・◎は熟字訓

❶ ＊哲学 ❷ ＊抽出 ❸ 普＊遍的

2 漢字の書き 漢字に直して書きなさい。

❶（ふへん）的な法則。 ❷ データの（ちゅうしゅつ）。

❶同音異義語の「不変」としないように注意しよう。

3 語句の意味 意味を下から選んで、線で結びなさい。

❶ 領域 ・　　・ア 全体から一部を抜き出すこと。
❷ 抽出 ・　　・イ 物事を考え、行動するときの基準。
❸ 切実 ・　　・ウ 関係する範囲。
❹ 内発 ・　　・エ 地位が下がること。
❺ 次元 ・　　・オ 広く一般にあてはまること。
❻ 普遍的 ・　　・カ 身に迫って強く感じること。
❼ 陥落 ・　　・キ 内部から自然に起こる様子。

教科書の要点

1 話題 AI《エーアイ》とは、何のことですか。 教p.76

2 筆者の考え 筆者はAIの進歩によってどんな可能性があると考えていますか。次の言葉に続くように書きなさい。 教p.76

これまで学者たちが行ってきた研究が、

3 要点 筆者は、「人間という類の証《あか》し」として何をあげていますか。二つ抜き出しなさい。 教p.78

4 筆者の考え 「AIが哲学している」と判断できるようになるには、何が必要と筆者は考えていますか。七字で抜き出しなさい。 教p.78

知識の泉 A 知的。「地震」「人造」は主語と述語の関係。「的」は接尾語。

5 構成のまとめ

（　）に教科書の言葉を書き入れなさい。（各段落に1～9の番号をつけて読みましょう。） 教p.76～78

	第一大段落	第二大段落	第三大段落
まとめ	めざましい人工知能（AI）の進歩	根本的な疑問	哲学の新しい次元
	1～4	5～6	7～9
内容	**現状** （①　　）（AI）の進歩はめざましい。 ●将来、学者たちが行ってきた研究が人工知能に置きかえられていく可能性もある。↓（②　　）はどんな運命をたどるか？ **推論・具体例1** アプリ「（③　　）」 ↓人間の研究者が質問して、その答えを分析することがカント研究者の仕事になると予想。 **推論・具体例2** 「およそ人間が考えそうな哲学的思考パターンのほぼ完全なリスト」 ↓哲学者たちの仕事は、（④　　）のふるまいを研究する一種の計算機科学に近づくだろう。	**疑問** 哲学的人工知能は、本当に（⑤　　）の作業を行っているのだろうか。 ▼哲学のスタート…自分自身にとって切実な哲学の問いを内発的に発するところから。 **推論** 人工知能が切実な哲学の問いを（⑥　　）に発することは当分は起きない。	●人間という類の証し ▼自由意志に基づいた（⑦　　） ▼普遍的な法則や真理を発見できる（⑧　　） **推論** 将来の人工知能によっていずれ（⑨　　）させられる。 **考え** 切実な哲学の問いを内発的に発し、考え始めたとき「人工知能は哲学をしている」と判断する。 人工知能が（⑩　　）に到達するためには、自由意志に基づいた（⑦　　）・普遍的な法則や真理を発見できる（⑧　　）に加えて（⑪　　）が必要である。 内発的な哲学の問いをめぐる人間と人工知能の（⑫　　）が始まるとすれば、哲学に新次元を開くことになる。

おさえよう

要旨 筆者は、人工知能（AI）の〔ア 進歩　イ 退化〕と、人間や哲学のあり方について考えを述べている。人工知能が人間の次元に到達するためには、自由意志に基づいた自律的活動と普遍的な法則や真理を発見できる思考能力に加え、〔ア 内発的　イ 外発的〕哲学能力が必要である。

知識の泉 Q「蛍の光や窓の雪明かりで書を読んだ」という故事からできた言葉は？

実力判定テストA ステージ2

AI《エーアイ》は哲学できるか

30分

自分の得点まで色をぬろう!
100点 合格! 80 もう一歩 60 がんばろう! 0
/100

解答 9ページ

次の文章を読んで、問題に答えなさい。

教p.76・⑥〜77・⑱

まず、過去の哲学者の思考パターンの発見は、①人工知能の最も得意とするところである。例えば人工知能に哲学者カントの全集を読み込ませ、そこからカントふうの思考パターンを発見させ、それを用いて「人工知能カント」というアプリを作らせることはいずれ可能になるであろう。人間の研究者が「人工知能カント」に向かっていろいろ質問をして、その答えを分析することがカント研究者の仕事になると私は予想する。この領域では②人工知能と哲学者の幸福な共同作業が成立する。

次に、人工知能に過去の哲学者たちの全てのテキストを読み込ませて、そこから哲学的な思考パターンを可能なかぎり抽出させてみよう。すると、およそ人間が考えそうな哲学的思考パターンがずらっとそろうことになる。それに加えて、過去の哲学者たちが見逃していた哲学的思考パターンもたくさんあるはずだから、人工知能にそれらを発見させる。

③その結果、「およそ人間が考えそうな哲学的思考パターンのほぼ完全なリスト」ができあがるだろう。こうなると、もう人間によるオリジナルな哲学的思考パターンは生み出されようがない。将来の哲学者たちの仕事は、哲学的人工知能のふるまいを研究する一種の計算機科学に近づくだろう。

＊

しかし④根本的な疑問が起きてくる。この哲学的人工知能は本当に哲学の作業を行っているのだろうか。外部から入力されたデータの中に未発見のパターンを発見したり、人間によって設定された問いに解を与えたりするだけならば、それは⑤哲学とは呼べない。

そもそも哲学は、自分自身にとって切実な⑥哲学の問いを内発的に発するところからスタートするのである。例えば、「なぜ私は存在しているのか?」とか「生きる意味はどこにあるのか?」という問いが切実なものとして自分に迫ってきて、それについてどうしても考えざるを得ないところまで追い込まれてしまう状況こそが哲学の出発点なのだ。人工知能は、このような切実な哲学の問いを内発的に発することがあるのだろうか。そういうことは当分は起きないと私は予想する。

〈森岡《もりおか》 正博《まさひろ》「AI《エーアイ》は哲学できるか」による〉

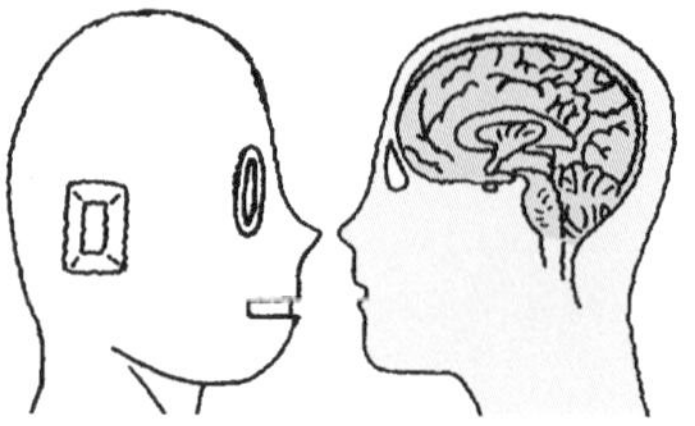

1 ①人工知能の最も得意とするところ とはなんですか。文章中から十六字で抜き出しなさい。（10点）

2 ②人工知能と哲学者の幸福な共同作業 とありますが、筆者はなぜ「幸福な」と述べたのですか。次から一つ選び、記号で答えなさい。（10点）

ア 未発見だった哲学者カントの思考パターンを、分析することが可能になったから。

イ 「人工知能カント」アプリを使えば、人間の研究者はどんな質問も分析できるから。

ウ 人間の哲学の研究者と人工知能とが、一緒に研究の作業を行うことができるから。

エ 人工知能に読み込ませることで、オリジナルな思考パターンが解明されたから。

攻略！ 直前の「人間の……予想する。」が「幸福な共同作業」の内容。

（　　　）

3 ③その結果 とありますが、人工知能に何を発見させた「結果」ですか。文章中から二つ抜き出しなさい。10点×2（20点）

（　　　）（　　　）

4 よく出る ④根本的な疑問 とはなんですか。文章中から抜き出しなさい。（10点）

（　　　）

5 記述 ⑤哲学とは呼べない とありますが、哲学と呼べるには何が必要なのですか。三十字以内で書きなさい。（20点）

（　　　）

6 ⑥哲学の問い としてどんな例をあげていますか。文章中から二つ抜き出しなさい。10点×2（20点）

（　　　）（　　　）

7 よく出る 筆者の考えに合うものを次から一つ選び、記号で答えなさい。（10点）

ア いつかは必ず、人工知能が内発的に哲学の問いを発するようになるだろう。

イ 今後しばらくは、人工知能が内発的な哲学の問いを発することは起きないだろう。

ウ 未来においても、人工知能が人間の代わりに内発的な哲学の問いを発することはないだろう。

エ 近いうちに、人工知能も内発的に哲学の問いを発するようになるだろう。

攻略！ 最後の段落の筆者の予想をおさえよう。

（　　　）

知識の泉 Q （ ）の中で正しいのは？ 練習を重ねて試合に（臨・望）む。

確認のワーク ステージ1

具体例をもとに説明文を書く

漢字の広場2 熟字訓

学習のねらい
●事例から特徴を一般化する文章の書き方を理解しよう。
●熟字訓の読みと意味を覚えて正しく使おう。

解答 9ページ スピードチェック 5ページ

漢字

1 漢字の読み　読み仮名を横に書きなさい。

＊は新出漢字　▼は新出音訓・◎は熟字訓

①店＊舗　②◎弥生　③甲＊乙　④行＊為
⑤＊冶金　⑥＊撲滅　⑦＊硫酸　⑧紛＊糾

2 漢字の書き　漢字に直して書きなさい。

①荷物の（はんにゅう）。　②実力が（はくちゅう）する。

3 熟字訓の読み　次の熟字訓の読み仮名を書きなさい。

①早苗（　）　②行方（　）
③伯母（　）　④硫黄（　）
⑤太刀（　）　⑥早乙女（　）
⑦吹雪（　）　⑧足袋（　）
⑨草履（　）　⑩木綿（　）

教科書の要点　具体例をもとに説明文を書く　教p.81

1 一般化　次の①・②の特徴を書き出し、共通する特徴を一般化して書きなさい。

①クリップ（　）
②輪ゴム（　）
共通する特徴（用途）（　）

基本問題　具体例をもとに説明文を書く

★ 次は、田中《たなか》さんが書いた説明文の下書きの一部です。これを読んで次の問いに答えなさい。

四十一・一度。これは、二〇二〇年夏に記録した日本国内の最高気温です。

体温を超えるほど厳しい暑さが続く原因の一つが、温室効果ガスの増加と言われています。そこで注目したのが、温室効果ガスを排出しない再生可能エネルギーです。

再生可能エネルギーとは、石油や石炭などの化石燃料に頼らな

知識の泉　A 臨。「臨む」＝面する。ある機会にあたる。「望む」＝希望する。眺める。

いエネルギーです。太陽光・風力・地熱・水力など、自然界に存在し、環境に優しく、持続的に利用できるという特徴があります。身の回りにある自然を使うため、自然を守るという意識も高められるのではないかと考えています。

1 再生可能エネルギーについて答えなさい。

(1) このエネルギーの具体例として田中さんは何をあげていますか。文章中から全て抜き出しなさい。

（　　　　）

(2) このエネルギーの特徴はどのようなことですか。

（　　　　）

(3) (2)のエネルギーの特徴に対して田中さんが考えを述べている一文を文章中から抜き出し、初めの五字を書きなさい。

□□□□□

攻略！ 具体例をあげることで、特徴が伝わりやすくなるんだよ。

2 よく出る この文章の書き方に合うものを次から一つ選び、記号で答えなさい。

ア 伝わりやすさを重視し、話し言葉を多用している。
イ 書き出しを工夫して、読み手の興味をひいている。
ウ 具体的に説明するため、体験談を盛り込んでいる。
エ 自分の意見を書かずに、読み手に考えさせている。

（　　）

攻略！ 文章の冒頭に着目しよう。

基本問題 漢字の広場2

1 次の――線部の熟字訓の読み仮名を（　）に書きなさい。

① 最寄りの駅まで自転車で五分だ。（　　）
② 凸凹した板を丁寧に削る。（　　）

2 次の熟字訓の読み仮名を書きなさい。また、意味をあとから選び、記号で答えなさい。

① 為替 読み（　　） 意味（　）
② 老舗 読み（　　） 意味（　）
③ 固唾 読み（　　） 意味（　）

ア 緊張したときなどに口にたまるつば。
イ 現金の代わりにやりとりする手形や小切手など。
ウ 古くから続いている信頼の高い店。

3 次の言葉がそれぞれ示された意味になるように、読み仮名を書きなさい。

① 上手
A 客席から見た舞台の右側。（　　）
B 何かするのがうまいこと。（　　）

② 一日
A 月の最初の日。（　　）
B 朝から晩まで。（　　）

確認のワーク ステージ1

言葉の小窓1 和語・漢語・外来語（漢字の練習2）

解答 10ページ　スピードチェック 6ページ

学習のねらい
- 和語、漢語、外来語について理解しよう。
- 和語、漢語、外来語の違いを知って使い分けよう。

漢字

1 漢字の読み 読み仮名を横に書きなさい。

＊は新出漢字　▼は新出音訓・◎は熟字訓

①威＊嚇　②＊鼓動　③＊醸造　④真＊摯
⑤＊緻密　⑥＊遡る　⑦＊暫時　⑧＊遵守
⑨＊詠＊嘆　⑩＊鍵穴　⑪＊肖像　⑫＊楷書

2 漢字の書き 漢字に直して書きなさい。

①（　）《こうもく》の見出し。　②（　）《へいがい》が生じる。
③本を（　）《えつらん》する。　④経済の（　）《ちゅうすう》。
⑤食欲は（　）《おうせい》だ。　⑥条件に（　）《がいとう》する。
⑦（　）《くんしょう》をいただく。　⑧地価が（　）《こうとう》する。

教科書の要点

1 和語・漢語・外来語 （　）に教科書の言葉を書き入れなさい。 教p.270～271

語種	特徴
和語 ①（　）ともいう。	●もともと②（　）にある言葉。 ●漢字をあてて③（　）読みをする。
漢語	●漢字の④（　）読みがもとになっている。 ●中国語がもとになっているが、日本で作られたものもあり、⑤（　）という。 ●明治時代には、中国語以外の外国語を日本語に⑥（　）する際、新しい熟語が作られた。
外来語	●⑦（　）以外の言語から入ってきた言葉。 ●片仮名表記が多い。 例 **パン・カステラ・カルタ**など…⑧（　）時代の末期にポルトガル語から入った。 **コーヒー・アルコール**など…⑨（　）時代にオランダ語から入った。

知識の泉　A 肝。〈例〉先輩からの助言を肝に銘じて練習を続けた。

基本問題

1 次の説明に合うものをあとの□から選び、書き入れなさい。

① (　　) …もともと日本にあった言葉。(大和言葉)
② (　　) …本来の中国語の発音をもとにした言葉。
③ (　　) …中国語をもとに日本で作られた言葉。
④ (　　) …中国語以外の言語から入ってきた言葉。
⑤ (　　) …英語をもとに日本でつくられた言葉。
⑥ (　　) …和語・漢語・外来語が混ざり合った単語。

外来語　漢語　和製英語　混種語　和語　和製漢語

攻略! 何がもとになっている言葉なのかに注目しよう。

2 よく出る 次の言葉の種類をあとから選び、記号で答えなさい。

① 宿《やど》 (　　)　② 速さ (　　)
③ スポーツ (　　)　④ 店《みせ》 (　　)
⑤ ホテル (　　)　⑥ スピード (　　)
⑦ 速度 (　　)　⑧ 運動 (　　)
⑨ ショップ (　　)　⑩ 旅館 (　　)

ア 和語
イ 漢語
ウ 外来語

3 次の中から和製漢語を一つ選び、記号で答えなさい。

ア 書物　イ 大根
ウ 幸福　エ 朝食
(　　)

4 次の中から和製英語を一つ選び、記号で答えなさい。

ア プレゼント　イ オートバイ
ウ カルタ　エ ピアノ
(　　)

5 次の言葉の説明として適切なものをあとから選び、記号で答えなさい。

① 和語 (　　)　② 漢語 (　　)　③ 外来語 (　　)

ア 漢字で書いて音読みし、硬さや改まった丁寧な感じを与えるものが多い。
イ 片仮名で書くことが多く、新鮮な響きやスマートな感じを与えるものがある。
ウ 訓読みで、やわらかさや優しさを感じさせるものが多い。

6 よく出る 次の混種語の構成を例にならって書きなさい。

例 食パン　→　漢語＋外来語

① 窓ガラス　→ (　　) ＋ (　　)
② 努力する　→ (　　) ＋ (　　)
③ 二段ベッド　→ (　　) ＋ (　　)
④ 古本　→ (　　) ＋ (　　)

知識の泉 Q 「義」「侖」に共通の部首をつけるとできる熟語は?

確認のワーク ステージ1

async《アシンク》——同期しないこと

学習のねらい
●筆者の主張と、その根拠となる事例を関係づけて読もう。
●経験から抱いた、筆者の音楽観や社会観をおさえよう。

解答 10ページ 予想問題 136ページ

言葉

1 語句の意味 意味を下から選んで、線で結びなさい。

❶ 遭遇 ・　　・ア こわすこと。
❷ 破壊 ・　　・イ 思いがけず出会うこと。
❸ 解放 ・　　・ウ 人の言動を受け入れないこと。
❹ 必然性 ・　　・エ そうなる以外にありえないこと。
❺ 不寛容《かんよう》 ・　　・オ ときはなして自由にすること。

教科書の要点

1 話題 「津波《つなみ》ピアノ」とはなんですか。（　）に教科書の言葉を書き入れなさい。 教 p.92

二〇一一年一月、（　　）から十か月後の宮城県を訪れた時に遭遇した、（　　）をかぶった一台のピアノ。

「僕（筆者）」は徐々に「津波ピアノ」の音にひかれていくんだね。

2 内容理解 筆者は、「津波ピアノ」の音をどのような音と述べていますか。教科書から十四字で抜き出しなさい。 教 p.93

3 内容理解 音を探し始めた筆者はどんなことに気づきましたか。（　）に教科書の言葉を書き入れなさい。 教 p.94

本来は二項対立的な（　　）と（　　）、そして人の声も全ての音が（　　）であるということ。

4 筆者の考え 筆者は、「津波ピアノ」と遭遇した経験から、どんな音楽をつくってみようと考えるようになったのですか。教科書から五字で抜き出しなさい。 教 p.95

（　　　　　）音楽。

5 構成のまとめ

（　）に教科書の言葉を書き入れなさい。（各段落に1～11の番号をつけて読みましょう。）

教 p.92～95

まとまり／内容

経験談	音楽観	社会観
1～3段落	4～9段落	10・11段落
●二〇一二年一月、東日本大震災から十か月後の宮城県で遭遇した、（①　）をかぶった一台のピアノ。 「ピアノの死骸」→自分の知っている音は鳴らなかったが、その音に強くひかれた。 ＝（②　）から解放された音。いい音、貴重だと思った。 ▼「僕（筆者）」の思い 半ば自然に帰ったピアノで「（③　）」を奏《かな》でることはできないだろうか。	●今、僕が本当に聴《き》きたい音はどういうものなんだろう。→音を探し始めた。 ●身のまわりのさまざまな物が発する音を楽しみたくなった。 ・（④　）…排除するもの、意味のないもの ・（⑤　） ・人の声 →全ての音が音楽→音にはそれぞれ独自のリズムや響きがある。 ＝音は同じ必然性で同じ重要性をもつ。 ●人間は同期することに（⑥　）を覚えるらしく、自然と同期をしてしまう。 ▼「僕（筆者）」の思い あえて（⑦　）、新しい音楽をつくってみよう。	●一つのテンポに皆が合わせるのではなく、バラバラにテンポを刻む多様な音、あるいは、人工的調律から解放されたピアノを使って、楽曲という一定のまとまりのあるものをつくること。＝（⑧　）でも同じ。 ●（⑨　）な時代には、同期しない音を聴《き》くことが大切なのではないか。 …固有で多様な音

要旨

人間は、自覚せずに自然と（ア 非同期　イ 同期）してしまうが、「僕」はあえて（ア 非同期　イ 同期）の音楽をつくろうとしている。一つのテンポに皆が合わせるのではなく、多様な音を使ってまとまりのある楽曲をつくり、それを聴くという考え方は、不寛容な時代を生きるのに通じる大切なことなのではないか。

知識の泉 Q「落胆」の類義語はどっち？　ア＝失敗　イ＝失望

実力判定テストA ステージ2

async《アシンク》――同期しないこと

30分

自分の得点まで色をぬろう！
100点　合格！　80　もう一歩　60　がんばろう！　0
/100

解答 11ページ

★ 次の文章を読んで、問題に答えなさい。　教 p.94・⑦〜95・⑬

自然の音や都会の雑踏の音、①音にはそれぞれ独自のリズムや響きがある。音は同じ必然性で同じ重要性をもっていて、ゴーッというなんとなく聴《き》こえている音も窓の外から聴こえる通りの音も、存在理由があって存在している。それなのに、人間が勝手にこれはいい音、これは悪い音と決めてしまう。二十四時間ほとんど音に囲まれて生きているのに、生存にあまり必要のない音は無視している。本当はこっちでも音が鳴っているのにそれは聴こえてこない、そういうこともよくある。

それは②視覚でも同じで、脳が見たいと思っているものだけを見てしまう。つきつめれば、人間が持っている脳はフィルター越しに世界を見ている、認識していることになる。③そのフィルターは人間を同じ一つの檻《おり》に閉じこめる。無自覚のうちに「同期」を促すことによって。

九十九％の音楽というのは、同期している音楽、同期を目ざす音楽だ。どうも人間はネイチャーとして、同期することに快感を覚えるらしく、放っておくと同期をしてしまうらしい。考えるという知的なレベルではなく、生理的に同期してしまう。例えば十人、二十人集まって、それぞれ好きな高さで「アー」と声を出していると、五分から十分くらいで同じ高さにまとまってきてしまう。みんながそれぞれ好きなリズムで手を叩《たた》いていても、絶対に合ってしまう。実は、④合わせないほうが人間には難しいのだ。

でも僕は、あえてその同期しない音楽というのをつくってみようと思った。同期していない音楽、いわば誰もしゃべっていない言葉をしゃべること。人工的な音に枯れ葉を踏みしめる音や、動物の鳴き声などを重ね合わせた曲。一つ一つの同期しない音を共存させるのである。合わせない音楽、同期しない一つ一つの音から、楽器の音と自然の音が一体となった⑤新しい音楽を生み出す。

一つのテンポに皆が合わせるのではなくて、それぞれの音やパートが固有のテンポをもつ音楽をつくる。バラバラにテンポを刻む多様な音を使って、あるいは人工的調律から解放されたピアノを使って、楽曲という一定のまとまりのあるものをつくること。⑥これは、僕たち人間社会でも同じではないだろうか。不寛容《かんよう》な時代には、非同期、つまり同期しない音を聴くことが大切なのではないか。

〈坂本《さかもと》 龍一《りゅういち》「ａｓｙｎｃ《アシンク》――同期しないこと」による〉

1 ①音 について、筆者はどのように考えていますか。あてはまらないものを次から一つ選び、記号で答えなさい。（10点）

知識の泉　**A** イ。「期待どおりにいかなくて，がっかりすること」の意味。

ア　音にはいい音と悪い音がある。
イ　どんな音も存在する理由がある。
ウ　音には独自のリズムや響きがある。
エ　音は同じ必然性で同じ重要性をもつ。
（　　）

2 ②視覚でも同じ　とありますが、どんなところが同じなのですか。次から一つ選び、記号で答えなさい。（10点）
ア　人間が、たくさんの映像に囲まれているところ。
イ　人間が、認識したいものを選択しているところ。
ウ　人間が、脳のはたらきに対して無自覚であるところ。
エ　人間が、全てのものを感じ取ってしまうところ。
（　　）

3 ③そのフィルターは人間を同じ一つの檻に閉じこめる。とはどういうことですか。次の文の（　）にあてはまる言葉を考えて書きなさい。（10点）

人間の認識が、（　　）こと。

攻略！「一つの檻に閉じこめる」という比喩が表す状況を考えよう。

4 記述　④合わせないほうが人間には難しい　とありますが、なぜ難しいのですか。「同期」という言葉を使って、三十字以内で書きなさい。（15点）

攻略！人間の本質について、どのように述べられているかな。

---

5 ⑤新しい音楽　について答えなさい。
(1) よく出る「新しい音楽」を筆者は別の言葉でどのように表現していますか。文章中から七字で抜き出しなさい。（10点）

(2) 筆者は「新しい音楽」をどのように生み出すのですか。（　）にあてはまる言葉を、文章中から抜き出しなさい。10点×2（20点）
一つ一つの（　　）音を（　　）させて生み出す。

6 ⑥これは、僕たち人間社会でも同じ　について答えなさい。
(1) 筆者は、今の「人間社会」はどんな時代だと感じているのですか。文章中から三字で抜き出しなさい。（10点）
［　　］な時代。

(2) 記述　「人間社会でも同じ」とありますが、筆者はどのようにすることが大切と考えているのですか。「これ」が指すものを踏まえて、四十字以内で書きなさい。（15点）

攻略！音楽に関して述べた主張を、人間社会に置き換えて考えてみよう。

知識の泉　Q　——線を正しく書き直すと？　遅刻したことを誤る。

確認のワーク ステージ1
問いかける言葉

解答 11ページ　スピードチェック 7ページ　予想問題 137ページ

学習のねらい
- 筆者の体験と、そこから導かれた主張を関係づけて読もう。
- 社会との関わり方についての、筆者の主張を読み取ろう。

漢字と言葉

1 漢字の読み　読み仮名を横に書きなさい。

＊は新出漢字　▼は新出音訓・◎は熟字訓

① 視＊聴者　② ＊媒介者　③ ▼次第　④ ＊吟味
⑤ ＊傾向　⑥ 不＊寛容　⑦ ＊悩み

2 漢字の書き　漢字に直して書きなさい。

① 内容の（ぎんみ）。　② テレビの（しちょう）者。
③ 増加（けいこう）にある。　④ （なや）みを話す。

3 語句の意味　意味を下から選んで、線で結びなさい。

① 媒介・　② 基盤・　③ 俯瞰《ふかん》・　④ 吟味・　⑤ 異質・

・ア 間に立って仲を取り持つこと。
・イ 広く見渡すこと。
・ウ 中身や性質が他と違っていること。
・エ 物事の土台、基本。
・オ 品質や内容をよく調べること。

教科書の要点

1 話題　筆者の仕事はなんですか。　教p.96

テレビの報道番組の（　　　　）。

2 要点　1の仕事をする中で、どんな思いをもつようになったのですか。　教p.96

□□ を出し続けることが重要であるという思い。

3 要点　言葉で問いかけることにはどんな力があるのですか。次から一つ選び、記号で答えなさい。　教p.100

ア 周囲の空気を読み取り素早く溶けこむ力。
イ もやもやが残った疑問を解消していく力。
ウ 問いに対してわかりやすい結論を示す力。
エ 対話を生み出し異なる世界と出会わせる力。

（　　）

筆者が経験から感じた「問いかける言葉」の力を論じた文章だよ。

4 構成のまとめ

（　）に教科書の言葉を書き入れなさい。（各段落に1〜13の番号をつけて読みましょう。）

教p.96〜100

まとまり		内容
キャスター観	1段落	**キャスターの仕事**…情報を伝えるだけでなく、（①　　）を出し続けることが重要だという思い。
	2〜3段落	**経験談1**…筆者が通った海外の学校▼自分の（②　　）を問われるのがあたりまえ。 ●積極的に疑問や問いを投げかけていった。↓異なる考え方が飛び交う（③　　）が始まった。 ↓異なる考え方をお互いに尊重しなければならない。 ▼自分の存在を意識し、（④　　）が形づくられていった。
	4段落	**経験談2**…キャスターの仕事の中での、ゲストへのインタビュー ●問いかける言葉は、（⑤　　）なものではなくてはならないことを学んだ。 ▼具体的に問われることで、自分の考えが俯瞰できるようになる。
	5段落	**現在**…膨大な情報がスピーディーに行き交う。↓情報が人々の（⑥　　）時間を奪っている。
	6〜7段落	「問いかける言葉」の大事な役割1 ●（⑦　　）の流れを止め、周りに流されず、（⑧　　）ことをもたらす。↓井上《いのうえ》ひさし〈風向きの法則〉
	8〜10段落	「問いかける言葉」の大事な役割2 ●（⑨　　）な世界との出会いをもたらすきっかけをつくる。↓〈確証バイアス〉
社会観	11〜13段落	日本の社会…周囲の空気を読み取り、素早く溶けこむこと、すぐにわかった気になることが求められている。 ●わからないことから（⑩　　）が生まれ、問いを発していくことで（⑪　　）が生まれ、 （⑫　　）世界を開いていく。自分の世界とは異なる世界との出会いを生み出す。＝問いかける言葉のもつ力

おさえよう

要旨

問いかける言葉には、〔ア 対話　イ 対立〕を生み、閉じている世界を開いて、自分の世界とは〔ア 異質　イ 同質〕な世界との出会いを生み出す力がある。

知識の泉

Q 類義語を作るとき，□にあてはまる漢字は？　没頭＝□心

実力判定テストA ステージ2

問いかける言葉

30分

自分の得点まで色をぬろう!
100点 合格! 80 もう一歩 60 がんばろう! 0
/100

解答 12ページ

次の文章を読んで、問題に答えなさい。 教 p.97・⑪~98・⑱

キャスターの仕事をするようになり、多くのゲストのかたにインタビューをする中で、問いかける言葉の大切さを改めて実感できるようになりました。①その中で学んだことは、問いかける言葉は、曖昧なものではなく、具体的なものではなくてはならない、ということでした。具体的な質問は、質問された相手の思考を曖昧なものからより明確な思考へと導き、そのことでコミュニケーションの基盤となるお互いの共通認識の場が形成され、対話が生き生きとしたものになるのです。具体的に問われることで、曖昧だった考えがくっきりとしてくる、思いこみも含めた自分の考えが俯瞰《ふかん》できるようになる、聞き方次第で答えも変わってしまうと語ったゲストのかたもいました。②こうした力が問いかける言葉にはあるのです。

かつて私たちは、新聞、テレビ、出版物といったマスメディアをとおして多くの情報を得ていました。しかし現在、メディアの種類も多様になり、私たちの世界を取り巻く情報は膨大で、よりスピーディーに行き交うようになっています。こうした中、私たちは、それらの情報について、立ち止まって吟味したり、整理したり、自分にとっての意味や価値を考える時間を失いつつあるように思えます。③情報が、かえって人々の考える時間を奪っているのです。④立ち止まる時間を失った人々は、わかりやすく、白か黒か、イエスかノーかの手っ取り早い結論を好むようになります。そして、わかったと思った瞬間、そこで人は考えることをやめてしまいます。

作家の井上《いのうえ》ひさしが⑤「風向きの法則」と呼んでいた現象があります。風が、次第に強くなってくると、その風向きに逆らって歩くのが困難になるように、ある考え方が広まってきて、それに反対する声が出しにくくなると、みんながそう言っているからと同調する声が多くなり、ますますその考え方だけが広まっていってしまう、というのです。

問いかける言葉は、その同調の流れをせき止め、「本当にその風向きは正しいのですか?」と、風になびきがちな人々にブレーキをかけ、立ち止まらせます。周りに流されず、自分で考えることをもたらしてくれるのです。

〈国谷《くにや》裕子《ひろこ》「問いかける言葉」による〉

1 ①その中で学んだこと とありますが、筆者が学んだこととはどのようなことですか。それが述べられた部分を文章中から抜き出し、初めと終わりの五字を書きなさい。 完答(10点)

［　　　　　］~［　　　　　］

知識の泉 **A 専。** どちらも「一つのことに集中すること」を表す。

2 ②こうした力　とありますが、問いかける言葉のもつ「力」についてまとめた次の文の（　）にあてはまる言葉を、文章中から抜き出しなさい。　10点×3（30点）

・質問された相手の曖昧だった考えを（　　）な思考へ変える。

・コミュニケーションの基盤となる（　　）の場が形成され、（　　）が生き生きとしたものになる。

3 ③情報が、かえって人々の考える時間を奪っている　とありますが、これはどういうことですか。次から一つ選び、記号で答えなさい。　（10点）

ア　多くの種類のマスメディアをとおして情報を得ているため、私たちは全ての判断を情報に頼っているということ。

イ　大量な情報をスピーディーにやりとりしているために、情報を得るだけで忙しくなっているということ。

ウ　新聞、テレビ、出版社といったマスメディアが異なる事実を伝えている中で、私たちは、立ち止まって考えるよりもすぐに結論を知りたくなっているということ。

エ　膨大な情報が素早く行き交う中で、私たちは、情報をじっくりと吟味して整理する時間をもてなくなっていること。

（　　）

4 よく出る　④立ち止まる時間を失った人々　はどのようになると述べていますか。二つに分けて、簡潔に書きなさい。　10点×2（20点）

（　　）

（　　）

5 ⑤風向きの法則　について答えなさい。

(1)　この法則は、どのような現象をたとえたものですか。それが述べられた部分を文章中から抜き出し、初めと終わりの五字を書きなさい。　完答（10点）

□□□□□　～　□□□□□

攻略！　「……困難になるように」までの部分がたとえだね。

(2)　**記述**　「風向きの法則」を引用して、筆者は「問いかける言葉」はどんなはたらきをすると述べていますか。文章中の言葉を使って、三十字以内で書きなさい。　（20点）

□□□□□□□□□□□□□□□□□□□□□□□□□□□□□□

知識の泉　Q　「延」の部首は何画？

実力判定テストB　ステージ3

問いかける言葉

30分

自分の得点まで色をぬろう！ 合格！ もう一歩 がんばろう！ 100点 80 60 0 /100

解答 12ページ

★ 次の文章を読んで、問題に答えなさい。

教 p.99・⑥〜100・⑫

　こうした中では、多様な人々の存在、自分とは異なる多様な考え方が存在していることを知る機会、①異質なものとの出会いが次第になくなっていきます。それぞれが閉鎖的な情報空間を作り、同じような考え方をもった人々の間だけで対話を行うようになっていきます。そうなれば、異なる情報空間にいる人々との間に分断が起こり、相手に対して不寛容になり、お互いを排除しようとさえするようになります。②そこには、異質なものに出会って戸惑い、悩み、考える機会はありません。

　しかし、③現実の世界が抱える課題は、さまざまに入り組み利害対立も複雑になっています。異なる考え方やさまざまな利害を抱えた人々が、社会的合意を求めて対話を積極的に行うことができなければ、課題の解決は不可能です。そのためには、お互いの情報空間を外に開き、自分たちとは異なる世界と出会うことが必要です。そのきっかけを作るのは、問いかける言葉です。

　海外の学校で、質問すること、問いを出すことで新しい世界が現れることを経験した私は、日本に帰国して、同じようにクラスメイトに単刀直入に疑問を投げかけました。すると、④けげんな顔をされることがたびたび起きたのです。皆が同じであることが尊重され、異なる意見をもつこと、異なる意見を出すことはあまり歓迎されない。そういう空気が流れていると思った記憶がありま す。

　日本の社会では、周囲の空気を読み取り、それに素早く溶けこむことが、人と人とのコミュニケーションにとって重要な要件であるとされているように思います。そして周囲に素早く溶けこむためには、何でもすぐにわかった気になることが求められているようにも思えます。

　しかし、⑤わからないものはわからないとして、もやもやが残ったほうがいいのではないでしょうか。何かがおかしい、何か腑《ふ》に落ちないという思い、そこから疑問が生まれ、問いを発していくことで対話は生まれます。決して結論を押しつけるのではなく、「あなたはどう思いますか？」と投げかける。言葉による問いかけには、閉じた世界に異質なものを投げこみ、新しい風を吹きこむことで、その⑥閉じている世界を開いていく力があるのです。問いを出したり、出されたりすることは、自分の世界とは異なる世界との出会いを生み出すのです。

〈国谷《くにや》 裕子《ひろこ》「問いかける言葉」による〉

1 記述 ①異質なもの とは、ここではどういうものですか。「考え方」という言葉を使って、簡潔に書きなさい。（10点）

2

(1) そこ②について答えなさい。

「そこ」が指すものを、文章中から八字で抜き出しなさい。 (10点)

(2) 「そこ」にいる人々はどのようになるのですか。 (10点)

（　　　）

3 よく出る

現実の世界が抱える課題③を解決するためにはどうすることが必要だと述べられていますか。次の文の（　）にあてはまる言葉を文章中から抜き出しなさい。 10点×2 (20点)

問いかける言葉をきっかけに、（　　　）の人々と出会い、社会的合意を求めて、（　　　）をすること。

4

(1) けげんな顔④について答えなさい。

クラスメイトは、どんなとき「けげんな顔」になったのですか。 (10点)

（　　　）

(2) 「けげんな顔」をされた理由を、筆者はどのように考えていますか。次から一つ選び、記号で答えなさい。 (10点)

ア 相手が答えられないような質問をしてしまったから。
イ クラスメイトが質問されるのに慣れていなかったから。
ウ 人と異なる意見を出すのは歓迎されないから。
エ 周囲の人に対して同じような質問をしていたから。

（　　）

5 記述

わからないものはわからないとして、もやもやが残ったほうがいい⑤とありますが、筆者がそう考えるのはなぜですか。次の書き出しに続けて、三十字以内で書きなさい。 (15点)

もやもやが残ることで、

6 レベルUP

閉じている世界を開いていく⑥には何が必要なのですか。「問いかける言葉」「対話」の二語を使って、三十字以内で書きなさい。 (15点)

知識の泉 Q 「最後に加える大切な仕上げ」を意味する故事成語は？ □竜点睛《りょうてんせい》

確認のワーク ステージ1
説得力のある批評文を書く
文法の小窓2 助動詞のはたらき

解答 13ページ　スピードチェック 20ページ

学習のねらい
- 観点を提示する批評文の書き方を捉えよう。
- さまざまな助動詞の意味やはたらき、使い方を覚えよう。

基本問題 説得力のある批評文を書く

★ 次の批評文を読んで、あとの問いに答えなさい。

A

B

　私は、保健委員会が全校生徒に規則正しい生活を呼びかけるのにふさわしいのはAのポスターだと考える。

　Aのキャッチコピー「よい睡眠で健康な毎日を」からは、健康な毎日を送るのには睡眠が欠かせないことが伝わる。生活について調べた調査によると、中学生・高校生の七割以上が「朝起きられない」「だるい」と答えており、「睡眠時間の不足が原因ではないかと推測される」（〇〇ウェブサイト「学生の睡眠時間」閲覧日〇年〇月〇日）とのことだ。だから、睡眠の大切さは共感を得やすいのではないかと考える。

　それに対して、Bのポスターは、イラストからは夜遅くまで起きていると生活が乱れることは想像できるが、キャッチコピーの「こんな子いませんか？」からは具体的にどんな生活がよいかわからない。その分、訴《うった》える力が弱いと感じる。

　このような点から、Aのポスターが有効だと考える。

1 保健委員会はなんのためにポスターを作るのですか。

（　　　　）

2 よく出る この文章の構成を次から一つ選び、記号で答えなさい。

ア 頭括型　イ 双括型　ウ 尾括型

（　　）

攻略！ 構成は、結論がどこにあるかを確認するとわかるよ。

3 批評の根拠をうらづけるために、資料を引用して述べている一文を抜き出し、初めの五字を書きなさい。

□□□□□

4 よく出る Aのポスターと Bのポスターの比較の観点はなんですか。文章中から抜き出しなさい。

（　　　　）

知識の泉　**A 画。**　画家が睛（ひとみ）を描き入れたら竜が天に昇ったという故事から。

教科書の要点　文法の小窓2

1 助動詞のはたらき

（　）に教科書の言葉を書き入れなさい。 教p.287

助動詞…活用の（①　　）付属語。（②　　）や体言、他の助動詞について、さまざまな意味をつけ加えたり、話し手（聞き手）の（③　　）を表したりする。

2 助動詞の分類

（　）に教科書の言葉を書き入れなさい。 教p.290〜291

品詞	はたらきや性質	例
れる られる	①（　　） 可能 自発 尊敬	・先発投手が打たれる。 ・朝早く起きられる。 ・この絵に力強さが感じられる。 ・お客様が来られる。
せる させる	②（　　）	・友達に手紙を書かせる。 ・弟にボールを投げさせる。
ない ぬ（ん）	③（　　）	・今日は気が進まない。 ・道がわからぬらしい。
ます	④（　　）	・明日から旅行に行きます。

た	過去 完了	・五時に友達に電話をした。 ・今、食事が終わった。
たい たがる	⑤（　　）	・早く旅行に行きたい。 ・弟はマンガを買いたがる。
ようだ ようです （丁寧）	推定 ⑥（　　）	・明日は雨になるようだ。 ・母の手はまるで氷のようだ。
そうだ そうです （丁寧）	様態	・この様子だと晴れそうだ。 ・この様子だと晴れそうです。
だ です （丁寧）	⑦（　　）	・妹は小学五年生だ。 ・妹は小学五年生です。
そうだ そうです （丁寧）	伝聞	・予報では雨が降るそうだ。 ・予報では雨が降るそうです。
らしい	⑧（　　）	・何かいいことがあったらしい。
う よう	⑨（　　） 勧誘《かんゆう》 推量	・僕も公園へ行こう。 ・一緒に出かけようよ。 ・冬山はきっと寒かろう。
まい	打ち消しの意志 打ち消しの推量	・決して忘れまい。 ・これ以上雨は降るまい。

知識の泉　Q「負傷」と同じ構成の熟語はどっち？　ア＝国立　イ＝加熱

実力判定テストA ステージ2　文法の小窓2　助動詞のはたらき

30分

自分の得点まで色をぬろう！
100点　80　60　0
合格！　もう一歩　がんばろう！
/100

解答 13ページ

1 次の各文の助動詞に――線を引きなさい。また、その意味をあとから選び、記号で答えなさい。　完答3点×10（30点）

① 事情を知らぬ姉に説明する。
② 夜から雨が降るそうです。
③ 海でヨットに乗りたい。
④ 図書館の中を案内します。
⑤ 氷のように足が冷たい。
⑥ 昨年は例年以上に暑かった。
⑦ こんな話を姉は信じまい。
⑧ ノートに名前を書かせる。
⑨ 私が飼っているのは亀だ。
⑩ 僕と近くの公園で休憩《きゅうけい》しよう。

ア 使役　イ 打ち消し　ウ 丁寧　エ 過去
オ 希望　カ たとえ　キ 断定　ク 伝聞
ケ 勧誘《かんゆう》　コ 打ち消しの推量

2 よく出る　次の――線の助動詞の意味をあとから選び、記号で答えなさい。　3点×4（12点）

① 子どもの頃のことがなつかしく思い出される。
② もうこれ以上は食べられそうにない。
③ そろそろお客様が来られる時間だ。
④ 荷物をたくさん持たされて疲れた。

ア 受け身　イ 可能　ウ 自発　エ 尊敬

3 次の――線の助動詞の意味をあとから選び、記号で答えなさい。　3点×2（6点）

① やっと宿題を終えたところだ。
② 昨晩は月がきれいだった。

ア 過去　イ 完了

4 次の――線の「だ」の文法的な性質をあとから選び、記号で答えなさい。　3点×3（9点）

① その建物が私の学校だ。
② おもしろい本を読んだ。
③ この国はとても豊かだ。

ア 形容動詞の活用語尾
イ 過去の助動詞「た」が濁ったもの
ウ 断定の助動詞

知識の泉　A イ。「負傷」→傷を負う。「国立」→国が立てる。「加熱」→熱を加える。

5 次の——線の助動詞「らしい」と同じ意味・用法のものを、あとから一つ選び、記号で答えなさい。（4点）

・優勝したのはこの高校の野球部らしい。

ア 弟は子どもらしい性格だ。
イ 明日接近する台風は大型らしい。
ウ あの山の景色は夏らしい。
エ あれは全く彼らしい発言だった。

（　　）

6 次の——線の助動詞「そうだ」と同じ意味・用法のものを、あとから一つ選び、記号で答えなさい。（3点）

・入道雲が出て、夕立になりそうだ。

ア 明日、学校は休みだそうだ。
イ この試合にはなんとか勝てそうだ。
ウ 彼は試験に合格したそうだ。
エ この商品が一番売れているそうだ。

（　　）

攻略！ 直前の活用形によって意味が違うことを捉えよう。

7 〔　〕の意味を示す助動詞をあとの[　]から選び、正しく活用させて（　）に書きなさい。 4点×3（12点）

① すぐに試合に参加し（　　）た。〔希望〕
② 弟に答え（　　）ます。〔使役〕
③ 明日は晴れる（　　）う。〔丁寧〕

られる　させる　たがる　ようです　そうです　です

8 よく出る 次の——線の助動詞と同じ意味・用法のものを、それぞれあとから一つ選び、記号で答えなさい。 3点×3（9点）

① 贈り物をもらってさぞうれしかろう。
ア 一緒に行こう。　イ 私ももっと走ろう。
ウ 荷物が重かろう。　エ 本を読もうと思う。
（　　）

② こんなにそっくりには二度と描けないだろう。
ア かばんに傘がない。　イ ぎこちない動作になる。
ウ 駅までは遠くない。　エ 電車が全然動かない。
（　　）

③ 満腹でもケーキなら食べられる。
ア 明日、お客様が来られる。　イ 友が案じられる。
ウ 一人で起きられる。　エ 姉に助けられる。
（　　）

攻略！ ②「ない」には形容詞（補助形容詞・形容詞の一部）と助動詞がある。

9 次の——線の助動詞をつけることで、話し手がどんな判断をしているとわかりますか。簡潔に書きなさい。 5点×3（15点）

① 郵便が届いたのは昨日だ。
（　　）

② 郵便が届いたのは昨日のようです。
（　　）

③ 郵便が届いたのは昨日だそうだ。
（　　）

攻略！ ①断定、②推定、③伝聞の助動詞だね。

知識の泉　Q「呉越同舟《ごえつどうしゅう》」の意味は？

確認のワーク ステージ1

言葉の小窓2 相手に対する配慮と表現
ニュースで情報を編集する／実用文を読む ほか

解答 14ページ　スピードチェック 7ページ

学習のねらい
- 敬語の正しい使い方について学ぼう。
- 実用文の特徴を理解して読み取ろう。

漢字

1 漢字の読み 読み仮名を横に書きなさい。

＊は新出漢字 ▼は新出音訓・◎は熟字訓

①＊賜り物　②国＊賓　③＊賄＊賂　④＊拙速
⑤＊搭乗　⑥＊渓谷　⑦＊洪水　⑧＊津々浦々
⑨＊漸減　⑩＊汎用　⑪＊梗概　⑫鉄＊柵
⑬＊桟橋　⑭訴＊訟　⑮＊詮索　⑯＊諭旨
⑰網＊膜　⑱＊胎児　⑲＊咽頭　⑳涙＊腺

2 漢字の書き 漢字に直して書きなさい。

①（みんよう）を歌う。　②調査を（いたく）する。
③（せんたく）物を干す。　④利用の（きょだく）。
⑤登録を（まっしょう）する。　⑥板（ばさ）みになる。

基本問題　言葉の小窓2

1 よく出る 次の内容を目上の人に伝える場合には、どのような言い方をすればよいですか。（　）にあてはまる言葉を書きなさい。

① 先日送った本を読んだか、とたずねる場合。
・先日（　　）本を（　　）。

② 父が会いたいと言っていた、と伝える場合。
・父があなたに（　　）と（　　）。

③ あなたにもらった色鉛筆で描いた絵を送る、と伝える場合。
・あなたに（　　）色鉛筆で描いた絵を（　　）。

攻略！ 誰の動作なのかを考えて、尊敬語と謙譲《けんじょう》語を使い分けよう。

2 次の文の中から、敬語の使い方が適切でないものを選び、記号で答えなさい。

ア 先生が絵本をお読みになりました。
イ お見舞いの方がいらっしゃいました。
ウ 私はそのお話を先生からお聞きになりました。
エ テニスのコーチに僕たちからお土産をさしあげた。　（　　）

3 次の――線の敬語の使い方が正しいときは○、間違っているときは正しく書き直しなさい。

① 山田様、おりましたら受付までお越しください。（　　）

② このチーズをいただいてください。（　　）

③ この座席は空いていらっしゃいますか。（　　）

④ あなたはあの店のランチを召しあがりましたか。（　　）

⑤ 先着五名様に、バラの花をさしあげます。（　　）

⑥ そろそろ先生がお帰りする時間です。（　　）

4 次の文を、敬語を使って書き直しなさい。

① 私がお客様の写真を見る。

（　　）

② お客様が写真を見る。

（　　）

教科書の要点 ニュースで情報を編集する

教 p.108

1 要点 （　）に教科書の言葉を書き入れなさい。

・テレビのニュースは、社会で起こったさまざまなできごとを、（　　）と音声で報道するものである。取材した情報を、映像資料と、（　　）などによる言葉での説明を合わせ、臨場感をもって視聴者に伝える。

・情報の（　　）によって伝わり方が違ってくる。

・視聴者は、内容が適切か吟味しながら見るとよい。

基本問題 実用文を読む

★ 「体育館の利用条件の変更について」のお知らせを作る場合、どんな工夫をするとよいですか。次から一つ選び、記号で答えなさい。

ア 体育館がある場所を示す地図を掲載するとよい。

イ 体育館の歴史をわかりやすく詳細に示すとよい。

ウ 利用条件の変更点を表の形で整理するとよい。

エ 近隣の体育館の利用条件をまとめるとよい。

（　　）

知識の泉 Q 「額」の部首名は？

解答 15ページ　スピードチェック 8・16ページ　予想問題 138ページ

確認のワーク　ステージ1

旅への思い——芭蕉《ばしょう》と『おくのほそ道』——

学習のねらい
- 歴史的背景に注意し、文章の特徴を理解しよう。
- 情景を思い浮かべて、作者の心情を読み取ろう。

漢字

1 漢字の読み　読み仮名を横に書きなさい。

*は新出漢字　▼は新出音訓・◎は熟字訓

①*漂泊　②近*畿　③*冒頭　④感*慨　⑤過▼客　⑥*勧め　⑦*佳景　⑧*滞在

2 漢字の書き　漢字に直して書きなさい。

①（　　）《ごらく》施設。　②料金を（　　）《はら》う。　③席を（　　）《ゆず》る。　④道を（　　）《へだ》てる。

教科書の要点

1 作品　（　）に教科書の言葉を書き入れて、『おくのほそ道』についてまとめなさい。　教 p.116〜117

作者	①（　　　）
文章の種類	②（　　　）文
成立	③（　　　）時代

2 作品　『おくのほそ道』とはどのような作品ですか。（　）に教科書の言葉を書き入れなさい。　教 p.116

元禄《げんろく》二年の春に、江戸の①（　　　）を出発し、②（　　　）・③（　　　）地方をめぐり、④（　　　）に至るまでの旅についてまとめた作品。

3 歴史的仮名遣《づか》いの読み方　（　）に片仮名で書き入れなさい。

- 語中・語尾の「は」「ひ」「ふ」「へ」「ほ」
  →「①（　）」「②（　）」「③（　）」「④（　）」「⑤（　）」
- 「む・なむ」→「ン・ナン」
- 母音の連続は伸ばす音に。
  - ア段の音＋「う（ふ）」→オ段の長音
  - イ段の音＋「う（ふ）」→「ユウ・○ュウ」
  - エ段の音＋「う（ふ）」→「○ョウ」
- 「ゐ」「ゑ」「を」→「⑥（　）」「⑦（　）」「オ」
- 「ぢ」「づ」→「⑧（　）」「⑨（　）」
- 「くわ」「ぐわ」→「カ」「ガ」

知識の泉　**A おおがい。**　ひざまずいた人の頭部を強調した形から，「頁」となった。

4 歴史的仮名遣い

次の言葉を現代仮名遣いに直して、全て平仮名で書きなさい。 教p.120〜122

① 庵《いほり》（　　）　② 栄耀《えいえう》（　　）

③ 旧跡《きうせき》（　　）　④ 兵《つはもの》（　　）

5 対句

対句表現になるように（　）に教科書の言葉を書き入れなさい。 教p.120〜124

・「そぞろ神《がみ》の物につきて」
・「（①）の招きにあひて」

・「国破れて（②）あり」
・「城春にして草青みたり」

・「岸を巡り」
・「（③）を這《は》ひて」

6 構成のまとめ

あとの［　］から言葉を選び、（　）に書き入れなさい。 教p.120〜124

場面	内容
旅立ち 教p.120〜121	●月日は永遠の（①）である。 ●旅そのものを（②）としている人たちがいる。例船頭・馬子《まご》 ●昔の詩人の中には、旅の途上で死んだ者もいる。 …旅を人生と重ねている
平泉《ひらいづみ》 教p.122	●（③）氏三代の栄華は、はかなく消え、広大な館も田野《でんや》となっている。 ●義経《よしつね》の家臣は城に籠もって戦い、（④）をあげたが、その跡も今はくさむらとなっている。 …悠久の自然に対する人間の営みのはかなさ
立石寺《りふしやく》 教p.124	●人に勧められて（⑤）領の立石寺という山寺を参拝する。 …心が澄み渡るような静寂の世界

［ 奥州藤原《おうしゅうふじわら》　旅人　山形　功名　すみか ］

おさえよう

作品 旅に生きた詩人たちを思いながら東北・北陸地方へ〔ア 漂泊　イ 観光〕の旅に出た芭蕉《ばしょう》が、人生は〔ア 歌　イ 旅〕であるという人生観や、旅先での情景などを、〔ア 俳句　イ 和歌〕とともに記したのが『おくのほそ道』である。

知識の泉 Q ——線を正しく書き直すと？ 危機一発の状態を切り抜けた。

実力判定テストA　ステージ2

旅への思い——芭蕉《ばしょう》と『おくのほそ道』——

30分

自分の得点まで色をぬろう！
100点　合格！　80　もう一歩　60　がんばろう！　0
/100

解答 15ページ

★ 次の文章を読んで、問題に答えなさい。

教 p.120〜121

旅立ち

月日は百代《はくたい》の①過客《くわかく》にして、行《ゆ》きかふ年もまた旅人なり。舟の上に生涯を浮かべ、馬の口ⓐとらへて老いを迎ふる者は、②日々旅にして旅を栖《すみか》とす。③古人も多く旅に死せるあり。

予《よ》もいづれの年よりか、片雲《へんうん》の風に誘はれて、漂泊の思ひやまず、海浜《かいひん》に④さすらへて、去年《こぞ》の秋、江上《かうしやう》の破屋にくもの古巣をⓑ払《はら》ひて、やや年も暮れ、⑤春立てる霞《かすみ》の空に、⑥白河《しらかは》の関越えむと、⑦そぞろ神《がみ》の物につきて心をくるはせ、道祖神《だうそじん》の招きにあひて、⑧取るもの手につかず。

ももひきの破れをつづり、笠《かさ》の緒《を》付けかへて、三里に灸《きう》すゆるより、松島《まつしま》の月まづ心にかかりて、住める方《かた》は人に譲《ゆづ》りて、杉風《さんぷう》が別墅《べつしよ》に移るに、

草の戸も住み替はる代ぞ雛《ひな》の家

表《おもて》八句を庵《いほり》の柱にかけおく。

〈「旅への思い——芭蕉《ばしょう》と『おくのほそ道』——」による〉

1 よく出る ①過客 とほぼ同じ意味で使われている言葉を、文章中から二字で抜き出しなさい。（5点）

2 ⓐとらへて ⓑ払ひて を、それぞれ現代仮名遣《づか》いに直し、全て平仮名で書きなさい。5点×2（10点）

ⓐ（　　　）　ⓑ（　　　）

3 ②日々旅にして旅を栖とす とありますが、「毎日の生活が旅であり、旅をすみかとしている」とは、誰のことを指していますか。文章中から抜き出しなさい。（5点）

（　　　）

4 よく出る ③古人も多く旅に死せるあり。とありますが、芭蕉《ばしょう》はこのことをどのように感じているのですか。次から一つ選び、記号で答えなさい。（10点）

ア　旅先で死んでしまうことは愚かで哀れなことだと感じている。
イ　生命のもろさと、旅の恐ろしさを身にしみて感じている。
ウ　旅に命をかけて故郷を見捨てることに怒りを感じている。
エ　旅と詩歌に命をかけた先人たちに尊敬と憧れを感じている。

（　　　）

知識の泉　A　**危機一髪。**　「髪の毛一本ほどの差で危険が迫ること」。「一触即発」が類義。

5 ④さすらへて の主語を、文章中から抜き出しなさい。（8点）

（　　　）

6 ⑤立てる には二つの意味がこめられていますが、どんな意味ですか。（　）にあてはまる言葉を、文章中から抜き出しなさい。4点×2（8点）

（　　　）が立つ・（　　　）が立つ

7 ⑥白河の関越えむ の現代語訳を次から一つ選び、記号で答えなさい。（5点）

ア 白河にある関所を越えないでおこう。
イ 白河にある関所を越えていきたいものだ。
ウ 白河にある関所を越えるつもりはない。
エ 白河にある関所を越えたことがある。

（　　　）

8 よく出る ⑦そぞろ神の物につきて とありますが、この表現と対句になっている部分を文章中から抜き出しなさい。（8点）

（　　　）

攻略！ 似た構造になっている部分を探そう。

9 ⑧取るもの手につかず とありますが、このときの芭蕉の気持ちを次から一つ選び、記号で答えなさい。（8点）

ア 杉風の別荘に早く引っ越したいといらだつ気持ち。
イ 旅をする暮らしにひかれて、落ち着かない気持ち。
ウ そぞろ神に取りつかれたことを不安に思う気持ち。
エ 住んでいる家に未練があって離れたくない気持ち。

（　　　）

---

10 芭蕉が旅に出る間際《まぎわ》にした準備について、具体的に示している部分を二十八字で文章中から抜き出し、初めと終わりの五字を書きなさい。完答（8点）

□□□□□～□□□□□

攻略！ 具体的な動作を表す部分に注目しよう。

11 「草の戸も……」の句について答えなさい。

(1) よく出る 句の季語と季節を答えなさい。5点×2（10点）

季語（　　　）　季節（　　　）

(2) 句の大意として適切なものを次から一つ選び、記号で答えなさい。（10点）

ア 今まで荒れた暮らしをしてきたが、今後は雛祭りを祝えるような、心に余裕《よゆう》のある生活がしたい。
イ 気に入って長く住んでいた草庵《そうあん》ともいよいよお別れである。鳥の雛が巣立つように未来へはばたこう。
ウ 雑草が生い茂る家でも住む人次第できれいになる。お雛様のようなかわいらしい子に住んでほしい。
エ 粗末であった私の家も、住む人が替わるときがきた。今度は雛人形でも飾るような家になるだろう。

（　　　）

12 この文章は何について書かれたものですか。次の□にあてはまる言葉を、文章中から漢字一字で抜き出しなさい。（5点）

芭蕉が抱いている、□に対する憧れの気持ち。

知識の泉 Q 「東奔《とうほん》西走」の意味は？

実力判定テストB ステージ3

旅への思い――芭蕉《ばしょう》と『おくのほそ道』――

30分

自分の得点まで色をぬろう！ 合格！ もう一歩 がんばろう… 100点 80 60 0 /100

解答 16ページ

1 次の文章を読んで、問題に答えなさい。

教 p.122

平泉《ひらいづみ》

①三代の栄耀《えいえう》一睡のうちにして、大門《だいもん》の跡は一里こなたにあり。秀衡《ひでひら》が跡は田野《でんや》になりて、金鶏《きんけい》山のみ形を残す。

まづ高館《たかだち》に登れば、北上川南部《きたかみがはなんぶ》より流るる②大河なり。衣川《ころもがは》は和泉《いづみ》が城《じやう》を巡りて、高館の下《もと》にて大河に③落ち入る。泰衡《やすひら》らが旧跡《きうせき》は、衣《ころも》が関《せき》を隔てて南部口《ぐち》をさし固め、夷《えぞ》を防ぐとみえたり。さても義臣すぐつてこの城に籠もり、功名一時のくさむらとなる。

「国破れて山河《さんが》あり、城春にして草青みたり。」と、笠《かさ》打ち敷きて、時の移るまで涙を落としはべりぬ。

夏草や兵《つはもの》どもが夢の跡

〈「旅への思い――芭蕉《ばしょう》と『おくのほそ道』――」による〉

1 ①三代の栄耀一睡のうちにして とありますが、何がどのようになったことを表現していますか。次から一つ選び、記号で答えなさい。（10点）

ア 三代にわたる努力が実り、ようやく栄華の時代が訪れたこと。
イ 三代にわたる栄華がたちまちのうちに築きあげられたこと。
ウ 三代にわたって夢のような栄華の世界が繰り広げられたこと。
エ 三代にわたる栄華がたちまちのうちに滅びて消え去ったこと。

（　　）

2 ②大河なり、③落ち入る の主語を、それぞれ文章中から抜き出しなさい。 5点×2（10点）

②（　　）
③（　　）

3 よく出る (1) 「夏草や……」の句について答えなさい。

(1) この句は、どんなできごとを思ってよんだものですか。それを述べた一文を文章中から抜き出し、初めの五字を書きなさい。（10点）

□□□□□

(2) この句には芭蕉のどんな思いがこめられていますか。次から一つ選び、記号で答えなさい。（10点）

ア 人間にも夏草のもつたくましさがほしいものだ。
イ 夏草も兵士たちと同じで、やがて枯れるだろう。
ウ 自然の永遠性に比べて、人間の営みははかないものだ。
エ 夏草の下に眠る兵士たちに、祈《いの》りをささげたい。

（　　）

2 次の文章を読んで、問題に答えなさい。 教p.124

立石寺《りふしやく》

山形領に立石寺といふ山寺《やまでら》あり。慈覚大師《じかくだいし》の開基にして、ことに清閑《せいかん》の地なり。一見すべきよし、人々の勧むるによつて、尾花《をばね》沢《ざは》よりとつて返し、①その間《かん》七里ばかりなり。

日いまだ暮れず。ふもとの坊《ばう》に宿借り置きて、山上の堂に登る。岩に巌《いはほ》を重ねて山とし、松柏《しようはく》年旧《としふ》り、土石老いて苔《こけ》滑らかに、岩上の院々扉を閉ぢて物の音聞こえず。②岸を巡り岩を這《は》ひて仏閣を拝し、佳景寂寞《かけいじやくまく》として心澄みゆくのみおぼゆ。

閑《しづ》かさや岩にしみ入る③蟬《せみ》の声

〈「旅への思い――芭蕉《ばしよう》と『おくのほそ道』――」による〉

1 芭蕉が立石寺を見物したのはなぜですか。その理由にあたる部分を、文章中から抜き出しなさい。（10点）

（　　　　　　）

2 ①その間 とはどの距離のことですか。次から一つ選び、記号で答えなさい。（10点）

ア 立石寺の場所を探し歩いた距離。
イ 立石寺に行くかどうかを迷いながら進んだ距離。
ウ 尾花沢から引き返して立石寺に行った距離。
エ 山のふもとから立石寺の本堂までの距離。

（　　）

3 ②岸を巡り岩を這ひて について答えなさい。

(1) ここに用いられている表現技法を答えなさい。（5点）

（　　　　）

(2) ここから山のどのような様子がわかりますか。次から一つ選び、記号で答えなさい。（5点）

ア 静かな様子。　イ 高い様子。
ウ 美しい様子。　エ 険しい様子。

（　　）

4 よく出る 立石寺の様子を表現している言葉を、文章中から漢字四字で抜き出しなさい。（10点）

□□□□

5 立石寺の境内を巡って、芭蕉はどのような気持ちになりましたか。文章中から十字で抜き出しなさい。（10点）

□□□□□□□□□□

6 レベルUP ③蟬の声 はどのような様子を際立《きわだ》たせる効果をあげていますか。俳句から三字で抜き出しなさい。（10点）

□□□

知識の泉 Q「非常に珍しい」という意味の四字熟語は？ □□未聞《みもん》

確認のワーク ステージ1

和歌の調べ ――万葉集《まんようしゅう》・古今和歌集《こきんわかしゅう》・新古今和歌集《しんこきんわかしゅう》――

解答 16ページ 直前チェック 9・17ページ 予想問題 139ページ

学習のねらい
●和歌の表現技法を知り、描かれた季節や情景を捉えよう。
●昔の人たちの自然や人間に対する感じ方、考え方を理解しよう。

漢字

1 漢字の読み 読み仮名を横に書きなさい。

＊は新出漢字 ▼は新出音訓・◎は熟字訓

❶ ▼古今和歌集 ❷ ＊祈り ❸ ＊巧み ❹ ＊沢（訓読み）

教科書の要点

1 作品 あとの□から言葉を選び、（　）に書き入れなさい。

	万葉集《まんようしゅう》	古今和歌集《こきんわかしゅう》	新古今和歌集《しんこきんわかしゅう》
成立	奈良時代	（②　）	（⑤　）
撰者《せんじゃ》	大伴《おおともの》家持《やかもち》	紀《きの》貫之《つらゆき》ら	藤原《ふじわらの》定家《さだいえ》ら
代表歌人	（①　） 柿本《かきのもとの》人麻呂《ひとまろ》	（③　） 在原《ありわらの》業平《なりひら》	式子内親王《しょくしないしんのう》 西行法師《さいぎょうほうし》
特徴	現存する日本最古の歌集。歌の形式は多彩で、作者も幅広い。	（④　）の命による、日本最初の勅撰《ちょくせん》和歌集。	（⑥　）の命による勅撰和歌集。

後鳥羽《ごとば》上皇　鎌倉《かまくら》時代　山部《やまべの》赤人《あかひと》　醍醐《だいご》天皇
小野《おのの》小町《こまち》　平安時代前期

2 歴史的仮名遣い 次の言葉を現代仮名遣いに直して全て平仮名で書きなさい。 教 p.127～131

① 白たへ（　　）　② あはれ（　　）

3 和歌の形式 あとの□から言葉を選び、（　）に書き入れなさい。

●和歌は、（①　）音と（②　）音の組み合わせからなる定型の詩。五・七・五・七・七の計三十一音からなる（③　）のほか、長歌、旋頭歌《せどうか》など、さまざまな形式がある。

●反歌《はんか》…（④　）のあとに添えて、内容の要約や補足をする短歌。

長歌　短歌　七　五

4 句切れとリズム （　）に言葉を書き入れなさい。 教 p.133

●句切れ…一首の中の意味上の切れめにあたるところ。

・五／七 五 七 七…（①　）句切れ
・五 七／五 七 七…二句切れ
・五 七 五／七 七…三句切れ
・五 七 五 七／七…（②　）句切れ

知識の泉 A 前代《ぜんだい》。「未曽有《みぞう》」も同じ意味を表す。

●和歌のリズム
・五七調……二句切れと（③　　）句切れの歌
・七五調……（④　　）句切れと三句切れの歌

5 技法　あとの[　　]から言葉を選び、（　）に書き入れなさい。

●枕詞…ある特定の言葉を導く言葉。（①　　）が多い。
例 たらちねの→母・親　ひさかたの→光・日

●序詞《じょことば》…ある言葉を導くための（②　　）からなる言葉。
例 多摩川《たま》に さらす手作り さらさらに なにそこの児《こ》の ここだかなしき
「さらさらに」の序詞

●掛詞《かけことば》…一つの言葉に（③　　）の意味をもたせる。
例 山里は冬ぞさびしさ まさりける 人目も草も かれぬと思へば
「草が枯れる」と「人目が離れる」

●縁語《えんご》…ある言葉と意味上で関係のある言葉を用いる。
例 玉の緒よ 絶えなば絶えね ながらへば 忍ぶることの 弱りもぞする
「絶え」「ながらへ」「弱り」は「緒」の縁語

[複数　多くの音数　五音]

6 鑑賞　次の和歌の鑑賞文をあとから選び、記号で答えなさい。

① 春過ぎて 夏来たるらし 白たへの 衣《ころも》干したり 天《あめ》の香具山《かぐやま》（　）
② 君待つと 吾《あ》が恋ひをれば 我《わ》が屋戸《やど》の すだれ動かし 秋の風吹く（　）
③ 五月《さつき》待つ 花たちばなの 香をかげば 昔の人の 袖の香ぞする（　）
④ 思ひつつ 寝《ぬ》ればや人の 見えつらむ 夢と知りせば 覚めざらましを（　）
⑤ 心なき 身にもあはれは 知られけり 鴫《しぎ》立つ沢《さは》の 秋の夕暮れ（　）
⑥ 玉の緒《を》よ 絶えなば絶えね ながらへば 忍ぶることの 弱りもぞする（　）

ア 恋しい人が来ることを待ちわびる気持ちを歌っている。
イ 恋人に会えない寂しさと夢で会えた喜びを歌っている。
ウ 山の若葉と白い衣の色の対照に夏の到来を感じている。
エ 世俗《せぞく》を捨てた身にも心にしみる秋の風情《ふぜい》を歌っている。
オ 匂いをきっかけにして、昔のことを思い出している。
カ 忍ぶ恋に耐え続けることへのつらさと不安を歌っている。

おさえよう

作品 和歌は、五音と七音を基調とした〔ア 定型詩　イ 自由詩〕である。日本の代表的な歌集には、奈良時代に成立した〔ア 古今和歌集　イ 新古今和歌集　ウ 万葉集〕、平安時代前期の〔ア 古今和歌集　イ 新古今和歌集　ウ 万葉集〕、鎌倉時代の〔ア 古今和歌集　イ 新古今和歌集　ウ 万葉集〕などがある。

知識の泉 Q ――線の使い方は○か×か？　気が置けない友人と遊ぶのは疲れる。

実力判定テストA ステージ2

和歌の調べ ——万葉集《まんようしゅう》・古今和歌集《こきんわかしゅう》・新古今和歌集《しんこきんわかしゅう》——

30分

自分の得点まで色をぬろう！ 100点 合格！ 80 もう一歩 60 がんばろう！ 0 /100

解答 16ページ

次の和歌を読んで、問題に答えなさい。 教 p.127〜128

A 春過ぎて 夏来たるらし 白たへの
衣《ころも》干したり 天《あめ》の香具山《かぐやま》
持統天皇《ぢとうてんわう》

B 田子《たご》の浦ゆ うち出《い》でてみれば ①真白にそ
富士《ふじ》の高嶺《たかね》に 雪は降りける
山部赤人《やまべのあかひと》

C ②春の野に かすみたなびき うら悲し この夕影に
うぐひす鳴くも
大伴家持《おおとものやかもち》

D 多摩《たま》川に さらす手作り さらさらに なにそこの児《こ》の
ここだかなしき
（東歌《あづまうた》）

E 父母が 頭《かしら》かきなで 幸《さ》くあれて 言ひし言葉《けとば》ぜ ③忘れかねつる
（防人《さきもり》の歌）

F 銀《しろかね》も 金《くがね》も玉も 何せむに 勝《まさ》れる宝 ④子にしかめやも
山上憶良《やまのうへのおくら》

〈「和歌の調べ——万葉集《まんようしゅう》・古今和歌集《こきんわかしゅう》・新古今和歌集《しんこきんわかしゅう》——」による〉

1 Aの歌について、次の問いに答えなさい。

(1) 枕詞《まくらことば》を抜き出しなさい。（5点）

（　　　）

(2) 何色と何色が対比されていますか。□にあてはまる色を表す言葉を書きなさい。 5点×2（10点）

香具山の若葉の鮮やかな□と、衣の□。

(3) (2)の対比によって作者はどのようなことを感じていますか。（　）にあてはまる言葉を書きなさい。（5点）

（　　　）らしいということ。

2 ①真白にそ とありますが、ここにはどのような気持ちが表れていますか。次から一つ選び、記号で答えなさい。（10点）

ア 真っ白な雪景色の向こうにそびえ立つ富士山を敬う気持ち。
イ 真っ白な雲のかかった富士山の雄大《ゆうだい》な姿を崇拝《すうはい》する気持ち。
ウ 真っ白に雪が積もった富士山の美しい姿に感動する気持ち。
エ 真っ白な霧《きり》が晴れたときに見えた富士山に驚嘆する気持ち。

（　　　）

攻略！ 「雪は降りける」とあることに着目しよう。

知識の泉 A ×。 「気が置けない」＝気づかいの必要がなく，気楽につきあえること。

3 Cの歌について、次の問いに答えなさい。

(1) 歌の句切れを次から一つ選び、記号で答えなさい。（5点）

ア 初句切れ　イ 二句切れ　ウ 三句切れ
エ 四句《しく》切れ　オ 句切れなし

(2) 春②を感じさせる言葉を、歌の中から一語の形で二つ抜き出しなさい。　5点×2（10点）

(3) この歌の情景は、どの感覚で捉えたものですか。次から二つ選び、記号で答えなさい。　5点×2（10点）

ア 視覚　イ 味覚　ウ 触覚
エ 聴覚　オ 嗅覚

4 Dの歌から序詞を抜き出しなさい。（5点）

5 よく出る Dの歌にはどのような気持ちがこめられていますか。次から一つ選び、記号で答えなさい。（10点）

ア 親への深い敬愛　イ 子を失った悲しみ
ウ 愛しい者への愛情　エ 自分の家族の大切さ

攻略！ 古文の「かなしき」には、「悲しい」とは別の意味があるよ。

6 Eの歌について、次の問いに答えなさい。

(1) 忘れかねつる③の現代語訳を次から一つ選び、記号で答えなさい。（5点）

ア 忘れかねない　イ 忘れてしまった
ウ 忘れられない　エ 忘れてはならない

(2) よく出る この歌によまれている気持ちを次から一つ選び、記号で答えなさい。（10点）

ア 離れ離れになった親を思い出し、せつなく思う気持ち。
イ 故郷で幸せに暮らしてきた幼い頃をなつかしむ気持ち。
ウ 親のことを忘れてしまいそうになる気持ち。
エ 優しくしてくれた親に対する感謝の気持ち。

攻略！ 作者は、父母との別れを思い出しているよ。

7 子にしかめやも④を、現代語に直しなさい。（10点）

8 よく出る 次の鑑賞文は、どの歌のものですか。記号で答えなさい。（5点）

貴重なものと並べて比較することで、子どもに対する深い愛情を表している。

実力判定テストB ステージ3
和歌の調べ ——万葉集《まんようしゅう》・古今和歌集《こきんわかしゅう》・新古今和歌集《しんこきんわかしゅう》——

30分

自分の得点まで色をぬろう！
100点　80　60　0
合格！　もう一歩　がんばろう！
/100

解答 17ページ

1 次の和歌を読んで、問題に答えなさい。　教 p.129〜130

A 袖ひちて むすびし水の こほれるを 春立つけふの 風やとくらむ　紀貫之《きのつらゆき》

B 山里は ①冬ぞさびしさ まさりける 人目も草も かれぬと思へば　源宗于《みなもとのむねゆき》

C 思ひつつ 寝《ぬ》ればや人の ②見えつらむ 夢と知りせば 覚めざらましを　小野小町《をののこまち》

〈「和歌の調べ——万葉集《まんようしゅう》・古今和歌集《こきんわかしゅう》・新古今和歌集《しんこきんわかしゅう》——」による〉

1 B・Cの歌の句切れを書きなさい　5点×2（10点）

B（　　）　C（　　）

2 Aの歌を解釈した次の□にあてはまる言葉を、歌の中から抜き出しなさい。　5点×3（15点）

夏に□をぬらしてすくった□が、冬の間に凍っていたのを、立春を迎えた今日の□が溶かしていることだろう。

3 よく出る Aの歌にこめられた作者の気持ちを次から一つ選び、記号で答えなさい。　（10点）

ア 風が強いことにひどく驚く気持ち。
イ 水の冷たさを不快に思う気持ち。
ウ 景色のすばらしさに感動する気持ち。
エ 春がやってきたことを喜ぶ気持ち。

（　　）

4 ①冬ぞさびしさ まさりける とありますが、その理由を次から二つ選び、記号で答えなさい。　5点×2（10点）

ア 雪が深く積もって、外の景色が見られなくなるから。
イ 目を楽しませてくれる草花が枯れてしまうから。
ウ 山里にやってくる人がいなくなってしまうから。
エ 人目につかないところに花が咲くようになるから。
オ 草花よりも雪を愛する人のほうが増えるから。

（　　）（　　）

5 ②見えつらむ とは、どこで誰を見たのですか。現代語で書きなさい。　5点×2（10点）

どこ…（　　）　誰…（　　）

6 Cの歌では何が歌われていますか。次から一つ選び、記号で答えなさい。　（5点）

ア 夢の不思議　イ 切ない恋心
ウ 深い後悔　エ 相手への憎《にく》しみ

（　　）

知識の泉　A イ。　こつこつと努力すれば成功する。類義のことわざは「ちりも積もれば山となる」。

2 次の和歌を読んで、問題に答えなさい。

教 p.131

A 春の夜の 夢の浮橋《うきはし》 とだえして 峰にわかるる 横雲の空
藤原定家《ふぢはらのさだいへ》

B ①心なき 身にもあはれは 知られけり 鴫《しぎ》立つ沢《さは》の 秋の夕暮れ
西行法師《さいぎやうほふし》

C ②玉の緒《を》よ ③絶えなば絶えね ながらへば 忍ぶることの 弱りもぞする
式子内親王《しよくしないしんわう》

〈「和歌の調べ――万葉集《まんようしゅう》・古今和歌集《こきんわかしゅう》・新古今和歌集《しんこきんわかしゅう》――」による〉

1 レベルUP Aの歌の特徴を次から一つ選び、記号で答えなさい。（10点）

ア 「夢の浮橋」と「横雲の空」を対句にすることで、夢と現実を対照させている。
イ 二句切れの歌にすることで、五七調のリズミカルな調子を生み出している。
ウ 「の」を繰り返すことでリズムを作り、体言止めにすることで余韻を残している。
エ 「春の夜の」という枕詞《まくらことば》を用いることで、和歌の調子を整えている。

（　　）

2 Bの歌の句切れを書きなさい。（5点）

（　　）

3 ①心なき身とは、どのような意味ですか。□にあてはまる言葉を書きなさい。（5点）

□をして、俗《ぞく》世間の感情を断ち切った身。

4 Bの歌は、どのようなことが中心に歌われていますか。次から一つ選び、記号で答えなさい。（5点）

ア 自分の哀れな身の上
イ 秋の夕暮れのすばらしさ
ウ 鴫が飛び立つときの美しさ
エ 心を許せる友のいない寂しさ

（　　）

5 ②玉の緒とは、ここでは何を表していますか。次から一つ選び、記号で答えなさい。（5点）

ア 自分の命
イ 恋人の命
ウ 恋人との関係
エ 美しい宝玉

（　　）

6 記述 ③絶えなば絶えねと言っているのはなぜですか。三十字以内で書きなさい。（10点）

確認のワーク ステージ1

風景と心情 ―漢詩を味わう―

解答 18ページ　直前チェック 9・18ページ　予想問題 140ページ

学習のねらい
- 漢詩の形式を知り、表現の工夫を理解しよう。
- 漢詩に描かれた情景を読み取り、作者の自然観、人間観を捉えよう。

漢字

1 漢字の読み

読み仮名を横に書きなさい。

❶ 放*浪　❷ *称する　❸ *冠（訓読み）　❹ *叙事

＊は新出漢字　▼は新出音訓・◎は熟字訓

2 漢字の書き

漢字に直して書きなさい。

❶（ちつじょ）を守る。　❷ 自由（ほんぽう）な性格。

教科書の要点

1 漢詩の形式

（　）に教科書の言葉を書き入れなさい。　教 p.139

形式	一句が五字	一句が七字
絶句（四句でできている詩）	①（　）	②（　）
律詩（八句でできている詩）	③（　）	七言《ごん》律詩

2 構成のまとめ

（　）に教科書の言葉を書き入れなさい。　教 p.134～139

(1) 「黄鶴楼《くわうかく》にて孟浩然《まうかうねん》の広陵《くわうりよう》に之《ゆ》くを送る」

- 形式…①（　）
- 押韻《おういん》…楼・②（　）・③（　）
- 作者…④（　）
- 構成

句	内容
第一句（起句）	● ⑤（　）が⑥（　）から旅立つ。
第二句（承句）	● 春の霞《かすみ》が立つ⑦（　）月に⑧（　）に向かう。
第三句（転句）	● ⑤（　）が乗った舟が小さくなり、青空のかなたに見えなくなる。
第四句（結句）	● 舟が見えなくなっても、⑨（　）が果てしなく流れる先を見つめていた。

(2) 「春暁（しゅんげう）」

- ● 形式…①（　）・（　）
- ● 押韻…暁・②（　）・③（　）
- ● 作者…④（　）
- ● 構成

句	内容
第一句（起句）	⑤（　）は、夜が明けたのを覚えていないほど気持ちがよい。
第二句（承句）	外からは⑥（　）の鳴き声が聞こえる。
第三句（転句）	昨晩は⑦（　）の音が聞こえていた。
第四句（結句）	どれだけの⑧（　）が散ったことだろう。

どんな情景か思い浮かべながら読んでみよう。

(3) 「春望（しゅんばう）」

- ● 形式…①（　）
- ● 押韻…②（　）・心・③（　）・簪
- ● 作者…④（　）
- ● 構成

句	内容
第一句 / 第二句	長安の都は戦で破壊されたが、⑤（　）は昔のまま残っていて、⑥（　）は生い茂っている。
第三句 / 第四句	戦乱の時勢を嘆いて⑦（　）に涙し、一家の離別を悲しんで⑧（　）の声に心を乱す。
第五句 / 第六句	戦火の煙は三か月も続き、家からの手紙は⑨（　）に匹敵するほど貴重だ。
第七句 / 第八句	白髪の頭をかきむしると髪毛は抜けて少なくなり、かんざしもさせないほどになってしまった。

おさえよう

作品

「黄鶴楼にて孟浩然の広陵に之くを送る」は、友人との［ア 別れ　イ 再会］で味わった［ア 喜び　イ 寂しさ］を歌っている。「春望」は、戦乱で荒れ果てた都の景色に、人間の営みの［ア はかなさ　イ 華やかさ］と自然の悠久さを思い、家族を思いながら、自分の［ア 未熟さ　イ 老い］を嘆く詩である。

五　伝統／文化／歴史

知識の泉　Q　「灯台（昔の照明器具）の真下が暗かったこと」からできたことわざは？

実力 判定テストA ステージ2
風景と心情 ――漢詩を味わう――

30分

自分の得点まで色をぬろう！
100点　80　60　0
合格！　もう一歩　がんばろう！
/100

解答 18ページ

1 次の漢詩を読んで、問題に答えなさい。

教 p.134

黄鶴楼《くわうかく》にて孟浩然《まうかうねん》の広陵《くわうりよう》に之《ゆ》くを送る　李《り》白《はく》

①故人　西のかた黄鶴楼を②辞し
③煙花《えんくわ》三月　揚州《やうしう》に下る
④孤帆《こはん》の遠影《ゑんえい》　碧空《へきくう》に尽き
惟《た》だ⑤見る　長江《ちやうかう》の天際に流るるを

故人西ノカタ辞シ二黄鶴楼ヲ一
煙花三月下ル二揚州ニ一
孤帆ノ遠影碧空ニ尽キ
惟ダ見ル長江ノ天際ニ流ルルヲ

〈「風景と心情――漢詩を味わう――」による〉

1 ①故人 について答えなさい。

(1) ここでの意味を次から一つ選び、記号で答えなさい。（5点）
ア 亡《な》くなった人　イ 昔の時代の人
ウ 古くからの友人　エ 身分の高い人
（　　）

(2) 「故人」とは、ここでは誰のことですか。人物名を書きなさい。（5点）
（　　）

2 ②辞し ⑤見る は、それぞれ誰の行為ですか。人物名を書きなさい。5点×2（10点）
②（　　）
⑤（　　）

3 ③煙花 とは、どんな景色ですか。次から一つ選び、記号で答えなさい。（5点）

攻略！ 登場人物は二人であることを踏まえて考えよう。

ア 青空の下で春の花が咲いている華やかな春の景色。
イ 霧雨《きりさめ》に煙る中で、春の花が咲き乱れている景色。
ウ 早朝霧がたちこめ、花が咲くのも見えない景色。
エ 花が煙って見えるように春の霞《かすみ》がたなびく景色。
（　　）

4 よく出る ④孤帆の遠影 碧空に尽き とは、どのような様子のことですか。次から一つ選び、記号で答えなさい。（10点）
ア 舟が青空の下でゆったり漂っている様子。
イ 舟が大空を飛んでいるように見える様子。
ウ 舟が遠ざかって見えなくなっていく様子。
エ 舟が普通のときより速く進んでいる様子。
（　　）

5 よく出る この漢詩の主題として適切なものを次から一つ選び、記号で答えなさい。（10点）
ア 雄大《ゆうだい》な自然への驚き　イ 別離の悲しみ
ウ 春の景色の美しさ　エ 友情のすばらしさ
（　　）

知識の泉 **A** **灯台下暗し。**　「身近なことはかえって気がつきにくい」という意味。

2 次の漢詩を読んで、問題に答えなさい。

教 p.136

春望《しゅんぼう》　杜《と》甫《ほ》

①国破れて　山河《さんが》在り
城春にして　草木深し
時に感じては　花にも涙を濺《そそ》ぎ
②別れを恨んでは　鳥にも心を驚かす
烽火《ほうくわ》　三月《さんげつ》に連なり
家書　万金《ばんきん》に抵《あ》たる
④白頭　掻《か》けば更に短く
渾《す》べて簪《しん》に勝《た》へざらんと欲《ほつ》す

国破レテ山河在リ
城春ニシテ草木深シ
感ジテハレ時ニ花ニモ濺ギレ涙ヲ
恨ンデハレ別レヲ鳥ニモ驚カスレ心ヲ
③烽火連三月
家書抵タル二万金一ニ
白頭掻ケバ更ニ短ク
渾ベテ欲スレ不ざラントレ勝ヘレ簪ニ

〈「風景と心情――漢詩を味わう――」による〉

1 この漢詩の形式を漢字四字で書きなさい。（5点）

2 押韻《おういん》している文字を、順に全て抜き出しなさい。（5点）

攻略！ 五言詩の押韻のきまりを思い出そう。

3 ①国破れて　山河在り　について答えなさい。

(1) **記述** どのようなことを表しているかがわかるように、現代語に直しなさい。（10点）

(2) この部分と対句になっている一句を、書き下し文から抜き出しなさい。（5点）

(3) ここでは何と何を対比して描いていますか。□にあてはまる言葉を、それぞれ二字で書きなさい。3点×2（6点）

はかない□の営みと、悠久の□を対比している。

4 ②別れ　とは誰との別れですか。漢字二字で書きなさい。（4点）

5 書き下し文を参考にして、③烽火連三月　に返り点と送り仮名をつけなさい。完答（5点）

烽 火 連 三 月

6 **よく出る** ④白頭　掻けば更に短く／渾べて簪に勝へざらんと欲す　にこめられた作者の思いとして適切なものを次から一つ選び、記号で答えなさい。（10点）

ア　家族と離れ離れになってしまった悲しさ。
イ　戦争によって失われた多くの命への哀悼。
ウ　自分が年をとってしまったことへの嘆き。
エ　年老いて家族に見捨てられてしまった失望。

確認のワーク ステージ1　最後の一句

漢字と言葉

1 漢字の読み　読み仮名を横に書きなさい。

＊は新出漢字 ▼は新出音訓・◎は熟字訓

①女《にょう》＊房　②＊乏しい　③＊訴える　④＊奉行
⑤＊暁（訓読み）　⑥＊詰め所　⑦＊顧みる　⑧＊伺う
⑨＊控える　⑩＊遣わす　⑪＊陳述　⑫＊赦免

2 漢字の書き　漢字に直して書きなさい。

①（　　）《ゆうふく》な暮らし。　②刑が（　　）《しっこう》される。
③（　　）《かいちゅう》時計を見る。　④初志を（　　）《かんてつ》する。
⑤（　　）《くちびる》を震わす。　⑥親を（　　）《した》う。

3 語句の意味　意味を下から選んで、線で結びなさい。

①繰り言・　　・ア 行い。しわざ。
②条理・　　・イ 繰り返される愚痴。
③所為・　　・ウ 自分を犠牲にして人に尽くすこと。
④献身・　　・エ 話などの筋道。

教科書の要点

解答 19ページ　スピードチェック 9ページ　予想問題 141ページ

学習のねらい
- いちの様子や行動から最後の一句にこめられた思いを読み取ろう。
- 権力者の対応に着目し、作品の主題を捉えよう。

1 登場人物　（　）に教科書の言葉を書き入れなさい。　教p.140〜155

- （①　　）…十六歳。父の助命の願い書を奉行に提出。
- （②　　）…西町奉行。桂屋太郎兵衛《かつらやたろべえ》の訴訟を担当。

2 あらすじ　正しい順番になるように、番号を書きなさい。　教p.140〜155

（　）いちは奉行直々の取り調べに毅然《きぜん》と対応し、権力に対して鋭い一句を投げつけた。

（　）いちの願いは事務的に処理されたが、大嘗会《だいじょうえ》のおかげで太郎兵衛は恩赦となり死罪を免《まぬか》れた。

（　）太郎兵衛の娘いちは父の助命の願い書を奉行所に提出した。

（　）桂屋太郎兵衛は商売の不正で斬罪を言い渡された。

（　）いちの願い書を内見《ないけん》した奉行の佐佐《ささ》はいちたちを一旦《いったん》帰宅させ、後ほど取り調べをすることにした。

3 作品　森鷗外《もりおうがい》の小説を次から全て選び、記号で答えなさい。

ア 舞姫《まいひめ》　イ こころ　ウ 伊豆《いず》の踊子《おどりこ》
エ 河童《かっぱ》　オ 羅生門《らしょうもん》　カ 高瀬舟《たかせぶね》

（　　　）

知識の泉　A ×。　正しい意味は「人に親切にしておけば，自分によい報いがある」。

おさえよう

4 構成のまとめ

（　）に教科書の言葉を書き入れなさい。 教p.140〜155

	発端	展開				結末
	教初め〜p.142・下⑤	p.142・下⑦〜143・上⑮	p.143・上⑰〜148・上⑩	p.148・上⑫〜150・下①	p.150・下③〜154・上⑨	p.154・上⑪〜終わり
場面	太郎兵衛の家	回想（経緯）	太郎兵衛の家→奉行所前	西の奉行所内	西町奉行所の白州《しらす》	その後
できごと	●桂屋太郎兵衛は三日間さらされたうえ（①　　）になることを、おばあ様が母に伝えに来た。	●居船頭《いせんどう》の太郎兵衛の船が風波《かざなみ》の難にあい、積み荷の半分以上を流出。太郎兵衛はそれまで正直に営業していたが、ふと（③　　）が曇って、残った積み荷の米を売った金を横領し、米主に訴えられる。	●いちの願い書…子どもの命と引き換えに父の助命を願う。 ●いちたちは奉行所に（④　　）を届けに行く。 ●追い返そうとする門番に負けず、与力《よりき》に願い書を渡す。	●奉行の佐佐が、いちの願い書を内見する。…→疑念 ふつつかな仮名文字だが（⑥　　）がよく整っている。 ▼子どもを帰して改めて取り調べることにする。	●責め道具を並べ、奉行の佐佐が一人一人取り調べる。 ●いちの最後の一句 「お上《かみ》のことにはまちがいはございますまいから。」 ▼佐佐の顔には不意打ちにあったような、驚愕《きょうがく》の色。（⑧　　）を帯びた驚異の目。	●いちの願意は期せずして貫徹した。 ●大嘗会のご執行の恩赦により、太郎兵衛は死罪を免れ追放となった。→桂屋の家族は父に別れを告げることができた。
いちの心情や様子	●長女の（②　　）は、父がどうなるかをふすまごしに聞いてしまう。		▼お父《と》っさんを救いたい。 ▼願いを聞いてもらうまでは、どうしても（⑤　　）つもり。 ●いちたちは引き立てられて帰される。妹娘は泣いたが、いちは泣かずに帰る。	▼城代《じょうだい》の太田《おおた》…「よほど（⑦　　）のこわい娘とみえます。」	▼いちは臆する気色もなしに、一部始終の陳述をした。 ▼その目は冷ややかで、その言葉は静かであった。 ▼献身のうちに潜む（⑨　　）の矛先が、書院にいた役人一同の胸をも刺す。「（⑩　　）の恐ろしい者」。 ◆刃《やいば》のように鋭い言葉は、父への（⑪　　）の表れ。	

主題 いちの取り調べにおける最後の一句を聞いた役人たちは、いちの行動に〔ア 献身　イ 正義〕の精神があることは理解できなかったが、〔ア 庶民　イ 権力〕に対する鋭い反抗を感じて圧倒された。

知識の泉 Q □にあてはまる漢字は？　亀の□より年の□

実力判定テストA　ステージ2

最後の一句

30分

自分の得点まで色をぬろう!
合格! もう一歩 がんばろう!
100点 80 60 0
/100

解答 20ページ

次の文章を読んで、問題に答えなさい。 教p.143・上⑰〜144・下⑱

平野町《ひらのまち》のおばあ様が来て、①恐ろしい話をするのを姉娘のいちが立ち聞きをした晩のことである。桂屋《かつらや》の女房《にょうぼう》はいつも繰り言を言って泣いたあとで出る疲れが出て、ぐっすり寝入った。女房の両脇には、初五郎《はつごろう》と、とくとが寝ている。初五郎の隣には長太郎《ちょうたろう》が寝ている。とくの隣にまつ、それに並んでいちが寝ている。

しばらくたって、いちが何やら布団《ふとん》の中で独り言を言った。「ああ、②そうしよう。きっとできるわ。」と、言ったようである。

まつがそれを聞きつけた。そして「③姉さん、まだ寝ないの。」と言った。

「④大きい声をおしでない。私いいことを考えたから。」いちはまずこう言って妹を制しておいて、それから小声でこういうことをささやいた。お父《と》っさんはあさって殺されるのである。自分は、それを殺させぬようにすることができると思う。どうするかというと、願い書というものを書いてお奉行様に出すのである。しかしただ殺さないでおいてくださいと言ったって、それでは聴かれない。お父っさんを助けて、その代わりに私ども子どもを殺してくださいと言って頼むのである。それをお奉行様が聴いてくだすって、お父っさんが助かれば、それでいい。子どもは本当に皆殺されるやら、私が殺されて、小さい者は助かるやら、それはわからない。ただお願いをする時、⑤長太郎だけは一緒に殺してくださらないように書いておく。あれはお父っさんの本当の子でないから、死ななくてもいい。それにお父っさんがこの家の跡を取らせようと言っていらっしゃったのだから、殺されないほうがいいのである。いちは妹にそれだけのことを話した。

「⑥でも怖いわねえ。」と、まつが言った。

「そんなら、お父っさんが助けてもらいたくないの。」

「それは助けてもらいたいわ。」

「それごらん。まつさんはただ私についてきて同じようにさえしていればいいのだよ。私が今夜願い書を書いておいて、あしたの朝早く持っていきましょうね。」

いちは起きて、手習いの清書をする半紙に、平仮名で願い書を書いた。父の命を助けて、その代わりに自分と妹のまつ、とく、弟の初五郎をおしおきにしていただきたい、実子でない長太郎だけはお許しくださるようにというだけのことではあるが、どう書きつづっていいかわからぬので、幾度も書きそこなって、⑦清書のためにもらってあった白紙が残り少なになった。しかしとうとう一番鶏《どり》の鳴く頃に願い書ができた。

願い書を書いているうちに、まつが寝入ったので、いちは小声で呼び起こして、床の脇に畳んであったふだん着に着替えさせた。そして⑧自分も支度をした。

〈森《もり》 鷗外《おうがい》「最後の一句」による〉

知識の泉　A 甲・功。「年長者の経験は尊い」という意味。

1 ①恐ろしい話 とは、具体的にどのような話ですか。□にあてはまる言葉を、文章中から八字で抜き出しなさい。（10点）
いちたちの父親が

□□□□□□□□ という話。

2 よく出る ②そうしよう とありますが、どうしようというのですか。「子ども」という言葉を使って書きなさい。（10点）

攻略！ いちがまつに説明している内容を読み取ってまとめよう。

3 記述 ③姉さん、まだ寝ないの。 とありますが、これまで、いちは寝ないで何をしていたのですか。書きなさい。（15点）

4 ④大きい声をおしでない。 と言ったのはなぜですか。次から一つ選び、記号で答えなさい。（10点）
ア いい考えを誰かに聞かれてまねされたくないから。
イ 母親には内緒で考えを実行しようと思っていたから。
ウ 大声でうるさくされると考えが混乱してしまうから。
エ 大きな声で話すのは、はしたないことだから。

5 ⑤長太郎だけは一緒に殺してくださらないように書いておく とありますが、これはなぜですか。その理由を二つ書きなさい。10点×2（20点）

6 ⑥でも怖いわねえ。 とありますが、まつはどんなことが怖いのですか。考えて書きなさい。（10点）

攻略！ いちは、子どもを殺してくださいと頼むのだと言っている。

7 ⑦一番鶏の鳴く頃に願い書ができた とあることから、どのようなことがわかりますか。次から一つ選び、記号で答えなさい。（10点）
ア いちが苦心して願い書を書いたこと。
イ いちが急いで願い書を書いたこと。
ウ いちがいやいや願い書を書いたこと。
エ いちがゆっくり願い書を書いたこと。

8 ⑧自分も支度をした とありますが、いちとまつはこれからどうすると考えられますか。（15点）

知識の泉 Q「隠していたことが明らかになる」という意味のことわざは？ 「馬脚《ばきゃく》を□」

実力判定テストB ステージ3

最後の一句

30分

自分の得点まで色をぬろう！
合格！ もう一歩 がんばろう！
100点 80 60 0
/100

解答 20ページ

★ 次の文章を読んで、問題に答えなさい。

教 p.152・下⑯〜154・上⑨

この時佐佐《ささ》が書院の敷居際《ぎわ》まで進み出て、「いち。」と呼んだ。

「はい。」

「おまえの申し立てにはうそはあるまいな。もし少しでも申したことにまちがいがあって、人に教えられたり、相談をしたりしたのなら、今すぐに申せ。①隠して申さぬと、そこに並べてある道具で、誠のことを申すまで責めさせるぞ。」佐佐は責め道具のある方角を指さした。

いちはさされた方角をひと目見て、少しもたゆたわずに、「いえ、申したことにまちがいはございません。」と言い放った。その目は冷ややかで、その言葉は静かであった。

「そんなら今一つおまえに聞くが、身代わりをお聞き届けになると、おまえたちはすぐに殺されるぞよ。父の顔を見ることはできぬが、それでもいいか。」

「②よろしゅうございます。」と、同じような、冷ややかな調子で答えたが、少し間《ま》をおいて、何か心に浮かんだらしく、「③お上《かみ》のことにはまちがいはございますまいから。」と言い足した。

佐佐の顔には、不意打ちにあったような、驚愕《きょうがく》の色が見えたが、それはすぐに消えて、険しくなった目が、いちの面《おもて》に注がれた。④憎《ぞう》悪《お》を帯びた驚異の目とでも言おうか。しかし佐佐は何も言わなかった。

次いで佐佐は何やら取り調べ役にささやいたが、まもなく取り調べ役が町年寄《まちどしより》に、「ご用が済んだから、引き取れ。」と言い渡した。

白州《しらす》を下がる子どもらを見送って、佐佐は太田《おおた》と稲垣《いながき》とに向いて「生《お》い先の恐ろしい者でござりますな。」と言った。心のうちには、哀れな孝行娘の影も残らず、人に教唆せられた、愚かな子どもの影も残らず、ただ氷のように冷ややかに、刃《やいば》のように鋭い、いちの最後の言葉の最後の一句が反響しているのである。元文《げんぶん》頃の徳川《とくがわ》家の役人は、もとより「マルチリウム」という洋語も知らず、また当時の辞書には献身という訳語もなかったので、人間の精神に、老若男女《ろうにゃくなんにょ》の別なく、罪人太郎兵衛《たろべえ》の娘に現れたような作用があることを、知らなかったのは無理もない。しかし献身のうちに潜む反抗の矛先は、いちと言葉を交えた佐佐のみではなく、書院にいた役人一同の胸をも刺した。

〈森《もり》鷗外《おうがい》「最後の一句」による〉

1 ①隠して申さぬと、そこに並べてある道具で、誠のことを申すまで責めさせるぞ。について答えなさい。

(1) このように言ったときの佐佐の気持ちとして適切なものを次から一つ選び、記号で答えなさい。（10点）

ア まだ幼いいちを正しく教育しようと思っている。
イ いちが何か隠しているのではないかと疑っている。
ウ 身分をわきまえない いちの行為に腹を立てている。
エ 面倒なことはさっさと終わらせようとしている。

（　　）

知識の泉 **A あらわす。** 芝居で馬の脚《あし》の役をしていた人が正体を現したことから。

(2) このように言われたときのいちの様子として適切なものを次から一つ選び、記号で答えなさい。（10点）

ア 恐怖　イ 怒り
ウ 冷静　エ とまどい

（　　）

2 記述 ②よろしゅうございます。とありますが、いちはどんなことに対して「よろしゅうございます。」と言っているのですか。「身代わり」「父」という言葉を使って、四十字以内で説明しなさい。（20点）

3 よく出る ③お上のことにはまちがいはございますまいから。とありますが、いちはなんのためにこう言ったのですか。次から一つ選び、記号で答えなさい。（10点）

ア お上を信じていることを強調するため。
イ お上が正しい裁きをするように念を押すため。
ウ お上のすばらしさを褒めたたえるため。
エ お上に逆らう気はないことを示すため。

（　　）

4 よく出る ④憎悪を帯びた驚異の目 とありますが、佐佐はいちの何を「憎悪」して、何に「驚異」を感じたのですか。次から一つずつ選び、記号で答えなさい。10点×2（20点）

ア 身分の差を気にしない自由奔放な思想。
イ 父親を助けようとする強い思い。
ウ 権力者である自分たちへの反抗心。
エ 世の中の仕組みに対する無知さ。
オ うそを押し通そうとする強情さ。

憎悪…（　　）　驚異…（　　）

5 取り調べが終わったあとで、佐佐はいちに対してどのような印象をもちましたか。文章中から九字で抜き出しなさい。（10点）

6 レベルUP この文章では、いちのどのような姿が描かれていますか。次から一つ選び、記号で答えなさい。（20点）

ア 身内の罪を恥ずかしく思う反面、厳しすぎる仕打ちに疑問を感じている姿。
イ 無実の罪を着せられた人間を、不当な権力から救い出そうと必死になる姿。
ウ 大切なものを守ろうとする強い思いから、権力に対して反抗的になる姿。
エ 親の罪を子どもが償うことは子どもとして当然の義務だと考え行動する姿。

（　　）

五 伝統／文化／歴史

知識の泉 Q ＿にあてはまる言葉は？「＿の不養生」

確認のワーク ステージ1

漢字の広場3 異字同訓
言葉の小窓3 慣用句・ことわざ（漢字の練習4）

解答 20ページ　スピードチェック 11ページ

学習のねらい
● 異字同訓を、漢字の表す意味を考えて使い分けよう。
● 慣用句とことわざの意味を覚えて正しく使おう。

漢字

1 漢字の読み 読み仮名を横に書きなさい。

＊は新出漢字　▼は新出音訓・◎は熟字訓

① ＊診る　② ▼省みる　③ ＊諮る　④ ＊薦める
⑤ ＊薫る　⑥ 休＊憩所　⑦ ＊翻＊弄　⑧ ＊脅威
⑨ ＊戴冠　⑩ 発＊酵　⑪ ＊慶＊弔　⑫ 増＊殖
⑬ ＊羞恥心　⑭ 批＊准　⑮ ＊塑像　⑯ 覚＊醒
⑰ ＊逸話　⑱ 更＊迭　⑲ 処方＊箋　⑳ ＊符号

2 漢字の書き 漢字に直して書きなさい。

① （ほうこう）剤を置く。　② 野菜の（しゅうかく）。
③ （べんぎ）を図る。　④ 牛の乳を（しぼ）る。
⑤ （そとぼり）を埋める。　⑥ （あいいろ）の布。

教科書の要点　漢字の広場3

1 異字同訓 （　）に教科書の言葉を書き入れなさい。　教 p.160

異字同訓…同じ（①　　）読みでも、意味や使い方が（②　　）漢字。

基本問題　漢字の広場3

1 よく出る　使い方が正しい漢字はどちらですか。○で囲みなさい。

① 新聞紙が（敗・破）れた。
② 判定を審議会に（諮・図）る。
③ テレビの音量を（絞・搾）る。
④ 患者の脈を（見・診）る。

攻略！ その漢字を使う熟語を考える。①なら「敗北」「破壊」。

2 次の——線を漢字に直して書きなさい。

① A 領海をおかす。　B 罪をおかす。
② A 本にあらわす。　B 態度にあらわす。

教科書の要点 言葉の小窓3

1 慣用句・ことわざ　（　）に教科書の言葉を書き入れなさい。　教p.276～278

慣用句…二つ以上の（①　　）が結びついて、全体で決まった意味を表す言葉。

ことわざ…古くから人々に言いならわされた、口調のよい（②　　）な言葉。

基本問題 言葉の小窓3

1 次の文の意味に合う慣用句になるように、（　）にあてはまる言葉をあとの□から選び、書きなさい。

① 彼は自分のことを（　　）に上げて人の批判ばかりする。

② 一日中、足を（　　）にして資料を探し回った。

③ 山頂からの見事な眺めに（　　）をのむ。

④ キャプテンの役が（　　）についてきた。

⑤ 校舎の改築工事も（　　）を越したようだ。

板　息　棚　棒　峠

2 次の意味を表す慣用句をあとから選び、記号で答えなさい。

① 集中する。（　）　② 激しく争う。（　）

③ 見当をつける。（　）　④ 努力が無駄になる。（　）

ア しのぎを削る　イ 水泡に帰《き》す　ウ 横車を押す

エ 余念がない　オ 氷山の一角　カ 目星をつける

3 よく出る　（　）に体に関係する漢字一字を入れて、〔　〕の意味に合う慣用句を作りなさい。

① （　）に余る〔見ていられないほどひどい。〕

② （　）を巻く〔非常に驚いたり、感心したりする。〕

③ （　）が高い〔自慢する。〕

④ （　）が痛い〔聞くのがつらい。〕

4 よく出る　次のことわざの意味を下から選んで、線で結びなさい。

① 猿も木から落ちる・　　・ア 悪いことが重なること。

② 泣き面《つら》に蜂・　　・イ とても用心深いこと。

③ ぬかに釘《くぎ》・　　・ウ どんなに上手な人も失敗する。

④ 灯台下暗し・　　・エ 少しも手応えがないこと。

⑤ 石橋をたたいて渡る・　　・オ 身近なことはわかりにくい。

5 ことわざの使い方が正しいほうを選んで、記号で答えなさい。

ア 情けは人のためならずだから、弟に一人でやらせよう。

イ 情けは人のためならずだから、弟を助けてあげよう。

（　　）

知識の泉　Q 「けりを付ける」の意味は？　ア＝決着をつける。　イ＝あきらめる。

確認のワーク ステージ1

俳句の味わい／俳句十五句

解答 21ページ　スピードチェック 18ページ　予想問題 142ページ

学習のねらい
- 俳句の形式を知り、表現技法を理解しよう。
- 作品に表された季節や情景を捉えて、俳句を味わおう。

教科書の要点

1 俳句の形式　（　）に教科書の言葉を書き入れなさい。　教 p.166脚注

- **俳句**…五・（①　　）・五の三句（②　　）音からなる世界で最も（③　　）短詩型文学。
　一（④　　）、二（④　　）と数える。

2 句切れ　（　）にあてはまる言葉をあとの［　］から選び、書き入れなさい。　教 p.166脚注・p.169

- **句切れ**…一句の中で、言葉のつながりや意味の切れめにあたるところ。

①（　　）…〈五／七　五〉
②（　　）…〈五　二〜五／五〜二　五〉
③（　　）…〈五　七／五〉
④（　　）…〈五　七　五〉

※五・七・五のリズムからはずれるもの＝（⑤　　）や（⑥　　）という。

［二句切れ　句またがり　句切れなし　初句切れ　中間切れ　破調］

3 切れ字　（　）に教科書の言葉を書き入れなさい。　教 p.166〜167脚注

- **切れ字**…句の表現をいったん切って、余情や（①　　）を表すはたらきをする言葉。
　例 や・ぞ・かな・けり・ぬ・ず　など
- 切れ字の現れたところは必ず（②　　）になる。

4 季語　（　）に教科書の言葉を書き入れなさい。　教 p.167脚注

- **季語**…・句によみこむ（①　　）を表す言葉。
　・原則として、一句の中に（②　　）入れる。
- 季語を季節によって分類整理した書物を、「（③　　）」という。

知識の泉　A ア。　古文では「けり」で文章が終わることが多いことから。

5 自由律俳句　（　）に教科書の言葉を書き入れなさい。 教 p.167脚注

●自由律俳句…五・七・五の型や、（　　　　）を入れるといったきまりにとらわれない俳句。

例 この道しかない春の雪ふる　種田《たねだ》 山頭火《さんとうか》
一日物云《い》はず蝶《ちょう》の影さす　尾崎《おざき》 放哉《ほうさい》

6 各句の特徴　形式の欄《らん》に、定型の俳句はA、字余り・字足らず・破調ならB、自由律俳句はCを書き入れなさい。また、季語と季節（無季俳句は両方の欄に×）を書き入れなさい。 教 p.166〜171

	俳句	形式	季語	季節
①	渡り鳥……（上田《うえだ》 五千石《ごせんごく》）			
②	おおかみに……（金子《かねこ》 兜太《とうた》）			
③	ずぶぬれて……（住宅《すみたく》 顕信《けんしん》）			
④	火焔《かえん》土器……（堀本《ほりもと》 裕樹《ゆうき》）			
⑤	夏草や……（正岡《まさおか》 子規《しき》）			
⑥	春の浜……（高浜《たかはま》 虚子《きょし》）			
⑦	木の葉……（加藤《かとう》 楸邨《しゅうそん》）			
⑧	秋草に……（木下《きのした》 夕爾《ゆうじ》）			
⑨	蛍獲《え》て……（山口《やまぐち》 誓子《せいし》）			
⑩	万緑の……（中村《なかむら》 草田男《くさたお》）			
⑪	卒業の……（芝《しば》 不器男《ふきお》）			
⑫	ものの種……（日野《ひの》 草城《そうじょう》）			
⑬	蝌蚪《かと》に打つ……（野見山《のみやま》 朱鳥《あすか》）			
⑭	泥鰌《どじょう》浮いて……（永田《ながた》 耕衣《こうい》）			
⑮	戦争が……（渡辺《わたなべ》 白泉《はくせん》）			
⑯	かぶとむし……（宇多《うだ》 喜代子《きよこ》）			
⑰	よし分《わか》った……（池田《いけだ》 澄子《すみこ》）			

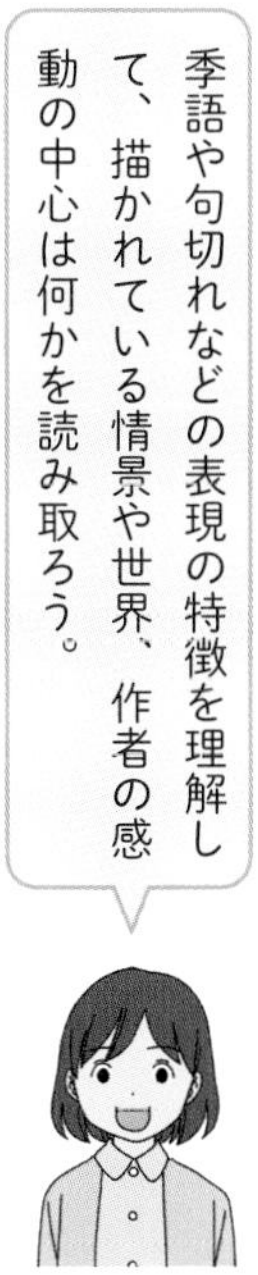

季語や句切れなどの表現の特徴を理解して、描かれている情景や世界、作者の感動の中心は何かを読み取ろう。

おさえよう

要点 俳句は、五・七・五の十七音からなり、原則として一句に一つ〔ア 季語　イ 切れ字〕がよみこまれる。
俳句のきまりにとらわれない俳句は、〔ア 句またがり　イ 自由律俳句〕という。

知識の泉 Q 次の故事成語の□にあてはまる漢数字は？　朝□暮□

実力判定テストA ステージ2

俳句の味わい

30分

自分の得点まで色をぬろう！
100点　合格！　80　もう一歩　60　がんばろう！　0
/100

解答 21ページ

★ 次の文章を読んで、問題に答えなさい。

教 p.166・①〜167・⑰

A　渡り鳥みるみるわれの小《ち》さくなり　上田《うえだ》 五千石《ごせんごく》

秋の季語である「渡り鳥」は、北方から日本に渡ってきますが、この句を読んだとき、①不思議な表現になっている部分に気づくでしょう。

ふつう飛び去る渡り鳥を見上げていると、小さくなっていくのは渡り鳥のほうですが、この句では「みるみるわれの小さくなり」と見ている自分が小さくなっていきますね。とても不思議な感じがします。しかし作者はわざとそのように表現しているのです。

俳句は短い文芸ですから、どこかに工夫を凝《こ》らす必要があります。目だたないような細かな工夫もあれば、この句のように②大胆な工夫を凝らすこともあります。

③上五（最初の五音）で「渡り鳥」とつぶやいた瞬間に、作者の心が渡り鳥に乗り移っているように思えます。つまり渡り鳥の目から「われ」を見ている情景に切り替わったといえるでしょう。

このように視点を逆転させたことで、この句を読む人は渡り鳥の目になって、空から自分を見下ろしているような、飛んでいる気分まで味わえるのです。

B　おおかみに螢《ほたる》が一つ付いていた　金子《かねこ》 兜太《とうた》

この句は狼《おおかみ》を詠《よ》んでいますが、明治時代に日本狼は絶滅したといわれています。

実際に作者は狼を見て句を作ったわけではなく、その姿を思い浮かべたのです。作者の故郷は埼玉県の秩父《ちちぶ》という山深いところです。そこには狼が生きていた時代がありました。

作者が山国の故郷に思いを馳《は》せたとき、狼の姿がふっと胸の中に現れたのでしょう。

一匹の狼に蛍が一つしがみついた場面は、どこかユーモラスでいて幻想的な光景でもあります。狼という大きな強い動物と、蛍という小さな儚《はかな》い虫とが触れ合っている不思議な出合いの場面ともいえますね。

「狼」が ⓐ の季語で、「蛍」が ⓑ の季語なので、季語が二つある季重なりの句ですが、この句の季節は蛍の舞う ⓑ でしょう。

狼と蛍の二つのいのちが静かに息づいている、土の濃い匂いのする一句です。

〈堀本《ほりもと》 裕樹《ゆうき》「俳句の味わい」による〉

知識の泉　A　三・四。「朝三暮四」＝巧《たく》みな言葉で，人をだますこと。

1 (1) よく出る ①不思議な表現になっている部分 について答えなさい。
この「部分」にあたる箇所を、俳句から抜き出しなさい。（10点）

(2) どんなところを「不思議」に感じるのですか。（15点）

攻略！ 次の段落で、「不思議」な感じがする理由を述べているね。

2 ②大胆な工夫を凝らす について答えなさい。

(1) 記述 どんな「工夫」が凝らされているのですか。「視点」という言葉を使って、三十字以内で書きなさい。（15点）

攻略！ 次の段落の内容をおさえてまとめよう。

(2) 「工夫」を凝らすことで、読んだ人はどんな思いを感じますか。文章中から三十四字で抜き出し、初めと終わりの五字を書きなさい。（10点）

〜

3 ③上五 とありますが、文章中の二つの俳句A・Bの上五を、それぞれ抜き出しなさい。5点×2（10点）

A

B

4 Bの俳句について答えなさい。

(1) この俳句はどのように作られたと、筆者は想像していますか。次から一つ選び、記号で答えなさい。（10点）

ア 故郷の秩父で飛ぶ蛍を見ながら作った。
イ 故郷の秩父で狼と蛍を見かけて作った。
ウ 故郷の秩父の山中で目撃した狼の姿を思い出して作った。
エ 故郷の秩父に生きていたという狼を思い浮かべて作った。

(2) 筆者は、この俳句によまれた場面をどのような光景と感じていますか。文章中から五字以内で二つ抜き出しなさい。10点×2（20点）

5 ⓐ、ⓑにあてはまる季節を表す言葉を、漢字一字で書きなさい。5点×2（10点）

ⓐ

ⓑ

知識の泉 Q 次の□にあてはまる漢字は？ 自分の失敗を□に上げて忠告を続けた。

実力判定テストB ステージ3 俳句の味わい／俳句十五句

30分

自分の得点まで色をぬろう！
100点　80　60　0
合格！　もう一歩　がんばろう！
/100

解答 22ページ

1 次の俳句を読んで、問題に答えなさい。

教 p.170〜171

A　夏草やベースボールの人遠し　正岡《まさおか》子規《しき》

B　秋草にまろべば空も海に似る　木下《きのした》夕爾《ゆうじ》

C　蛍獲《え》て少年の指みどりなり　山口《やまぐち》誓子《せいし》

D　万緑の中や吾子《あこ》の歯生え初むる　中村《なかむら》草田男《くさたお》

E　戦争が廊下の奥に立ってゐた　渡辺《わたなべ》白泉《はくせん》

〈「俳句十五句」による〉

1 よく出る　Aの俳句から切れ字にあたる語を抜き出しなさい。（5点）

（　　　）

2 A〜Eの句中で、夏の季節をよんだ俳句を全て選び、記号で答えなさい。完答（10点）

（　　　）

3 A〜Eの句中で、季語を含まない無季俳句を一つ選び、記号で答えなさい。（5点）

（　　　）

4 よく出る　Dの俳句の句切れを書きなさい。（5点）

（　　　）

5 次の鑑賞文にあてはまる句をそれぞれ選び、記号で答えなさい。5点×5（25点）

① 色彩の対比を鮮やかに描きながら、小さなものにあふれる生命力を、驚きをもって表現している。

② ささやかな日常に恐ろしい現実が迫っていることへの不安を、独特な表現で捉えている。

③ うす暗がりに包まれた素朴な自然の風景に、子どもと自然との触れ合いで思わぬ色合いを見つけた感動を表している。

④ ゆったりとした時間の中で、雄大な自然の風景を同じぐらい大きなものに似ていると感じた気持ちを表現している。

⑤ 植物とスポーツを楽しむ人々を合わせて描くことで、みずみずしい生命力を感じさせる句となっている。

①（　　）②（　　）③（　　）④（　　）⑤（　　）

知識の泉　**A 棚。**　「棚に上げる」＝問題として取り上げず，ほうっておく。

2 次の俳句を読んで、問題に答えなさい。

教 p.170〜171

A　蝌蚪《かと》に打つ小石天変地異となる　野見山《のみやま》朱鳥《あすか》

B　この道しかない春の雪ふる　種田《たねだ》山頭火《さんとうか》

C　一日物云《い》はず蝶《ちょう》の影さす　尾崎《おざき》放哉《ほうさい》

D　よし分《わか》った君はつくつく法師である　池田《いけだ》澄子《すみこ》

E　木の葉ふりやまずいそぐないそぐなよ　加藤《かとう》楸邨《しゅうそん》

〈「俳句十五句」による〉

1 よく出る　A〜Eの句中で、Ⅰ…俳句のきまりにとらわれない句を全て選び、記号で答えなさい。また、Ⅱ…そのような俳句をなんといいますか。五字で書きなさい。　5点×2（10点）

Ⅰ…（　　　　）　Ⅱ…□□□□□

2 記述　蝌蚪《かと》とはおたまじゃくしの別名ですが、Aの俳句はどのような様子を表していますか。考えて書きなさい。（10点）

（　　　　　　　　　　）

3 次はBの俳句の鑑賞文です。（　）にあてはまる言葉を考えて書きなさい。（10点）

放浪の旅を続けながら俳句をよむという自らの生き方に対し、たとえ春に雪がふろうとも「この道しかない」という強い（　　　　）を感じさせる。

4 Dの俳句の季語と季節を答えなさい。　5×2点（10点）

季語…（　　　　）　季節…（　　　　）

5 レベルUP　Eの俳句について答えなさい。

(1) この句を文節で区切ると、「木の葉／ふりやまず／いそぐな／いそぐなよ」となります。このように「五・七・五」のリズムから大きくはずれる俳句のことをなんといいますか。漢字二字で答えなさい。（5点）

□□

(2) 作者が木の葉に「いそぐないそぐなよ」と呼びかけるのはなぜですか。次から一つ選び、記号で答えなさい。（5点）

ア　季節の移り変わりが急速に進む様子に自分自身のことを重ね合わせ、あせりを感じているから。

イ　木の葉が次々と落ちていくことで景観が損なわれるのではないかと残念に思っているから。

ウ　夏の間青々と茂っていた木の葉が冬を前に落ちていくことに、世のはかなさを感じているから。

エ　木の葉があまりにもたくさん落ちてくるので、おかしみを感じ、木を擬人化して呼びかけている。

（　　）

知識の泉　Q 「激しく争う」意味の慣用句は？　□を削る

確認のワーク ステージ1 初恋《はつこひ》

学習のねらい
● 表現上の工夫に注意して、各連に描かれている情景を捉えよう。
● 「われ」と「君」の関係の変化を読み取ろう。

解答 22ページ

教科書の要点

1 詩の種類 この詩に合うものに○をつけなさい。

この詩は、用語で分類すると、昔使われていた言葉で書かれているので、〔ア 文語詩 イ 口語詩〕となり、形式で分類すると、各連とも七音と五音の四行で構成されているので、〔ア 定型詩 イ 自由詩〕となる。

2 詩のリズム あとの□から言葉を選び、(　)に書き入れなさい。 教p.176〜177

「初恋」の詩は、一行が(　　)＋(　　)の組み合わせになっているので、詩のリズムは(　　)である。このリズムは(　　)印象を与える特徴がある。

五音　七音　五七調　七五調　優雅な　力強い

3 構成のまとめ (　)に教科書の言葉を書き入れなさい。 教p.176〜177

第一連	第二連	第三連	第四連
出会い	恋の始まり	恋の高まり	恋の成就《じょうじゅ》
●(①　)の木のもとで、前髪に(②　)をさした少女と出会う。 …「(③　)」と感じる。	●「君」が(④　)をのばして「われ」に林檎《りんご》をさし出す。 …「君」に恋心を感じ始める。	●「われ」の(⑤　)が、「君」の髪にかかる。 …深まる恋心。二人は近く寄り添っている。	●踏み固まって(⑥　)ができるほど、二人は何度も林檎畠《ばたけ》に通った。 …成就した恋心を振り返っている。

おさえよう

主題 林檎の木の下で「君」と出会った「われ」の〔ア 夢 イ 初恋〕が成就していく様子が、〔ア 林檎 イ 花櫛《はなぐし》〕に連想される甘酸《あまず》っぱさやみずみずしさの中に描かれている。

知識の泉 A しのぎ。 しのぎ(刀の刃と峰との間の盛り上がった部分)が削れるほど激しく戦うこと。

基本問題

次の詩を読んで、問題に答えなさい。

教 p.176〜177

初恋《はつこひ》

島崎《しまざき》 藤村《とうそん》

まだあげ初めし前髪の
林檎《りんご》のもとに見えしとき
前にさしたる花櫛《はなぐし》の
①花ある君と思ひけり

やさしく白き手をのべて
②林檎をわれにあたへしは
薄紅《うすくれなゐ》の秋の実に
③人こひ初めしはじめなり

わがこころなきためいきの
その髪の毛にかかるとき
たのしき恋の盃《さかづき》を
君が情《なさけ》に酌《く》みしかな

林檎畠《ばたけ》の樹《こ》の下に
おのづからなる細道は
誰《た》が踏みそめしかたみぞと
問ひたまふこそ④こひしけれ

1 よく出る ①花ある君 とはどういうことですか。次から一つ選び、記号で答えなさい。

ア 「君」には花がよく似合うということ。
イ 「君」には華やかさがあるということ。
ウ 「君」が花櫛のように美しいということ。
エ 「君」が突然姿を現したということ。

（　　）

2 ②薄紅の秋の実 とは何のことですか。詩の中から抜き出しなさい。

（　　）

3 ③人こひ初めしはじめなり とありますが、どんなことがきっかけで、恋心を抱くようになったのですか。

（　　）

攻略！ 直前の「君」の行動に着目しよう。

4 二人の距離が近づいていることがわかるのは第何連ですか。漢数字で答えなさい。

第□連

5 ④こひしけれ とありますが、「われ」は何を恋しいと言っているのですか。次から一つ選び、記号で答えなさい。

ア 「君」のやさしく白い手。
イ 「君」のかわいらしい問い方。
ウ 「君」の素朴な感じ方。
エ 「君」の林檎のような美しさ。

（　　）

攻略！ 直前に「問ひたまふこそ」とあることに着目しよう。

知識の泉 Q □に共通して入る言葉は？ 目星を□・折り紙を□

確認のワーク ステージ1

故郷

学習のねらい
●現在と過去の対比に着目して登場人物の変化を捉えよう。
●「私」の抱く「希望」とはどのようなものかを読み取ろう。

解答 23ページ　スピードチェック 13ページ　予想問題 143ページ

漢字と言葉

1 漢字の読み 読み仮名を横に書きなさい。

*は新出漢字 ▼は新出音訓・◎は熟字訓

①*坊ちゃん　②*跳ね魚　③*贈り物　④豆*腐屋
⑤*繁盛《じょう》　⑥*旦*那様　⑦境*遇　⑧*凶作
⑨*炊事　⑩*鶏（訓読み）　⑪小英*雄　⑫*崇拝

2 漢字の書き 漢字に直して書きなさい。

①（　いす　）に座る。　②毛糸の（　ぼうし　）。
③喉が（　かわ　）く。　④灰を（　ほ　）る。
⑤花の（　くき　）。　⑥（　かいがら　）を拾う。

3 語句の意味 意味を下から選んで、線で結びなさい。

①やるせない・　　・ア やりたい放題で、だらしないこと。
②恭《うやうや》しい・　　・イ 礼儀正しくふるまう様子。
③のほうず・　　・ウ 何かをのぞむこと。
④所望・　　・エ 思いが満たされずにせつない。

教科書の要点

1 登場人物 （　）に教科書の言葉を書き入れなさい。 教 p.180〜189

●「私」…主人公。故郷に別れを告げに来た。
●母…故郷の古い家に住んでいる。
●（①　　）…「私」の幼なじみ。昔、父親が「私」の家の雇い人だった。
●（②　　）…「私」の甥《おい》。八歳。
●（③　　）…閏土《ルントー》の五番目の息子。
●（④　　）…昔「豆腐屋小町《こまち》」と呼ばれていた。

2 あらすじ 正しい順番になるように、番号を書きなさい。 教 p.180〜196

（　）楊《ヤン》おばさんと再会し、その変わりように驚き戸惑う。
（　）旅立ちに際して新しい世の中への希望を抱く。
（　）少年時代の閏土との美しい記憶を思い出す。
（　）「私」が、家族で引っ越すために二十年ぶりに帰郷する。
（　）閏土と再会し、二人の間を分ける厚い壁を感じる。

知識の泉 A **つける。**「目星をつける」＝見当をつける。「折り紙をつける」＝保証する。

３ 構成のまとめ

（　）に教科書の言葉を書き入れなさい。教p.180～194

場面	第一場面	第二場面	第三場面	第四場面	第五場面
	教初め～p.181・⑥	p.181・⑦～185・⑩	p.185・⑪～187・⑱	p.188・①～191・⑩	p.191・⑪～終わり
	帰郷の船	今の故郷／少年閏土との思い出	故郷の人たちとの再会	閏土との再会	旅立ちと希望
できごと	●家族で異郷の地に引っ越すため、①（　）年ぶりに帰郷。 ●帰郷の船から見た故郷のわびしい様子。	●我が家…屋根には一面に枯れ草のやれ茎 …落ちぶれた姿 ●母との再会…機嫌はよかったが、③（　）表情。 ●④（　）の話題が出る。…少年の頃の思い出を回想	楊おばさん 今←昔 「⑥（　）」と呼ばれた看板娘。 容姿は変わり果て、嫌味でずる賢い女。	閏土 ●記憶にある閏土とは似もつかない。 ●閏土は「私」を「⑦（　）」と呼んだ。 ●苦しい境遇が閏土をデクノボーみたいな人間にしてしまった。	●古い家も、故郷の山や水もますます遠くなる。 ▼名残惜しい気はしない。 ▼自分の周りに⑨（　）があって、その中に自分だけ取り残されたように、気がめいる。 （故郷との決別）
「私」の心情や様子	▼②（　）の感が胸にこみあげた。 ▼私の故郷はもっとずっとよかった。 ▼やはりこんなふうだったかもしれない。	▼閏土《ルントー》の心は⑤（　）だ。	●楊おばさんの嫌味に返事のしようがないので、口を閉じたまま立っていた。	▼⑧（　）が、二人の間を隔ててしまったのを感じた。	▼私の希望＝若い世代が互いに⑩（　）することのない新しい生活をもつこと。 ◆希望とは⑪（　）のようなもの。 …同じ希望をもつ人が増えれば実現する

おさえよう

主題 「私」の中にあった昔の〔ア 美しい　イ 寂しい〕故郷への思いは、さまざまな〔ア 希望　イ 失望〕によって打ち砕《くだ》かれたが、「私」は若い世代が、隔絶することのない〔ア 伝統的な　イ 新しい〕生活をもつという希望を抱く。多くの人が〔ア 同じ　イ 違う〕希望をもてば、それは実現に向かうと考えている。

知識の泉

Q □にあてはまるのは（　）のどっち？　□（けが・病気）の功名

① 判定テストA
実力
ステージ2
故郷

次の文章を読んで、問題に答えなさい。

教 p.180・①〜181・⑥

厳しい寒さの中を、二千里の果てから、別れて二十年にもなる故郷へ、私は帰った。

もう真冬の候であった。そのうえ故郷へ近づくにつれて、空模様は怪しくなり、冷たい風がヒューヒュー音をたてて、船の中まで吹き込んできた。苫の隙間から外をうかがうと、鉛色の空の下、わびしい村々が、いささかの活気もなく、あちこちに横たわっていた。覚えず寂寥の感が胸にこみあげた。

ああ、これが二十年来、片時も忘れることのなかった故郷であろうか。

①私の覚えている故郷は、まるでこんなふうではなかった。私の故郷は、もっとずっとよかった。その美しさを思い浮かべ、その長所を言葉に表そうとすると、しかし、その影はかき消され、言葉は失われてしまう。やはりこんなふうだったかもしれないという気がしてくる。そこで私は、こう自分に言い聞かせた。②もともと故郷はこんなふうなのだ——進歩もないかわりに、私が感じるような寂寥もありはしない。そう感じるのは、自分の心境が変わっただけだ。なぜなら、③今度の帰郷は決して楽しいものではないのだから。

今度は、故郷に別れを告げに来たのである。私たちが長いこと一族で住んでいた古い家は、今はもう他人の持ち物になってしまった。明け渡しの期限は今年いっぱいである。どうしても旧暦の正月の前に、住み慣れた古い家に別れ、なじみ深い故郷をあとにして、私が今暮らしを立てている異郷の地へ引っ越さねばならない。

〈魯迅（ルーシュン）／竹内（たけうち）好訳「故郷」による〉

⏱ 30分

自分の得点まで色をぬろう！
😣 がんばろう！　😐 もう一歩　😀 合格！
0　　60　　80　　100点

/100

解答 23ページ

1 私の覚えている故郷は、まるでこんなふうではなかった。について答えなさい。

(1) 「こんなふう」とは、具体的にどんな様子ですか。　（10点）

(2) (1)の様子を見たときの「私」の心情を文章中から四字で抜き出しなさい。　（10点）

2 ②こう自分に言い聞かせた。とありますが、どのように言い聞かせたのですか。文章中から抜き出し、初めと終わりの五字を書きなさい。　完答（10点）

〜

3 📝記述　③今度の帰郷は決して楽しいものではない　とありますが、それはなぜですか。　（15点）

攻略！　どのような目的で帰ってきたのかを読み取ろう。

📖知識の泉　**A** けが。　「失敗だと思ったことが、かえってよい結果を生むこと」という意味。

2 次の文章を読んで、問題に答えなさい。

教p.188・③～189・②

来た客は閏土《ルントー》である。ひと目で閏土とわかったものの、その閏土は、①私の記憶にある閏土とは似もつかなかった。背丈は倍ほどになり、昔の艶のいい丸顔は、今では黄ばんだ色に変わり、しかも深いしわがたたまれていた。目も、彼の父親がそうであったように、周りが赤く腫れている。私は知っている。海辺で耕作する者は、一日中潮風に吹かれるせいで、よくこうなる。頭には古ぼけた毛織りの帽子、身には薄手の綿入れ一枚、全身ぶるぶる震えている。紙包みと長いきせるを手に提げている。その手も、私の記憶にある血色のいい、まるまるした手ではなく、太い、節くれだった、しかもひび割れた、松の幹のような手である。

私は感激で胸がいっぱいになり、しかしどう口をきいたものやら思案がつかぬままに、ひと言、

「ああ、閏《ルン》ちゃん――よく来たね……。」

続いて言いたいことが、あとからあとから、数珠《じゅず》つなぎになって出かかった。角鶏《チアオチー》、跳ね魚、貝殻、猹《チャー》……だがそれらは、何かでせき止められたように、頭の中を駆けめぐるだけで、口からは出なかった。

彼は突っ立ったままだった。②喜びと寂しさの色が顔に現れた。唇が動いたが、声にはならなかった。最後に、恭《うやうや》しい態度に変わって、はっきりこう言った。

「旦那様！……。」

③私は身震いしたらしかった。悲しむべき厚い壁が、二人の間を隔ててしまったのを感じた。私は口がきけなかった。

〈魯迅《ろじん》《ルーシュン》／竹内好《たけうちよしみ》訳「故郷」による〉

1 ①私の記憶にある閏土 とは、どんな閏土ですか。その特徴を具体的に説明している言葉を文章中から二つ抜き出しなさい。 10点×2（20点）

（　　）

（　　）

2 よく出る ②喜びと寂しさの色 とありますが、どんな喜びと寂しさですか。それぞれ考えて書きなさい。 10点×2（20点）

喜び……（　　）

寂しさ…（　　）

3 よく出る ③私は身震いしたらしかった。のはなぜですか。次から一つ選び、記号で答えなさい。（15点）

ア 閏土に会えた喜びと感激で胸がいっぱいだったから。
イ 閏土の容貌が昔とあまりに違うので戸惑ったから。
ウ 閏土との交流を妨げる厳しい現実を思い知ったから。
エ 閏土に話したいことが多すぎて困ってしまったから。

（　　）

攻略！ 閏土の言葉に「私」は「悲しむべき厚い壁」を感じている。

知識の泉 Q「□現実・□常識」に共通してつけられる否定の漢字は？

実力判定テストB　ステージ3　故郷

30分

自分の得点まで色をぬろう！
100点　合格！　80　もう一歩　60　がんばろう！　0
/100

解答 24ページ

★ 次の文章を読んで、問題に答えなさい。

教 p.191・⑱〜194・⑧

　私と一緒に窓辺にもたれて、暮れてゆく外の景色を眺めていた宏児《ホンル》が、ふと問いかけた。

「おじさん、僕たち、いつ帰ってくるの？」

「帰ってくる？　どうしてまた、行きもしないうちに、帰るなんて考えたんだい？」

「だって、水生《シュイション》が僕に、家へ遊びに来いって。」

　大きな黒い目をみはって、彼はじっと考えこんでいた。

　①私も、私の母も、はっと胸をつかれた。そして話がまた閏土《ルントー》のことに戻った。母はこう語った。例の豆腐屋小町《こまち》の②楊《ヤン》おばさんは、私の家で片づけが始まってから、毎日必ずやってきたが、おととい、灰の山からわんや皿を十個あまり掘り出した。あれこれ議論の末、それは閏土が埋めておいたにちがいない、灰を運ぶ時、一緒に持ち帰れるから、という結論になった。楊おばさんは、この発見を手柄顔に、「犬じらし」（これは私たちのところで鶏を飼うのに使う。木の板に柵を取り付けた道具で、中に食べ物を入れておくと、鶏は首を伸ばしてついばむことができるが、犬にはできないので、見てじれるだけである。）をつかんで飛ぶように走り去った。てん足用の底の高い靴で、よくもと思うほど速かったそうだ。

　古い家はますます遠くなり、故郷の山や水もますます遠くなるだが名残惜しい気はしない。自分の周りに目に見えぬ高い壁があって、その中に自分だけ取り残されたように、気がめいるだけである。西瓜《すいか》畑の銀の首輪の小英雄の面影は、もとは鮮明このうえなかったのが、今では急にぼんやりしてしまった。これもたまらなく悲しい。

　母と宏児とは寝入った。

　私も横になって、船の底に水のぶつかる音を聞きながら、今、自分は、自分の道を歩いているとわかった。思えば私と閏土との距離は全く遠くなったが、若い世代は今でも心が通い合い、現に宏児は水生のことを慕っている。せめて彼らだけは、私と違って、互いに隔絶することのないように……とはいっても、彼らが一つ心でいたいがために、私のように、無駄の積み重ねで魂をすり減らす生活をともにすることは願わない。また閏土のように、打ちひしがれて心がまひする生活をともにすることも願わない。また他の人のように、やけを起こしてのほうずに走る生活をともにすることも願わない。③希望をいえば、彼らは新しい生活をもたなくてはならない。私たちの経験しなかった新しい生活を。

　④希望という考えが浮かんだので、私はどきっとした。たしか閏土が香炉と燭台《しょくだい》を所望した時、私はあい変わらずの偶像崇拝だな、いつになったら忘れるつもりかと、心ひそかに彼のことを笑ったものだが、今私のいう希望も、やはり手製の偶像にすぎぬのではないか。ただ彼の望むものはすぐ手に入り、私の望むものは手に

知識の泉　**A　非。**　否定の意味を表す接頭語には，「非・不・未・無」などがある。

入りにくいだけだ。
まどろみかけた私の目に、海辺の広い緑の砂地が浮かんでくる。その上の紺碧《こんぺき》の空には、金色の丸い月がかかっている。思うに希望とは、もともとあるものとも言えぬし、ないものとも言えない。それは地上の道のようなものである。もともと地上には道はない。歩く人が多くなれば、それが道になるのだ。

〈魯《ろ》迅《じん》《ルーシュン》／竹内《たけうち》好《よしみ》訳「故郷」による〉

1 よく出る ①私も、私の母も、はっと胸をつかれた。とありますが、それはなぜですか。次から一つ選び、記号で答えなさい。（10点）

ア 宏児と水生に昔の「私」と閏土の姿を見たから。
イ 宏児が今回の引っ越しの意味を理解していないから。
ウ 宏児が引っ越す前から家を恋しく思っているから。
エ 宏児はもう二度と水生に会うことはできないから。（　　）

2 ②楊おばさん はどのような人物だと思われますか。次から一つ選び、記号で答えなさい。（10点）

ア 世話好きで優しい人物。
イ 欲深く厚かましい人物。
ウ 内気で控えめな人物。
エ おしゃべりで明るい人物。（　　）

3 よく出る ③希望をいえば、……新しい生活を。について答えなさい。

(1) 「彼ら」とはここでは誰と誰のことですか。 5点×2（10点）
（　　）と（　　）

(2) 「私たちの経験しなかった新しい生活」とはどのような生活ですか。「……生活。」につながるように、文章中から抜き出しなさい。（10点）
（　　）生活。

(3) 「私たち」が今まで経験してきたのはどのような生活ですか。文章中から三つ抜き出しなさい。 8点×3（24点）
（　　）
（　　）
（　　）

4 ④希望 について答えなさい。

(1) 「希望」はどのようなものにたとえられていますか。文章中から二つ、それぞれ五字以内で抜き出しなさい。 8点×2（16点）
□□□□□・□□□□□

(2) レベルUP 「私」は、「希望」とはどのようなものだと考えていますか。考えて書きなさい。（20点）
（　　）

六 自己／他者／物語

知識の泉 Q 次の□にあてはまる漢字は？ 竜□蛇□

確認のワーク ステージ1

自己PR文を書く／表現の工夫を評価してスピーチをする
漢字の広場4 四字熟語（漢字の練習5）

解答 24ページ スピードチェック 14・15ページ

学習のねらい
- 読み手を意識し、適切な言葉を用いて、自己PR文を書こう。
- 相手や場面、状況に応じて、表現を工夫してスピーチをしよう。

漢字

1 漢字の読み 読み仮名を横に書きなさい。

*は新出漢字 ▼は新出音訓・◎は熟字訓

❶ 清*廉潔白 ❷ *飢*餓状態 ❸ *寡*占市場 ❹ 交*渉
❺ 和洋折*衷 ❻ 幾▼何学 ❼ 民*俗学 ❽ 水*滴
❾ *帝国 ❿ 帰*還 ⓫ *唯一 ⓬ *軌道
⓭ *猶予 ⓮ *克服 ⓯ 平*穏 ⓰ 空*欄
⓱ 食*糧 ⓲ *拘束 ⓳ 乾*燥 ⓴ *凝固

2 漢字の書き 漢字に直して書きなさい。

❶ 低温で（さっきん）する。 ❷ （げんしゅく）な雰囲気。
❸ 空気が（じゅんかん）する。 ❹ （そうかい）な気分。
❺ 花の（さいばい）。 ❻ 確認を（おこた）る。

教科書の要点 自己PR文を書く

1 活動の流れ 自己PR文を書く際の正しい順に、番号を書きなさい。 教 p.198

（　）構成を検討する。
（　）友達に自分のPRポイントを聞くなどして、ふさわしい題材や事例を選ぶ。
（　）推敲《すいこう》する。
（　）自己PR文を書く。
（　）自己PR文を読み合って検証し、書き直す。

教科書の要点 表現の工夫を評価してスピーチをする

1 要点 （　）に教科書の言葉を書き入れて、スピーチ原稿を作成するときの注意点をまとめなさい。 教 p.202

題材を決めたら、スピーチをする具体的な（　）、（　）、（　）などをイメージし、主張を効果的に伝える方法を考えて原稿を作成するとよい。

② 内容理解 【「中学校生活で学んだこと」についてのスピーチ】で、これから大切にしたいこととして主張しているのはどんなことですか。二つ抜き出しなさい。 教p.203

（　　　　）
（　　　　）

基本問題 漢字の広場4

1 次の□の中に漢数字を入れて、四字熟語を完成させなさい。

① □者□択　② 首尾□貫　③ □転□倒　④ □発□中　⑤ □差□別　⑥ 朝□暮□

攻略！ ②と同じ意味の四字熟語は「終始□貫」。

2 よく出る 四字熟語の意味を下から選び、――で結びなさい。

① 東奔西走 ・　　・ア まとまりがないこと。
② 傍若無人 ・　　・イ 忙しく走り回ること。
③ 四面楚《そ》歌《か》 ・　　・ウ とてもすばやいこと。
④ 支離滅裂 ・　　・エ 孤立して苦境に立たされること。
⑤ 単刀直入 ・　　・オ 前置きなく本題に入ること。
⑥ 電光石火 ・　　・カ 勝手気ままにふるまうこと。

3 よく出る 次の四字熟語が正しければ○、間違っていたら書き直しなさい。

① 危機一発（　　）
② 五里霧中（　　）
③ 意味慎重（　　）
④ 思考錯誤（　　）
⑤ 異口同音（　　）

4 次の四字熟語の読みを〔　〕に書き、構成をあとから選んで記号で答えなさい。

① 時期尚早〔　　〕・（　）
② 駐車禁止〔　　〕・（　）
③ 粉骨砕身〔　　〕・（　）
④ 喜怒哀楽〔　　〕・（　）
⑤ 清涼飲料〔　　〕・（　）

ア 似た意味の二字熟語を組み合わせた構成。
イ 「主語―述語」の関係にある構成。
ウ 修飾関係にある構成。
エ 「対象語―述語」の関係にある構成。
オ 関連する一字の漢字を四つ並べた構成。

知識の泉 Q 慣用句「腑《ふ》に落ちない」の意味は？

確認のワーク ステージ1 学びのチャレンジ

学習のねらい
●さまざまな文章を読み、表現する力を高めよう。
●資料や図表を正確に読み取り、考える力や判断する力を養おう。

解答 25ページ

1 基本問題

1 教科書の209ページから212ページの【資料1】【資料2】と【山本《やまもと》さんのメモ】を読んで、問題に答えなさい。

1 よく出る 次の文章は、【資料1】【資料2】の論理の展開について説明したものです。それぞれあてはまる資料番号を選んで答えなさい。

① 筆者の主張に関連する言葉を複数の資料から引用することで文章に説得力をもたせている。

② 筆者の体験談をもとにして問題提起をすることで、読み手が共感しやすくなっている。

①（資料　　）②（資料　　）

攻略！「筆者の体験談」と「複数の資料」はそれぞれどの資料に出てきたかな。

2 山本さんは、それぞれの筆者の「主張」について、表現の仕方の違いを次のようにメモにまとめました。これを読んで、問題に答えなさい。

◎二人とも、科学技術とどのように関わっていくべきかについて書いている。毛利《もうり》氏は、先に問題提起をして最後に主張を持ってきているので［A］といえる。一方、志村《しむら》氏は冒頭で主張を述べているので［B］の文章である。

表現の仕方の違いについて比較すると、毛利氏の文章は、身近な話から始まり最後の主張まで段階を踏んでじっくりと読めるが、志村氏の文章は、最初に「［C］」という抽象的な言葉が出てきて読み手に疑問を抱かせ、読み進めさせるという効果があるといえるだろう。

(1) ［A］と［B］にあてはまる言葉を次から一つずつ選び、記号で答えなさい。

ア 頭括型　イ 尾括型
ウ 双括型　エ 起承転結

A（　　）B（　　）

(2) ［C］にあてはまる言葉を、教科書から三字で抜き出しなさい。

2 教科書の214ページから217ページの【文章の下書き】と【グラフA】【グラフB】【グラフC】を見て、問題に答えなさい。

1 よく出る 次のメモは、木村《きむら》さんが3つのグラフを分析して整理したものです。これを読んで、問題に答えなさい。

・【グラフB】を見ると、一か月に一冊も本を読まない人の割合は、平成14年度から平成25年度にかけて、徐々に［A］。

・年齢別の【グラフA】では、平成20年度と平成25年度の一か月に本を一冊も読まない割合の差が最も大きいのが[B]で、次に大きいのが[C]である。

・【グラフC】で、平成20年度と平成25年度ともに読書量が減っている最も大きな理由・原因だったのは「[D]」である。

・【グラフC】で平成20年度から平成25年度にかけて読書量が減っている理由の割合が大幅に上がったのは「[E]」という理由である。

(1) [A]にあてはまる言葉を考えて書きなさい。

（　　　　）

(2) [B]と[C]の組み合わせとして正しいものを、次から一つ選び、記号で答えなさい。

攻略！ 平成14年度は37・6%だが、平成25年度は47・5%になっている。

ア　B…30代　C…20代
イ　B…50代　C…16～19歳
ウ　B…16～19歳　C…40代
エ　B…16～19歳　C…30代

（　　）

(3) [D]にあてはまる言葉を【グラフC】から抜き出しなさい。

攻略！ 年度ごとの割合が大きく変化している部分をグラフから読み取る。

（　　　　）

(4) [E]にあてはまる言葉を【グラフC】から抜き出しなさい。

（　　　　）

---

2 次は、木村さんがまとめた読書に関する文章の一部です。これを読んで、問題に答えなさい。

私は、時間がないなかでも読書をしたいので、国語科の山下《やました》先生から[A]的に読書をするための方法をいくつか伺いました。先生のお話をまとめると、次のようになります。

（中略）

山下先生のお話で一番興味深かったのは「[B]」ということです。

私は今まで、どんなにつまらないと思う本でも最後まで読み通すべきだという考えをもっていました。そのため、図書館で何冊か借りても全ての本を読み終えないうちに返却することもあり、後悔していました。今後は先生の勧めてくださった方法で[A]的な読書をしていこうと思いました。

(1) [A]にあてはまる言葉を【文章の下書き】から抜き出しなさい。

（　　　　）

(2) [B]の内容は【文章の下書き】の方法1～5のうち、どれがあてはまりますか。数字で答えなさい。

（　　）

(3) 文章の中で、木村さんが具体的な体験を挙げている部分を文章中から一文で抜き出し、初めの五字を書きなさい。

□□□□□

知識の泉 Q ――線を漢字で書くと？　布のサイ断。花のサイ培《ばい》。

確認のワーク ステージ1

持続可能な未来を創るために——人間の生命・存在を考える
生命とは何か／地球は死にかかっている／水の星

学習のねらい
・持続可能な社会を創るために必要なことを考えながら読もう。
・生命とは何かについて考えながら読もう。

解答 25ページ

教科書の要点

1 言葉 （　）に言葉を書き入れなさい。 教p.220〜221

・SDGsとは「（①　　）」の略称で、「誰一人として取り残さない」をキーワードに、（②　　）年までの達成をめざす（③　　）の目標が掲げられている。

2 構成のまとめ・主題 （　）に教科書の言葉を書き入れなさい。 教p.222〜224

・「生命とは何か」（福岡《ふくおか》伸一《しんいち》）

まとまり	内容
教初め〜p.222・下⑰	・生物はさまざまな物質からできた（①　　）であるという仮定がまちがっているのではないか。
p.222・下⑲〜p.223・下⑨	・幼少期の思い出…（②　　）の卵に穴をあけた。
p.223・下⑪〜終わり	・生命を（③　　）にあるものと呼びたい。＝生命は（④　　）の現象であり、時間の流れとともに進み、開き、閉じる。

・「地球は死にかかっている」（手塚《てづか》治虫《おさむ》） 教p.225

・地球を（⑤　　）にしないために、地球上のすべての生物との共存をめざす、これからが人類の本当の「（⑥　　）」なのではないか。

・「水の星」（茨木《いばらぎ》のり子） 教p.228

・（⑦　　）がゆえなくさびしいのも、どこかさびしげな（⑧　　）・地球を見れば、あたりまえのように感じる。

おさえよう

要点 二〇一五年に〔ア 国際連合　イ 国会〕で採択された「持続可能な開発目標」（SDGs）では、二〇三〇年までに〔ア 15　イ 17〕の目標の達成をめざし、全ての人がそれぞれの立場から行動するよう求められている。

知識の泉 A 裁・栽。「裁」＝切る・判定を下す。「栽」＝植える・植物の手入れをする。

基本問題　生命とは何か

次の文章を読んで、問題に答えなさい。

教 p.222・上⑲～222・下⑮

次に、生物学者は、それぞれの物質の役割を調べ始めた。生物をかたちづくっている物質の中から、特定の物質を取り除けば、何か不都合が起きるはずである。私たちは、①ある物質を取り除いたマウスを観察した。

ところが、マウスには何も不都合が起きなかった。餌をたくさん食べ、体重も順調に増え、元気に走り回っていた。いったいこの事実をどう理解したらよいのだろう。②私たちは困惑した。そして、さまざまな可能性を考えた。しかし、一向に明確な答えは得られなかった。③最後にある可能性が浮かび上がった。

ひょっとすると、仮定自体がまちがっているのではないだろうか。生物がさまざまな物質からできた精密な機械であるという仮定。生物は、さまざまな物質から成り立ってはいる。確かにそれは機械じかけで組み合わされているが、生命について考えるときには、もっと別の見方をする必要があるのではないか。

〈福岡《ふくおか》伸一《しんいち》「生命とは何か」による〉

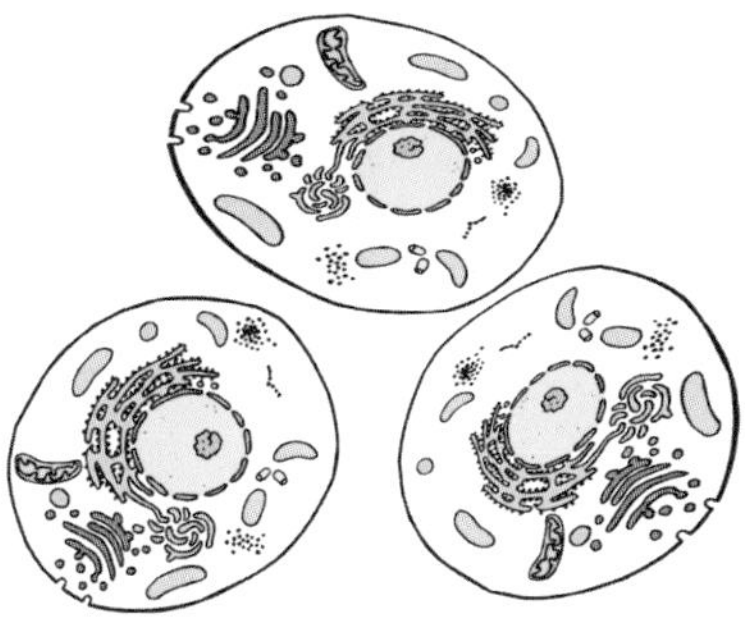

1 ①ある物質を取り除いたマウスを観察した について答えなさい。

(1) どんな予想をして観察しましたか。文章中から抜き出しなさい。

(2) 「マウス」はどんな様子でしたか。具体的に書かれた一文を文章中から抜き出し、初めの五字を書きなさい。

2 ②私たちは困惑した。とありますが、それはなぜですか。次から一つ選び、記号で答えなさい。

ア　マウスを観察したものの手応えを感じられなかったから。
イ　予想していた以上にマウスが元気に走り回っていたから。
ウ　マウスの状態をどう理解すべきかわからなかったから。
エ　マウスの様子を説明できる生物学者がいなかったから。

3 よく出る　③最後にある可能性が浮かび上がった。とありますが、どんな可能性ですか。書きなさい。

攻略！　第三段落で「可能性」について解説しているね。

知識の泉　Q　「玉」「寸」「巻」に共通してつけることができる部首は？

実力判定テストA ステージ2

生命とは何か／地球は死にかかっている

30分

自分の得点まで色をぬろう!
100点 合格! 80 もう一歩 60 がんばろう! 0
/100

解答 26ページ

1 次の文章を読んで、問題に答えなさい。　教p.223・下⑮～224・上⑮

研究を続けてわかってきたことだが、生命は、実は、時間の流れとともに、①絶え間ない消長、交換、変化を繰り返しつつ、それでいて一定の平衡が保たれているものとしてある。生命は、恒常的に見えて、いずれも一回性の現象である。そして、それゆえにこそ価値がある。私は、そのような生命を動的平衡にあるものと呼びたい。

マウスのように、生命のもつ動的な仕組みは、やわらかく滑らかであるので、操作的な介入を吸収しつつ、新たな平衡を生み出そうとする。しかしながら、操作的な介入によって平衡状態が失われてしまえば、②生命は大きな痛手を受けることになる。ちょうどトカゲの卵にうがった小窓のように。

そのいっぽうで、動的平衡は、不要な介入さえしなければ、ほかになんの手助けも全く必要とせず、自律的にその運動をつかさどることができる。全てのプロセスは、時間の流れとともに人知れず進み、開き、やがて閉じる。

生命は、順を追ってひとたび作られると、再び逆戻りすることのできない、③のり付けされた折り紙細工に似ている。戻せないのは、そこに時間が折りたたまれているからである。誰も時計の針を一瞬も止めることはできない。

〈福岡《ふくおか》伸一《しんいち》「生命とは何か」による〉

1 よく出る　①絶え間ない消長、……保たれているもの と同じ内容を表す言葉を、文章中から九字で抜き出しなさい。(10点)

2 ②生命は大きな痛手を受ける のは、どんなときですか。次から一つ選び、記号で答えなさい。(10点)

ア 操作的な介入によって、新たな平衡が生まれたとき。
イ 操作的な介入によって、平衡が保てなくなったとき。
ウ 操作的な介入によって、一定の平衡が保たれたとき。
エ 操作的な介入によって、平衡を取り戻そうとしたとき。

(　　)

3 記述　③のり付けされた折り紙細工に似ている とありますが、何の、どんなところが似ているのですか。「時間」という言葉を使って、三十字以内で書きなさい。(20点)

攻略! 生命の「一回性」と同じ内容を表す部分だよ。

知識の泉　A 口(くにがまえ)。「国」「団」「圏」となる。

2 次の文章を読んで、問題に答えなさい。

教p.225・上⑯～225・下⑱

①四十六億年という、とてつもないはるかな時間が、僕らの地球の年齢です。しかし、地球上に最初の人類が誕生してからは三百万年しかまだたっていない。

つまり、人間なんて、地球の歴史上では新参者もいいところということです。それがどういうわけか、いまやわが物顔で、「万物の霊長」と自賛しつつ、欲望のおもむくままに自然を破壊し、動物たちを殺戮《さつりく》しつづけています。

（中略）人類など地球上に現れてから、まだ三百万年でしかないのに、早くも人類自身ばかりか、地球上の全生命体滅亡か存続かの鍵を握っている。

②僕ら人類はやっと生まれたばかりなのです。このままでは、人類史など大宇宙の営みからみれば、はかない一瞬の夢で終わりそうです。

ひょっとするとこれまでも今も、人類はまだ野蛮時代なのかもしれないと思うことがあります。

たとえ月着陸を果たし、宇宙ステーション建造がどんなに進もうと、環境汚染や戦争をやめないかぎり、「野蛮人」というほかないのではないでしょうか。

なんとしてでも、地球を死の惑星にはしたくない。未来に向かって、地球上のすべての生物との共存をめざし、③むしろこれからが、人類の本当の「あけぼの」なのかもしれないとも思うのです。

〈手塚《てづか》治虫《おさむ》「地球は死にかかっている」による〉

1 ①年齢 とありますが、「地球」と「人類」の年齢を文章中から抜き出しなさい。 10点×2（20点）

地球（　　　）

人類（　　　）

2 ②僕ら人類はやっと生まれたばかり と同じ意味を表す言葉を、文章中から三字で抜き出しなさい。（10点）

攻略！ 人類は、地球の歴史には加わったばかりなんだね。

3 ③むしろこれからが、……しれないとも思うのです について答えなさい。

(1) 筆者は、現状の人類をなんと表現していますか。文章中から三字で抜き出しなさい。（10点）

(2) **よく出る** 筆者は、人類がどのようにすることで、「本当の『あけぼの』」を迎えられると述べていますか。（　）にあてはまる言葉を、文章中から抜き出しなさい。 10点×2（20点）

（①　　　）や戦争をやめ、地球上のすべての生物との（②　　　）を図ること。

知識の泉 Q「しじま」と同じ意味の二字熟語は？

七 近代化／国際社会／共生

実力判定テストB　ステージ3

水の星

30分

自分の得点まで色をぬろう！
100点　合格！　80　もう一歩　60　がんばろう！　0

/100

解答 26ページ

★ 次の詩を読んで、問題に答えなさい。

教 p.228

水の星

茨木《いばらぎ》のり子

宇宙の漆黒の闇のなかを
ひっそりまわる水の星
まわりには仲間もなく親戚もなく
①まるで孤独な星なんだ

生まれてこのかた
なにに一番驚いたかと言えば
水一滴もこぼさずに②廻《まわ》る地球を
外からパチリと写した③一枚の写真

こういうところに棲《す》んでいましたか
④これを見なかった昔のひととは
線引きできるほどの意識の差が出てくる筈《はず》なのに
みんなわりあいぼんやりとしている

太陽からの距離がほどほどで
それで水がたっぷりと渦まくのであるらしい
中は火の玉だっていうのに
⑤ありえない不思議　蒼《あお》い星

すさまじい洪水の記憶が残り
ノアの箱船の伝説が生まれたのだろうけれど
善良な者たちだけが選ばれて積まれた船であったのに
子子孫孫のていたらくを見れば　⑥この言い伝えもいたって怪しい
軌道を逸《そ》れることもなく　いまだ死の星にもならず
いのちの豊饒《ほうじょう》を抱えながら
どこかさびしげな　水の星
極小の一分子でもある人間が　ゆえなくさびしいのもあたりまえで
あたりまえすぎることは言わないほうがいいのでしょう

知識の泉　A　静寂《せいじゃく》。　静まり返っていること。〈例〉「夜のしじま」

1 ①まるで孤独な星なんだ・③一枚の写真　で使われている表現技法を一つずつ選び、記号で答えなさい。　10点×2（20点）

ア　擬人法　　イ　対句　　ウ　反復
エ　直喩法　　オ　隠喩法　　カ　体言止め

①（　　）　③（　　）

2 よく出る　②地球　を表す三字の言葉を、詩の中から二つ抜き出しなさい。　10点×2（20点）

3 ④これを見なかった……／……筈なのに　について答えなさい。

(1)「これ」とは何を指していますか。（10点）

（　　）

(2) この部分から、作者のどんな思いがわかりますか。次から一つ選び、記号で答えなさい。（10点）

ア「昔のひと」よりも文明が進み、地球を外側から見た写真を見ることのできるうれしさ。

イ「昔のひと」の想像力の豊かさに比べ、現代人の想像力が乏しいことに対する悲しみ。

ウ「昔のひと」より現代人のほうがずっと豊かな自然を大切に思うはずなのに、そうなっていないという嘆き。

エ「昔のひと」は写真など見なくても地球のことをよく知っていたが、現代人は知識が足りないという悔しさ。（　　）

4 ⑤ありえない不思議　とありますが、地球のどんなところを「不思議」と感じているのですか。三十字以内で書きなさい。（15点）

5 記述　⑥この言い伝えもいたって怪しい　とありますが、作者がそう考えるのはなぜですか。次の言葉に続くように書きなさい。（15点）

ノアの箱船には善良な者たちだけが乗ったというのに、

（　　）

6 詩にこめられた作者の思いとしてあてはまるものを次から一つ選び、記号で答えなさい。（10点）

ア　人類の幸福のためにも、豊かな自然に恵まれた地球を現代人は大切にしていくべきだ。
イ　地球はありえない不思議に満ちた星なので、私たち人間が何もしなくてもそのままであり続けるだろう。
ウ　美しい地球もいつかは死の星となり滅びてしまう可能性があるから、別の星を早く探すようにしよう。
エ　私たち人間はノアの箱船によって選ばれたのだから、自分の利益をどこまでも追求していいだろう。（　　）

七　近代化／国際社会／共生

知識の泉　Q　——線を漢字で書くと？　幼少期をカエリみる。・自らをカエリみる。

確認のワーク ステージ1

「対話力」とは何か
意見を共有しながら話し合う

学習のねらい
- 対話の大切さや意義を捉えよう。
- 意見を共有しながら話し合う方法を捉えよう。

解答 27ページ

教科書の要点 「対話力」とは何か

1 話題 筆者は、多文化共生社会ではどんなことが必要となると述べていますか。 教p.230

［　　　　］を高めること。

2 筆者の考え 1を高めるためにはどうしたらよいですか。筆者の考えを順に三つ書きなさい。 教p.231〜232

（　　　　）
（　　　　）
（　　　　）

3 構成のまとめ （　）に教科書の言葉を書き入れなさい。 教p.230〜233

まとまり	序論	本論	結論
	教初め〜p.231・上⑥	p.231・上⑦〜232・上⑫	p.232・上⑬〜終わり
内容	・（①　）社会では、人と人とが理解し合うことは難しいと心得たうえで、**理解を諦めないことが大切。** ・対話の困難さの中で理解し合うために、（②　）が必要になる。	・対話力を高めるためには 1 （③　）をもつ。 2 人の意見をよく聞き、しっかり受け止める。＝（④　）→意見をしっかり受け止めることで、発言の（⑤　）が見えることもある。 3 自分の考えをしなやかに変化させる（⑥　）をもつ。	・「対話」の意義…互いに、さまざまな意見を（⑦　）、よいところを（⑧　）つつ、さらによい（⑨　）を目ざすこと。

おさえよう

要旨 多文化共生社会における「対話」の意義とは、さまざまな〔ア 意見　イ 疑問〕を互いに出し合い、よいところを学びつつ、さらによい〔ア 議論　イ 結論〕を目指すところにある。

知識の泉 A **顧・省。**「顧《かえり》みる」＝回顧《かいこ》する。「省《かえり》みる」＝反省する。

基本問題 意見を共有しながら話し合う

★ 次の文章を読んで、問題に答えなさい。 教 p.237・囲み①〜⑯

司会　今回の議題は、「持続可能な社会の実現に向けて私たちができること」です。私たちのできることは何かについて話し合いながら、最終的に結論を出したいと思います。

ナツ　私が考えたのは、フードマイレージです。フードマイレージは、「食べ物の重さ×運ばれた距離」で計算します。フードマイレージの数値は、食料輸送にかかる二酸化炭素の量に比例します。そのため、二酸化炭素をあまり出さないように、地元や国内でとれたものを率先して食べようとする試みです。一人一人が意識すれば、誰にでもできることだと思います。

フユ　私は、ナツさんの意見の「誰にでもできる」という部分に賛成です。他にも取り組まれていることとしては、ごみ袋の有料化などがあると思います。

ハル　紙を無駄にしない、節電や節水をするというのはどうですか。

司会　そうですね。①どちらも日常的にできることとしてあてはまりますね。

フユ　今まであがったものは実際に取り組まれていてすばらしいことですが、②みんながより積極的に取り組んでいくための手立ても必要だと思います。

〈「意見を共有しながら話し合う」による〉

1 この話し合いのテーマはなんですか。

2 ナツさんは、どのような考えを提示していますか。文章中から八字で抜き出しなさい。

3 よく出る　フユさんは、ナツさんの提示した考えのどんなところを評価していますか。文章中の言葉を使って書きなさい。

4 攻略！　フユさんの発言によって合意形成に向かっているよ。
①どちらも日常的にできることとしてあてはまりますね。とありますが、これはどの具体案に対しての発言ですか。二つ抜き出しなさい。

5 よく出る　②みんながより積極的に取り組んでいくための手立ても必要だと思います　という発言は、話し合いの中でどのような役割を果たしていますか。次から一つ選び、記号で答えなさい。

ア　発言の根拠を確認して結論をまとめようとしている。
イ　今までの話し合いの内容を否定的に結論づけている。
ウ　話し合いを次の段階に建設的に進めようとしている。
エ　別の意見を出すことで合意形成を図ろうとしている。

七　近代化／国際社会／共生

知識の泉　Q　「猫に小判」と同じ意味のことわざは？

実力判定テストA ステージ2 「対話力」とは何か

次の文章を読んで、問題に答えなさい。

教 p.231・上⑦～232・上⑮

30分

自分の得点まで色をぬろう！
100点 合格！ 80 もう一歩 60 がんばろう！ 0
/100

解答 27ページ

　では、このような多文化共生社会において、対話力を高めるためにはどうしたらよいのでしょう。

　第一には、①「自分の考えをもつ」ということです。ただし、自分の考えをもつためには、多少訓練が必要です。日頃から、さまざまな日常生活や社会生活上の問題や課題に関心をもち、それらに対して、しっかりした根拠をあげて、自分の意見をまとめる訓練を、たくさんすることです。さらに、多様な視点から根拠をあげるように心がけると、説得力のある意見をもつことができます。初めは時間がかかるかもしれませんが、訓練を続けていくと、次第に、短時間で自分の意見をまとめることができるようになってきます。

　第二は、人の意見をよく聞き、それをしっかり受け止めることです。対話の基本は、②「応答」です。短くてもよいから、とにかく言葉に出して応える習慣を身につけることです。ときには、うなずいたり、あいづちをうったりするだけでもよいのです。相手の伝えてきたことを、きちんと受け止めていることを、言葉や態度で示すことが大切なのです。③国際的な会議などの場では、相手が語りかけているのになんの返答もしないということは、相手を無視したと受け止められ、失礼な態度だと捉えられかねません。どの地域の、どの国の、どんな意見にでも、相手が伝えようとしていることに対し、しっかりと反応を示すことは、国際社会における当然のルールなのです。

　また、相手の意見をしっかりと受け止めて聞いていると、「なぜそんなことを言うのだろう」「どうしてこんなことにこだわるのだろう」などと、④疑問をもつことがあります。そのようなとき、相手の立場や心情などに思いをめぐらすことにより、言葉の背景にある、本当に伝えたいことを把握できるものなのです。また、世界、歴史、文化、自然などについての自分の知識をもとに、意識的に広い視野に立つようにして、相手の発言の意図を考えてみると、それまで気づかなかった、相手の話の真意が見えることもあります。

　最後は、⑤自分の考え方をしなやかに変化させる柔軟さをもつこと。相手から批判されるたびに、自分の意見を簡単に変えてしまうのはあまりよくありませんが、逆に、⑥最後まで、決して自分の意見を変えないというのでは、そもそも、人と対話をする意味がない。相手の意見に、「なるほど」と納得したら、逆に積極的にそれを生かし、新たな自分の意見を生み出していく、そんなしなやかな柔軟さを、互いにもつことが大切です。

　「対話」の意義は、互いに、さまざまな

知識の泉 **A 豚に真珠《しんじゅ》。馬の耳に念仏。** 価値のあるものを与えても無駄なこと。

意見を出し合い、よいところを学び合いつつ、さらによい結論を目ざすことにあるのです。

〈多田《ただ》 孝志《たかし》『対話力』とは何か」による〉

1 よく出る 筆者は、この文章で何について述べていますか。にあてはまる言葉を文章中から抜き出しなさい。（10点）

多文化共生社会における［　　　］の高め方について。

2 ①自分の考えをもつ とありますが、そのためにはどんな訓練が必要なのですか。文章中から連続する二文で抜き出し、一文目の初めの四字を書きなさい。（10点）

3 ②応答 で示せるのはどんなことですか。次から一つ選び、記号で答えなさい。（10点）

ア 相手の意見に賛成であること。
イ 相手の意見を受け止めたこと。
ウ 相手の意見に疑問があること。
エ 相手の意見を理解できたこと。

4 ③国際的な会議などの場 は、何を述べるための例ですか。にあてはまる言葉を文章中から抜き出しなさい。10点×2（20点）

［　　］は対話の基本であり、意見をきちんと受け止めていることを［　　］で示すことは、国際社会のルールであること。

5 記述 ④疑問をもつ ことで、どのようなことが可能になるのですか。二つに分けて、文章中の言葉を使って書きなさい。10点×2（20点）

6 ⑤自分の考え方をしなやかに変化させる柔軟さ とはどういうことですか。次から一つ選び、記号で答えなさい。（15点）

ア 相手の意見にあわせて自分の意見を少しずつ変えること。
イ 相手から批判されるたびに自分の意見を変えていくこと。
ウ 相手の意見を生かしながら自分の意見を変えていくこと。
エ 相手よりもいい意見をもてるように積極的に変えること。

攻略！ 同段落の「そんなしなやかな柔軟さ」の「そんな」は何を指すか。

7 よく出る ⑥最後まで、……意味がない とありますが、人と対話をすることの意味について、筆者はどのように考えていますか。文章中から四十一字で抜き出し、初めと終わりの五字を書きなさい。完答（15点）

［　　　　　］～［　　　　　］

攻略！ 最後の段落に着目する。

知識の泉 Q 「徐々に」の類義語はどっち？ ア＝暫時《ざんじ》 イ＝漸次《ぜんじ》

確認のワーク ステージ1

バースデイ・ガール

学習のねらい
- 作品の構成や語りの構造に注意して、物語の展開を捉えよう。
- 彼女の願いごととはどのようなものだったのかを考えよう。

解答 28ページ 予想問題 144ページ

言葉

1 語句の意味 意味を下から選んで、線で結びなさい。

❶ 急遽《きゅうきょ》 ・　・ア 非常に。この上なく。
❷ 至極《しごく》 ・　・イ しゃれた魅力がある様子。
❸ 虚無 ・　・ウ まるで目に見えるような様子。
❹ 粋 ・　・エ どう扱えばいいのか困る。
❺ もてあます ・　・オ 大急ぎで。
❻ ありありと ・　・カ 何物もなくむなしいこと。

教科書の要点

1 登場人物 （　）に教科書の言葉を書き入れなさい。 教 p.244〜260

① 「（　　　）」…主人公。二十歳の誕生日のプレゼントとして、願いごとを一つかなえてもらうことになる。
② 「（　　　）」…主人公が二十歳のときのアルバイト先のレストランのオーナー。
③ 「（　　　）」…現在の場面の語り手。主人公と話をしている相手。

2 物語の構成 この物語の構成の説明になるように、（　）にあてはまる言葉を書き入れなさい。

主人公（「彼女」）の（①　　　）の誕生日である過去の場面と、主人公と語り手が話をしている（②　　　）の場面が交互に配置され、二つの時間における物語が同時に進行している。

3 あらすじ 過去の場面の物語について、正しい順番になるように、番号を書きなさい。 教 p.244〜257

（　）オーナーに願いごとを伝えると、いっぷう変わった願いごとだと言われる。

（　）マネージャーの代わりにオーナーの部屋に食事を運ぶ。

（　）オーナーの食事のワゴンを取りに行く。

（　）オーナーに「君の願いはかなえられた」と言われ、部屋を出る。

（　）二十歳の誕生日に急遽《きゅうきょ》仕事に出ることになる。

（　）オーナーに誕生日のプレゼントとして願いごとを一つかなえてあげようと言われる。

過去の場面と現在の場面を整理して、物語の展開を読み取ろう。

知識の泉 **A** イ。「暫時」は「少しの間」の意味。

4 構成のまとめ

（　）に教科書の言葉を書き入れなさい。教p.244〜260

	場面	できごと	「彼女」の心情や様子
前半			
1　教初め〜p.246・下①	過去　「彼女」の状況	●「彼女」は（①　　）の誕生日に、急遽仕事に出ることになる。	▼それほど（②　　）もしなかった。一緒に過ごすはずのボーイフレンドとけんか中。
2　p.246・下③〜247・上⑫	現在　老人（オーナー）について	●オーナーは店には絶対に顔を出さない。 ●毎晩八時過ぎに（③　　）が食事を運ぶ。	▼最初は宗教的な儀式みたいで不思議な感じがした。 ▼見慣れるとなんとも思わなくなった。
3　p.247・上⑭〜249・上⑦	過去　マネージャーの体調不良	●マネージャーが体調を崩し、病院へ→「彼女」が（④　　）に食事を届けるよう指示される。	
4　p.249・上⑨〜254・下⑭	過去　老人との出会いと会話	●二十歳の誕生日は人生に一度しかない大事なもの。 …誕生日のプレゼントとして願いを一つかなえよう。	▼言葉を失う。耳の中で時が（⑤　　）を刻む。→突拍子もない申し出に当惑する。
5　p.254・下⑯〜255・下③	現在　誕生日のできごとについて	●「これって、本当にあった話なのよ。」 ●「僕」は彼女の話に理解を示す。	▼二十歳の誕生日に普通じゃないことがあってもいいと思い、話を合わせてみようと思った。
後半			
6　p.255・下⑤〜257・下⑪	過去　願いごとをする	●「彼女」の願いごと＝いっぷう（⑥　　）願い ●老人は願いを了承。「彼女」は「君の願いはすでにかなえられた」と言われて店に戻る。	▼体がいやに軽く、ふわふわした、訳のわからないものの上を歩いているような気分。
7　p.257・下⑬〜260・下⑤	現在　「彼女」の願いごとについて	「僕」の質問 ●願いはかなったか。→イエスであり、（⑦　　）。…ものごとのなりゆきを最後まで見届けたわけではない ●願いごとを後悔しなかったか。…何を望んでも人間は自分以外にはなれない	
8　p.260・下⑦〜終わり	オーナーの言葉	●「たった一つだから、よくよく考えたほうがいいよ。」 ●「一つだけ。あとになって思い直して引っこめることはできないからね。」 ｝人生は一回きりで取り換え不可能なもの	

おさえよう

主題　「彼女」は、二十歳の誕生日に、たった一つだけの〔ア 願いごと　イ 約束ごと〕をすることになった。それから十数年後の現在、願いごとがかなったかどうかの答えは〔ア まもなく出る　イ まだ出ていない〕が、人間は何を望んでも〔ア 自分　イ 他人〕以外にはなれないと感じている。

知識の泉　Q　一つだけ違う漢字は？　ア＝境ぐう　イ＝奇ぐう　ウ＝ぐう然

実力判定テストA ステージ2

バースデイ・ガール

30分

自分の得点まで色をぬろう！
合格！ もう一歩 がんばろう！
100点 80 60 0

/100

解答 28ページ

次の文章を読んで、問題に答えなさい。

教 p.255・下⑤〜257・上⑤

　老人はしばらく何も言わず彼女の顔を見ていた。両手は机の上に置かれたままだ。机の上には帳簿のような分厚いフォールダーが何冊か置いてあった。筆記具とカレンダー、緑色の笠《かさ》のついたランプもあった。彼の小さな一対の手はまるで備品の一部のようにそこにあった。雨粒はあい変わらず窓ガラスをたたき、その向こうに東京タワーの明かりがにじんで見えた。

　①老人のしわが少しだけ深くなった。「それがつまり君の願いごとというわけだね？」

「はい。そうです。」

「君のような年頃の女の子にしては、いっぷう変わった願いのように思える。」と老人は言った。「実を言えば私は、もっと違ったタイプの願いごとを予想していたんだけどね。」

「もしまずいようなら、何か別のものにします。」と彼女は言った。それから一つせきばらいをした。「別のものでもかまわないんです。何か考えますから。」

「いやいや。」老人は両手を上に上げ、旗のように空中でひらひらと振った。「まずいわけじゃない、全然。ただね、私は驚いたんだよ、お嬢さん。つまり、もっと他に君が願うことはないんだね？　例えば、そうだな、もっと美人になりたいとか、賢くなりたいとか、お金持ちになりたいとか、そういうことじゃなくてもかまわないんだね？　②普通の女の子が願うようなことを。」

　③彼女は時間をかけて言葉を探した。老人はその間何も言わず、ただじっと待っていた。彼の両手は机の上に静かにそろえられていた。

「もちろん美人になりたいし、賢くもなりたいし、お金持ちになりたいとも思います。でもそういうことって、もし実際にかなえられてしまって、その結果自分がどんなふうになっていくのか、私にはうまく想像できないんです。かえってもてあましちゃうことになるかもしれません。私には人生というものがまだうまくつかめていないんです。ほんとに。その仕組みがよくわからないんです。」

「なるほど。」老人は両手の指を組み、それをまた離した。「④なるほど。」

「そんな願いでかまわないんですか？」

「もちろん。」と老人は言った。「もちろん。私のほうにはなんの不都合もない。」

　老人は急に空中の一点をじっと見つめた。額のしわがいっそう深くなった。まるで思念に集中する脳みそのしわみたいに。⑤彼は空中に浮かんだ何かを――例えば目に見えないくらい微小な羽毛のようなものを――見ているようだった。それから両手を広げ、腰を軽く浮かせ、勢いよくてのひらを合わせた。ぽん、という乾いた短い音がした。そして椅子に腰を下ろした。指先で額のしわをやわらげるようにゆっくりなぞり、静かにほほえんだ。「これでよろしい。これで君の願いはかなえられた。」

〈村上《むらかみ》 春樹《はるき》「バースデイ・ガール」による〉

1 よく出る ①老人のしわが少しだけ深くなった。とありますが、老人はなぜこのような反応をしたのですか。このときの老人の気持ちも含めて説明しなさい。（20点）

攻略！ このあとの老人の言葉に着目しよう。

2 ②普通の女の子が願うようなこと について答えなさい。

(1) 具体的にはどのようなことですか。文章中から三つ抜き出しなさい。（10点×3 30点）

(2) よく出る 「彼女」はなぜ「普通の女の子が願うようなこと」を願わなかったのですか。次から一つ選び、記号で答えなさい。（10点）

ア 普通の女の子が願うようなことに興味がないから。

イ 願いごとがかなったら楽しみがなくなってしまうから。

ウ ありふれた願いごとでは自分らしさが出せないから。

エ 願いごとがかなったあとの自分を想像できないから。

3 ③彼女は時間をかけて言葉を探した。とありますが、ここから読み取れることとして適切なものを次から一つ選び、記号で答えなさい。（10点）

ア 老人に真面目に対応するべきか迷っているということ。

イ 老人のために別の願いごとを考え直しているということ。

ウ 老人の質問に真剣に答えようとしているということ。

エ 老人の言っている意味がわからず困っているということ。

4 ④なるほど。とありますが、このとき老人はどんな気持ちでしたか。次から一つ選び、記号で答えなさい。（10点）

ア 「彼女」の説明に表面的に同意している。

イ 「彼女」の説明に納得している。

ウ 「彼女」の説明に反発を感じている。

エ 「彼女」の説明に感心している。

攻略！ 老人が「なるほど。」と繰り返しているのはなぜかを考えよう。

5 記述 ⑤彼は空中に……見ているようだった。とありますが、老人は何をしているのですか。「願いごと」という言葉を使って書きなさい。（20点）

知識の泉 Q 一つだけ違う部首の漢字は？ ア＝雄 イ＝焦 ウ＝雇

実力判定テストB ステージ3

バースデイ・ガール

30分

自分の得点まで色をぬろう!
100点 合格! 80 もう一歩 60 がんばろう! 0
/100

解答 29ページ

次の文章を読んで、問題に答えなさい。

教 p.258・上⑭～260・上①

「一つ質問してもかまわないかな?」と僕は言う。「正確に言えば、①質問は二つになるけど。」

「どうぞ。」と彼女は言う。「でも想像するに、あなたは私がその時にどんな願いごとをしたのか、まずそれが知りたいんじゃない?」

「でも君はそのことをあまり話したくないみたいに見える。」

「そう見える?」

僕はうなずく。

彼女はコースターを下に置き、遠くにあるものを見つめるように目を細める。「願いごとというのは、誰かに言っちゃいけないことなのよ、きっと。」

「別に無理に聞き出すつもりはないよ。」と僕は言う。「僕が知りたいのは、まずその願いごとが実際にかなったのかどうかということ。そしてそれがなんであれ、君がそのときに願いごととしてそれを選んだことを、あとになって後悔しなかったかってことだよ。つまり、もっと他のことを願っていればよかったとか、そんなふうには思わなかった?」

「②最初の質問に対する答えはイエスであり、ノオね。まだ人生は先が長そうだし、私はものごとのなりゆきを最後まで見届けたわけじゃないから。」

「時間のかかる願いごとなんだ?」

「そうね。」と彼女は言う。「そこでは時間が重要な役割を果たすことになる。」

「ある種の料理のように?」

彼女はうなずく。

③僕はそれについて少し考えてみる。でも僕の頭には、低温のオーヴンでゆっくりと焼かれている巨大なパイ料理のイメージしか浮かんでこない。

「二つめの質問については?」と僕は尋ねてみる。

「二つめの質問ってなんだっけ?」

「君はそれを願いごととして選んだことを後悔していないか?」

少し沈黙の時間がある。彼女は奥行きのない目を僕に向けている。ひからびたほほえみの影がその口もとに浮かんでいる。それは僕に④ひっそりとした諦めのようなものを感じさせる。

「私は今、三歳年上の公認会計士と結婚していて、子どもが二人いる。」と彼女は言う。「男の子と女の子。アイリッシュ・セッターが一匹。ドイツ車に乗って、週に二回女友達とテニスをしている。それが今の私の人生。」

「⑤それほど悪くなさそうだけど。」と僕は言う。

「車のバンパーに二つばかりへこみがあっても?」

「だってバンパーはへこむためについているんだよ。」

知識の泉 **A** イ。「焦」の部首はれっか（れんが），ほかはふるとり（隹）。

「そういうステッカーがあるといいわね。」と彼女は言う。
「『バンパーはへこむためにある。』」
僕は彼女の口もとを見ている。
「私が言いたいのは。」と彼女は静かに言う。そして耳たぶをかく。きれいな形をした耳たぶだ。「人間というのは、何を望んだところで、どこまでいったところで、自分以外にはなれないものなのねっていうこと。ただそれだけ。」

〈村上《むらかみ》 春樹《はるき》「バースデイ・ガール」による〉

1 よく出る ①質問は二つ とありますが、どのような質問ですか。二つ書きなさい。 15点×2(30点)

（　　　）
（　　　）

2 よく出る ②最初の質問に対する答えはイエスであり、ノオね。について答えなさい。

(1) 「イエスであり、ノオ」とはどのような意味ですか。適切なものを次から一つ選び、記号で答えなさい。 (10点)

ア 願いごとはかなわないほうが夢があっていいという意味。
イ 願いごとはかなったが、期待はずれだったという意味。
ウ 願いごとはかなわなかったが、後悔していないという意味。
エ 願いごとはかなったともかなわないともいえるという意味。

（　　　）

(2) 「彼女」がこのように答えたのはなぜですか。文章中の言葉を使って書きなさい。 (15点)

（　　　）

3 記述 ③僕はそれについて少し考えてみる。とありますが、「僕」は何について考えたのですか。文章中の言葉を使って書きなさい。 (15点)

（　　　）

4 ④ひっそりとした諦めのようなもの とありますが、「彼女」の諦めがわかる一文を抜き出し、初めの五字を書きなさい。 (15点)

□□□□□

5 レベルUP ⑤車のバンパーに二つばかりへこみがあっても？ とありますが、このときのバンパーのへこみは何を暗示していると考えられますか。次から一つ選び、記号で答えなさい。 (15点)

ア 消えることのない過去の記憶。
イ 自分の人生に対する不満。
ウ 「僕」の質問に対する抗議。
エ これまでの人生に対する絶望。

（　　　）

知識の泉 Q 「伝統」の対義語は何？

確認のワーク ステージ1

青春の歌──無名性の光

学習のねらい
●筆者がそれぞれの短歌のどのような点を評価しているのか捉えよう。
●詩歌の果たす役割を理解しよう。

解答 30ページ

教科書の要点

1 話題 （　）に教科書の言葉を書き入れなさい。 教p.262〜263

●（①　）とはどういう時間だろう。
↓筆者は「雲を雲と……」の短歌に（②　）を感じた。
今だけの（③　）の光。

2 内容理解 （　）に教科書の言葉を書き入れなさい。 教p.262〜265

●青春の（①　）⇔（②　）のない何者か
●「（③　）」という時間の大切さ…青春の光を留《とど》めたい。
●人生の中で（④　）になった時。
↓もう青春の無名性の（⑤　）を詠《うた》うことはできない。

3 構成のまとめ （　）に教科書の言葉を書き入れなさい。 教p.262〜265

まとまり		内容
前半	教初め〜p.264・上⑫ 青春の無名性	●「雲を雲と……」の歌▼「自転車（①　）」が象徴する、青春の（②　）の輝き。 ●「『うごく』……」の歌▼青春の（③　）を少しでも自分たちの上に留めておきたい。 ●「互いしか……」の歌▼現在を（④　）に持ち込みたい。↓しかしそれは不可能。
後半	p.264・上⑬〜終わり 人生の夏	●「椅子にもたれ……」の歌▼「眩《まぶ》しい（⑤　）」が「眩しかった（⑥　）」へ変わっていく。 ●「どこに行けば……」「ああ君が……」の歌↓異質の輝き ●「十代に……」の歌▼人生の春は過ぎて（⑦　）が来た。▼自分だけの何かをつかみかけ、かけがえのない何者かになろうとしている。

おさえよう

要点 「青春」とは、人がかけがえのない何者かになる前の〔ア 一般人 イ 無名者〕でいられる時間のことだ。
青春という時間の〔ア 本質 イ 限界〕は、今だけの無名性の光にあると筆者は考えている。

知識の泉 A 革新。 文脈によっては、「革新⇔保守」ともなる。

基本問題

☆ 次の文章を読んで、問題に答えなさい。 教p.262・上①〜263・上④

青春とはどういう時間だろう。

> 雲を雲と呼びて止まりし友よりも①自転車一台分先にゐる　澤村《さわむら》斉美《まさみ》

友だちが「雲」と叫んで自転車を止めた。美しい飛行機雲か、巨大な入道雲か、それとも鮮やかな夕焼け雲を見つけたのだろうか。その声につられてブレーキをかけた〈私〉は友だちよりも「自転車一台分」だけ先に止まって、二人で空を見上げている。

ただ、それだけのことなのに、私はなんともいえない眩《まぶ》しさを感じた。作中の「友」も〈私〉も②まだ若く、たぶん学生なのだろう。例えば、通勤途中の会社員が「雲」と叫んで立ち止まる、というのは想像しにくい。

「雲を雲と呼びて」も魅力的だが、この短歌のポイントは「自転車一台分」にあると思う。この言葉が③わざわざここに置かれたのはどうしてだろう。この時、空を見上げた「友」と〈私〉の間にあるものは「自転車一台分」の距離に過ぎない。けれども、ぴったり並んでいるわけではない。「友」と〈私〉はそれぞれの場所から同じ雲を見上げているのだ。その微妙な距離感が、二人の存在や人生は決して交換することができない、という感覚を浮かび上がらせる。

その一方で、この時点での二人が社会的には④交換可能な存在であることも事実だろう。大人の目から見れば、どちらをアルバイトに採用してもそんなに変わらない。「友」と〈私〉が自分だけの何かをつかむのは、かけがえのない何者かになるのは、もう少し先のことなのだ。

〈穂村《ほむら》弘《ひろし》「青春の歌――無名性の光」による〉

1 記述 ①自転車一台分先にゐる　とありますが、具体的にどのような様子を表していますか。

（　　　）

2 よく出る ②まだ若く、たぶん学生なのだろう　と筆者が考えたのはなぜですか。短歌の中から、そのことが感じられる言葉を七字で抜き出しなさい。

3 攻略！ 直後で「例えば……想像しにくい。」と述べていることを捉えよう。

③わざわざここに置かれた　とありますが、ここから捉えられることとして、筆者はどのように考えていますか。次から一つ選び、記号で答えなさい。

ア 「友」と〈私〉の友情には微妙な距離を感じる。
イ 「友」と〈私〉の存在は決して交換可能ではない。
ウ 「友」と〈私〉は常に一定の距離を保つようにしている。
エ 「友」と〈私〉の人生は決して交わり合うものではない。

（　　）

4 ④交換可能な存在　とは対照的な意味をもつ言葉を文章中から十字で抜き出しなさい。

確認のワーク ステージ1

やわらかな想《おも》い

学習のねらい
●詩に使われている表現技法に着目して読み味わおう。
●「やわらかな想い」とはどんなものか、想像しながら詩を読もう。

解答 30ページ

教科書の要点

1 詩の種類 この詩に合うものに○をつけなさい。

現代の話し言葉で書かれた詩なので{ア 文語詩 イ 口語詩}、各行の音数にきまりがないので、{ア 定型詩 イ 自由詩}である。

2 表現技法 ( )に教科書の言葉を書き入れなさい。 教p.266〜267

●**体言止め**…文末を体言で止めて、印象を強める表現技法。「(①　)」、「(②　)」、「(③　)」に使われている。

●**繰り返し**…「〜(④　)」という言葉が3行目〜7行目に使われており、リズムを生み出している。

3 構成のまとめ ( )に教科書の言葉を書き入れなさい。 教p.266〜267

まとまり	内容
教初め〜p.267・①	父の静かな(①　)から 母の電話の(②　)から あなたの瞳の中の(③　)から わたしの(④　)から 世界中のいろんな人から → 流れ出している。 ← (⑤　)の記号で Ⓐ 置き換えることのできない想い
p.267・②〜終わり	Ⓑ 柔軟なエネルギーのかたまり 赤ちゃんの笑い声・理由のない涙 ＝やわらかな(⑥　)→Ⓐ＋Ⓑ

言葉で表せない想いについて読み取ろう。

おさえよう

主題 人々の間には、[ア 言葉 イ 数学]の「記号」にあてはまらないたくさんの想いが、[ア 柔軟な イ 硬直した]エネルギーとなって流れ出し、みんなを満たしている。

基本問題

★ 次の詩を読んで、問題に答えなさい。

やわらかな想《おも》い

さくら ももこ

言葉の記号で
置き換えることのできない想いが
父の静かな笑顔から
母の電話の沈黙から
あなたの瞳の中の光から
わたしの深呼吸から
世界中のいろんな人から
①流れ出している。
赤ちゃんの笑い声
理由のない涙
②記号にあてはまらない
柔軟なエネルギーのかたまり。

教p.266～267

1 ①流れ出している。とありますが、どこから流れ出しているのですか。詩の中から五つ抜き出しなさい。

2 ②記号にあてはまらない／柔軟なエネルギーのかたまり。について答えなさい。

(1) どんな例をあげていますか。詩の中から二つ抜き出しなさい。

(2) よく出る それはどのようなものですか。次から一つ選び、記号で答えなさい。

ア 人の行動や態度で伝わる、相手を思う温かな気持ち。
イ 言葉でしか伝えられない、相手に対する優しい想い。
ウ 世界中の人々に共通して伝わる、相手への思いやり。
エ 相手に言葉で伝えるのは難しい、流れ出す感情。

攻略! 詩の題名でもある「やわらかな想い」のことである。

知識の泉 Q 「見る」の尊敬語は？ ご□になる。

確認のワーク ステージ1

素顔同盟

学習のねらい
● 主人公の置かれた状況と心情の変化を読み取ろう。
● 物語にこめられた作者のメッセージを読み取ろう。

解答 30ページ

基本問題

★ 次の文章を読んで、問題に答えなさい。 教p.297・下⑨〜298・下⑦

僕はしょんぼりしながら、その日、一人で帰った。しかし、素顔とは関係なく、その時の仮面はいつもの笑顔のままだった。だから、誰も僕の心の内を読むことはできなかっただろう。①この仮面はある意味で便利かもしれないが、僕には②ひどく味気ないものに感じられた。寂《さび》しい時は寂しい顔を、悲しい時は悲しい顔をしたかった。

やがて、僕は街の東側を流れる川の公園のところまでやってきた。川の向こう側は自然保護区の森になっていた。秋になり、森は赤や黄の色彩にあふれていた。こちら側は川岸がコンクリートで固められ、公園になっている。川沿いのイチョウの木は等間隔《とうかんかく》に並んでいて、黄金《こがね》色の落ち葉が歩道をうずめていた。

僕はぼんやりと対岸の森林地帯を眺めた。そして振り返ると、④高層ビルの僕の街があった。③この橋のない川を隔《へだ》てて、あまりにも自然と人工物が対立しているのに、改めて驚いた。自然保護区は荒らされてはならない聖域だった。

イチョウの木の陰に女の子がいた。僕と同じぐらいの年齢だろう。街から隠れるようにして、向こう岸を見ていた。僕は気づかれないように何本か離れたイチョウの木のそばで彼女を見守った。⑤彼女の顔はみんなと同じ笑顔だった。ところが、彼女は次に、両手で仮面を覆うと、そっとそれを外したのだ。僕は思わず息を止めた。⑥事の重大さに胸をどきどきさせながら周りを見回してみたが、誰もいなかった。

彼女は素顔になると、遠くの森をもう一度見つめ直した。彼女の素顔は寂しそうで、悲しみさえたたえていた。そして、美しかった。

僕は彼女のその行為《こうい》が違法であることがわかっていながら、不思議ととがめる気持ちにもならなかったし、警察に通報しようとも思わなかった。彼女は僕と同じ側にいる人間にちがいなかった。初めて同類に会えたのだ。

⑦その夜、僕はなかなか眠れなかった。なぜ、あの時、声をかけなかったのかと悔やんだ。僕は、仮面を外した彼女と一緒にいるところを、誰かに見られるのを恐れたのだ。僕は自分の身が大事だったのだ。結局、勇気がなかったのだ。せっかく自分と⑧同じ側にいる人間と出会えたのに、その機会を自分で逃がしてしまったのだ。

〈すやま たけし「素顔同盟」による〉

知識の泉 A 覧。「見る」の謙譲《けんじょう》語は「拝見する」。

1 よく出る ①ある意味で便利かもしれない とありますが、このときはどんな点で便利だったのですか。簡潔に書きなさい。

（　　　）

2 ②ひどく味気ないものに感じられた とありますが、それは「僕」にどんな思いがあったからですか。文章中の言葉を使って書きなさい。

（　　　）

3 ③この橋のない川 とありますが、この描写からどのようなことがわかりますか。次から一つ選び、記号で答えなさい。

ア 自然を守るために橋の建設が禁止されているということ。
イ 川の向こう側に行くことが許されていないということ。
ウ 川の向こう側に興味をもっている人がいないということ。
エ 橋を架けることもできないほど大きな川だということ。

（　　）

攻略！「橋がない」とは、両岸が分断されているということだね。

4 ④自然と人工物が対立している とありますが、対比して描かれている自然と人工物を文章中からそれぞれ四字で抜き出しなさい。

自然……□□□□
人工物…□□□□

5 ⑤彼女の顔はみんなと同じ笑顔だった。とは、彼女がどうしていたことを表していますか。（　）にあてはまる言葉を書きなさい。

彼女が（　　　）こと。

攻略！どうすると「みんなと同じ笑顔」になるのかを考えよう。

6 よく出る ⑥事の重大さ について答えなさい。

(1) どうしたことが重大なのですか。

（　　　）

(2) (1)のことが重大であるのはなぜですか。

（　　　）

7 ⑦その夜、僕はなかなか眠れなかった。とありますが、それはなぜですか。次から一つ選び、記号で答えなさい。

ア 彼女の素顔があまりに美しく印象的だったため。
イ 初めて同類に会えた喜びに有頂天だったため。
ウ 彼女に声をかけなかったことへの後悔のため。
エ 警察に通報しなかったことへの後ろめたさのため。

（　　）

8 よく出る ⑧同じ側にいる人間 とは、どのような人間ですか。次から一つ選び、記号で答えなさい。

ア 仮面をつけて暮らすことに全く疑問を感じない人間。
イ 自己主張のために違法であることを進んで行う人間。
ウ 大人への怒りから社会に反抗しようとしている人間。
エ ありのままの自分を自由に表現したいと考える人間。

（　　）

知識の泉 Q「正念場」の意味は？

実力判定テストA　ステージ2

素顔同盟

30分

自分の得点まで色をぬろう!

合格!　もう一歩　がんばろう!

100点　80　60　0

/100

解答 31ページ

次の文章を読んで、問題に答えなさい。

教p.298・下②〜299・下⑥

その夜、僕はなかなか眠れなかった。なぜ、あの時、声をかけなかったのかと悔やんだ。僕は、仮面を外した彼女と一緒にいるところを、誰かに見られるのを恐れたのだ。僕は自分の身が大事だったのだ。結局、勇気がなかったのだ。せっかく①自分と同じ側にいる人間と出会えたのに、その機会を自分で逃がしてしまったのだ。

夢の中に彼女が現れた。笑顔の仮面を外すと、悲しい素顔が現れた。彼女は僕を、遠くの方を見つめるようなまなざしで見た。②僕に失望し、軽蔑しているようにも見えた。

次の日、僕は再び公園に行ってみた。しかし、その場所に彼女はいなかった。

③僕はどうしても諦めきれなかった。学校はいつものとおりだったし、仮面に疑問をもつ者はいなかった。みんな、統一された変化のない笑いを浮かべていた。

その後も東の公園に行くのが僕の習慣になっていた。しかし、彼女に会うことはできなかった。もしかしたら、彼女は仮面を外しているのを見つけられ、どこかに隔離されているのかもしれなかった。

数週間が流れ、僕はいつものように公園の川岸にたたずみ、対岸の森を眺めていた。

秋は確実に深くなっていた。その頃、学校でうわさされていることがあった。④素顔同盟という一団があり、彼らは仮面を外し、社会や警察から逃れて、この川の上流の対岸の森の中で素顔で暮らしているということだった。

川の水は冷たそうにゆっくりと流れていた。真っ赤に色づいたモミジの一群れが過ぎていった。その流れを見ていた僕はふと妙なものを見つけた。

仮面だった。笑顔の仮面が川に浮いているのだった。その顔は彼女の顔に似ていた。僕は木の枝を折り、その仮面を拾い上げた。⑤それはまちがいなく彼女のだった。彼女はその川の上流で、仮面を捨てたのだ。

僕はこの機会を逃がしたら二度と彼女と会えないだろうと思った。⑥僕はためらいもなく、その川を上流に向かって歩きだした。

〈すやま たけし「素顔同盟」による〉

知識の泉　**A　きわめて大切な場面。**　〈例〉ここが試合の正念場だ。

1 よく出る ①自分と同じ側にいる人間　とはどのような人間ですか。□にあてはまる言葉を、文章中から抜き出しなさい。5点×2（10点）

□□をつけることに疑問を感じ、□□で自分らしく生きたいと思う人間。

2 よく出る ②僕に失望し、軽蔑しているようにも見えた。とありますが、「僕」はなぜこのように感じたのですか。次から一つ選び、記号で答えなさい。（10点）

ア　彼女に話しかける勇気がなかったのを強く後悔しているから。
イ　彼女の罪を見て見ないふりをしたのを悔やんでいるから。
ウ　彼女に話しかけてもらえなかったことに失望しているから。
エ　彼女の気持ちを理解できなかったことで自信を失ったから

（　　）

3 ③僕はどうしても諦めきれなかった。について答えなさい。

(1)　どんなことを「諦めきれなかった」のですか。（15点）

（　　）

(2)　「諦めきれなかった」という気持ちは、どのような行動に表れていますか。それがわかる一文を文章中から抜き出し、初めの五字を書きなさい。（10点）

□□□□□

4 ④素顔同盟　とはどのような集団ですか。文章中の言葉を使って書きなさい。（15点）

（　　）

5 ⑤それはまちがいなく彼女のだった。について答えなさい。

(1)　「それ」とは何を指していますか。文章中から五字で抜き出しなさい。（5点）

□□□□□

(2)　(1)のものを、「僕」はどこで見つけたのですか。（5点）

（　　）

(3)　記述　このことから、「僕」は、彼女が今、どこでどうしていると推測しましたか。三十字以内で書きなさい。（15点）

□□□□□□□□□□□□□□□□□□□□□□□□□□□□□□

6 レベルUP ⑥僕はためらいもなく、その川を上流に向かって歩きだした。とありますが、このとき「僕」はどのような決心をしたと考えられますか。（15点）

（　　）

知識の泉　Q　――線を正しく書き直すと？　公明盛大な判断がくだった。

確認のワーク ステージ1

語り継ぐもの

学習のねらい
● 原爆詩のCDがどのように制作されたのかをおさえよう。
● 筆者の活動をおさえて、筆者の思いを読み取ろう。

解答 32ページ

☆ 基本問題

次の文章を読んで、問題に答えなさい。 教 p.300・下⑭〜302・下⑩

多くの作品の中から何か月もかかって、十二編の詩を選んでみた。優れた作品は数多くあるのだが、あまりにつらく悲惨《ひさん》なものは、あえて入れなかった。戦争を知らない若者たちにも繰り返し聴いてもらえるようにと、①静かに、祈るように詩を読んだ。②とても重い詩のため、私が百パーセント表現してしまったら、聴《き》く人は逆につらくなってしまう。耐えきれずに二度と聴いてもらえないかもしれない。そういう思いから、私は感情に走らずに言葉の意味を正確に伝えることを大切にしたつもりである。音楽も村治《むらじ》佳織《かおり》さんの演奏するクラシックギターを中心に選んだ。原爆《げんばく》の詩を優しく包みこんで、③未来への希望をどこかに感じさせたかったからだった。

構成している間に、広島と長崎では被爆状況が大きく違い、作品の雰囲気も異なることに気がついた。そのために一枚のCDに両方の詩を入れることができなくなって、まず広島編を制作したのである。

多くのリスナーから感想が寄せられ、私は自分の願いが実現した喜びを、静かにかみしめていた。

感想文だけでなく、実際にこれらの詩を朗読したという手紙もいつからか届くようになった。町や市の平和集会で一編一編読み手が替わり、たくさんの人たちが参加しての朗読会を成功させたといううれしい報告もあった。

二年後に完成した長崎編は、筒井《つつい》茅乃《かやの》さんの『娘よ、ここが長崎です』という小、中学生のためのノンフィクションの本を三十分ほどの朗読にまとめ、音楽も大島《おおしま》ミチルさんに書きおろしてもらった。広島編より、低学年の子どもたちにも理解できる内容になったように思う。

一本のビデオテープが届けられた日のことを、私は忘れない。千葉県の小学校四年のクラス全員でこの叙事詩《じょじし》ともいえる長い作品を朗読してくれたのである。観客は父母会の大人たち。子どもたちは、「お兄ちゃん」「妹」「お父さん」「お母さん」とそれぞれの役を読み、照明係まで出現して、立派に舞台をつくり上げていた。せりふもナレーションも一生懸命に心をこめてしゃべっている。子どもたちの姿を見ているうちに、私は胸が熱くなっていた。声に出して読むことの大切さを担任の先生が子どもたちに教え、彼らは〝原爆〟という怪物の恐ろしさを、自分たちの両親に向かって表現したのである。

私はこれからも朗読を続けたいと思う。同時に④多くの若者、子

知識の泉 **A 公明正大。** 公平で隠しごとのない正しい様子。

どもたちにも声を出して読んでほしいと願っている。声にすることで、黙読する時には見えなかったものが見えてくる。胸の奥深くまで詩の重さが伝わってくる。核《かく》兵器の恐ろしさと平和の尊さを、強く感じることができる。

〈吉永《よしなが》 小百合《さゆり》「語り継ぐもの」による〉

1 ①静かに、祈るように詩を読んだ について答えなさい。

(1) この詩の読み方について、より具体的に説明している一文を文章中から抜き出し、初めの五字を書きなさい。

(2) よく出る 筆者がこのような読み方をしたのは、なぜですか。

攻略! あまりに悲惨な詩はCDに入れなかった理由とあわせて考えよう。

2 ②とても重い は、どういうことを表していますか。次から一つ選び、記号で答えなさい。

ア とても難解な表現であること。
イ とても聴き取りづらい言葉であること。
ウ とても内容が深刻であること。
エ とても長い文章であること。

3 よく出る ③未来への希望 とは、どのようなことですか。次から一つ選び、記号で答えなさい。

ア 原爆の恐ろしさを知ったうえで平和な未来を築くこと。
イ 多くの人が被爆者たちの悲惨な体験と向き合うこと。
ウ 悲惨な詩だけでなく、希望にあふれた詩も広めていくこと。
エ 原爆詩が世界中に広まり、多くの人が詩の朗読をすること。

4 長崎編のCDは、広島編と比べてどんな内容になっていますか。文章中から二十字以内で抜き出しなさい。

5 記述 ④多くの若者、子どもたちにも声を出して読んでほしいと願っている とありますが、筆者がそのように思っている理由を、三十字以内で書きなさい。

攻略! 声に出して読むことで感じられることを捉えよう。

言葉の自習室

知識の泉 Q 「漢語＋外来語」になっているのはどっち？ ア＝窓ガラス イ＝収納ケース

確認のワーク ステージ1

言葉の力

学習のねらい
● 繰り返される言葉や言い換えの表現に注意して内容を捉えよう。
● 「言葉の力」とは何かを捉え、筆者の主張を読み取ろう。

解答 32ページ

基本問題

☆ 次の文章を読んで、問題に答えなさい。 教p.306・下⑧〜307・下②

…ところが、①言葉を単なる道具と思って、大事に扱うことをしない現代人は、当然のこと、②言葉からのしっぺ返しをくうことになっている。それがまさしく、現代社会の光景だ。

「人生なんてつまらない。」と、いつも口にしている人が、自分の人生をつまらないものにしているのは、言葉も自分も大事にしていないからだ。

「所詮《しょせん》は言葉だ。現実は厳しい。」と言う人は、言葉が現実を創っていることを知らない。現実的に生きることができないのだから、現実が厳しいのは当然だ。

「言葉は言葉、本心は別。」という言い方をする人もいる。言葉はうそをつくための道具というわけだが、③うそをつくことによってだまされているのは、実は他人ではない。他人は、その人の行いを見て、うそをついているとわかるからだ。だまされていると気づかないのは、うそをついている本人だ。うそをついている本人は、うそをつくことが自分にとってよいことだと思うから、うそをつく。しかし、自分で自分にうそをつき、自分のことをだますことが、自分にとってよいことであるわけがないではないか。

言葉を信じていない人は、自分のことをも信じていない。しかし、自分を信じていない人生を生きるのは、とても苦しくて大変だ。言葉ではああ言ったけれども、本当はそうは思っていない。そんなふうにしか生きられない人生は不幸だ。だから、④本当の自分はどこにいるのかを、人はあちこちに探し求めることになる。しかし、本当の自分とは、本当の言葉を語る自分でしかない。本当の言葉においてこそ、人は自分と一致《いっち》する。言葉は道具なんかではない。言葉は、自分そのものなのだ。

だからこそ、⑤言葉は大事にしなければならないのだ。言葉を大事にするということが、自分を大事にするということなのだ。自分の語る一言一句が、自分の人格を、自分の人生を、確実に創っているのだと、自覚しながら語ることだ。そのようにして、生きることだ。

言葉には、万物を創造する力がある。⑥言葉は魔法の杖《つえ》なのだ。人は、魔法の杖を使って、どんな人生を創ることもできる。それは、その杖をもつ人の、この自分自身の、心の構え一つなのだ。

〈池田《いけだ》 晶子《あきこ》「言葉の力」より部分〉

知識の泉 A イ。「窓」は和語。「収納」は漢語。「ガラス」「ケース」は外来語。

1 よく出る ①言葉を単なる道具と思って、大事に扱うことをしない現代人 の例としてどのような人があげられていますか。次の（　）にあてはまる言葉を、文章中から抜き出しなさい。

・言葉も自分も（　　　　）人。
・言葉が（　　　　）ことを知らない人。
・言葉は（　　　　）と考えている人。

2 ②言葉からのしっぺ返しをくう とありますが、どうなるというのですか。次から一つ選び、記号で答えなさい。

ア 人が信じられず、よい人間関係が築けなくなってしまう。
イ 自分の言葉のせいで、苦しくつらい人生になってしまう。
ウ 厳しい現実から逃げることばかり考えるようになってしまう。
エ 言葉を便利な道具として使いこなせなくなってしまう。

（　　）

攻略！ 言葉を信じていない人について説明している箇所に注目しよう。

3 ③うそをつくことによってだまされているのは、実は他人ではない とありますが、では、誰がだまされているのですか。文章中から十字で抜き出しなさい。

□□□□□□□□□□

4 ④本当の自分はどこにいるのかを、人はあちこちに探し求めることになる のはなぜですか。

（　　　　　　　　）

攻略！ 直前に「だから」とあるので、これより前に理由が書かれている。

5 よく出る ⑤言葉は大事にしなければならない のはなぜですか。次の文の□にあてはまる言葉を、文章中から六字で抜き出しなさい。

言葉は □□□□□□ だから。

6 ⑥言葉は魔法の杖なのだ。といえるのはなぜですか。それを説明した次の文の□にあてはまる言葉を、五字と四字で文章中から抜き出しなさい。

言葉には万物を □□□□□ があり、自分自身の □□□□ 次第で、どんな人生でも創ることができるから。

7 言葉と自分の関係について、筆者が述べている内容として適切なものを次から一つ選び、記号で答えなさい。

ア 言葉を信じることで、本当の言葉を語ることができるようになり、言葉と自分を一致させることができる。
イ 言葉と自分が一致していなくても、言葉の正しい使い方を身につけることで、本当の自分を語ることができる。
ウ 人生は言葉そのものなので、言葉を信じていれば誰でも自分の人生を楽しく幸せにすることができる。
エ 言葉を使いこなせれば、どんなうそでも見破れるようになるので、迷いのない人生を確立することができる。

（　　）

知識の泉 Q ——線を正しく書き直すと？　先生，こちらでお待ちしてください。

確認のワーク ステージ1

言葉でつかんだ世界一

学習のねらい
● 筆者の出会ってきた言葉が、どのような意味をもち、どのような影響を与えたのかを読み取ろう。

解答 33ページ

基本問題

☆ 教科書の次の部分を読んで、問題に答えなさい。

● 教p.308・上①（僕のラケットには、……）
〜
● 教p.309・上⑬（……と信じている。）

1 教p.308・上③「アン＝クイン氏との、ある日の会話」の内容から、どんなことが読み取れますか。□にあてはまる言葉を、文章中から抜き出しなさい。

筆者が［　　　　　　　　］を目ざしていたこと。

2 教p.308・上⑦〜⑧「それがいちばん大切」とありますが、何が大切なのですか。次から一つ選び、記号で答えなさい。

ア　自分の夢を実現できればいいと願う気持ち。
イ　自分が一生追い続けられるような大きな夢。
ウ　自分の夢を実現するための地道な努力。
エ　自分の夢を実現しようとする強い意志。

（　　）

3 教p.308・上⑨〜⑪「そこで、……と叫んでいた。」とありますが、筆者は何のためにこのようなことをしたのですか。□にあてはまる言葉を文章中から抜き出しなさい。

世界一に［　　　　］という気持ちを忘れないため。

4 教p.308・下⑤〜⑥「テニス界で語りぐさになる言葉」について答えなさい。

⑴ A誰の、Bどんな言葉ですか。文章中から抜き出しなさい。

A（　　　　）
B（　　　　）

⑵ 筆者は、⑴の言葉からどのような考え方を感じ取りましたか。文章中の言葉を使って書きなさい。

（　　　　）

攻略！ フェデラー選手の言葉の直後の内容から読み取ろう。

知識の泉 **A** **お待ちになって。** 「お○○になる」で尊敬語になる。

5 教p.309・上①～②「クイン氏から教えられた……という言葉に助けられ、」とありますが、この言葉が助けになったのはなぜですか。次から一つ選び、記号で答えなさい。

ア　相手も緊張しているとわかって安心したから。
イ　安心して緊張が一瞬にして消え去ったから。
ウ　自分の緊張を、前向きに捉えられたから。
エ　自分が優位だと自覚することができたから。

（　　）

6 教p.309・上③「怪我《けが》との戦い」とありますが、この戦いは、筆者にどのようなよい効果をもたらしましたか。（　）にあてはまる言葉を、文章中から抜き出しなさい。

つらく孤独なリハビリで（　　）も鍛えることができ、パラリンピックで（　　）ことができた。

7 よく出る 教p.309・上⑬「世界一を実現した力」になったのはどんなことですか。文章中の言葉を使って書きなさい。

（　　）

攻略！ 直前の「これ」が指す内容を読み取ろう。

8 よく出る 筆者の生き方を説明したものを次から一つ選び、記号で答えなさい。

ア　他人の言葉に左右されることなく、自分が正しいと思ったことだけを信じて生きてきた。
イ　自分に障がいがあることをしっかりと受け入れ、努力しながら意欲的に生きてきた。
ウ　障がい者であることに苦悩しながらも、ほかの人から励まされながら必死に生きてきた。
エ　ほかの人よりも強くありたいと願い続け、全てのことで一番になろうと生きてきた。

（　　）

9 この文章の内容としてあてはまるものを次から一つ選び、記号で答えなさい。

ア　筆者は、「俺は最強だ」とラケットに書くようにクイン氏に勧められた。
イ　筆者は、フェデラー選手とテニスの試合をして勝利したことがある。
ウ　筆者は、テニスで健常者としても障がい者としても世界一になった。
エ　筆者は、北京《ペキン》パラリンピックとロンドンパラリンピックで連続優勝した。

（　　）

プラスワーク

聞き取り問題① 話し合い
新しい公園の名前を決めよう

解答 34ページ

放送文は、上のQRコードから聞くことができます。

/100

★ 放送を聞いて、問題に答えなさい。

メモ欄《らん》 放送の間は、問題に答えずメモをとりましょう。

それぞれの人が、どんな視点から提案を考えたのかに注意しよう。

⬇ここより下は問題になります。放送の指示にしたがって答えましょう。

(1) (問題は放送されます。) (20点)

花村《はなむら》市に［　　］は何がよいかを考えて、各クラスから一つずつ案を出すこと。

(2) (問題は放送されます。) (20点)

(3) (問題は放送されます。) (20点)

［　　］から名づけた点。

(4) (問題は放送されます。) (20点)

(5) レベルUP (問題は放送されます。) (20点)

プラスワーク

聞き取り問題②（グループ・ディスカッション）

ペットボトルを使うことに賛成か反対か

放送文は、上のQRコードから聞くことができます。

/100

☆ 放送を聞いて、問題に答えなさい。

メモ欄《らん》 放送の間は、問題に答えずメモをとりましょう。

発言者の立場と、その理由に注意して、メモをとろう。

⬇ここより下は問題になります。放送の指示にしたがって答えましょう。

(1)（問題は放送されます。） 10点×2（20点）

立場

理由 　　　　が問題になっているから。

(2)（問題は放送されます。） 10点×2（20点）

(3)（問題は放送されます。） （20点）

(4)（問題は放送されます。）

プラスチックごみの処理を 　　　　という問題点。 （20点）

(5) レベルUP（問題は放送されます。） （20点）

プラスワーク

日本文学史（江戸時代～昭和戦前）

文学史の要点

江戸時代

【町人文化の繁栄《はんえい》】 町人が経済力をもち、寺子屋の教育が広まる一方、木版印刷の発達で文学の大衆化が進んだ。前期は上方文学、後期は江戸文学が栄えた。

- **俳諧《はいかい》** **おくのほそ道** 松尾芭蕉《まつおばしょう》。奥羽《おうう》・北陸の旅を俳句と文章でつづる紀行文。
- **おらが春** 小林一茶《こばやしいっさ》。人情味あふれる俳文俳句集。
- **浮世草子《うきよぞうし》** **日本永代蔵《にっぽんえいたいぐら》** 井原西鶴《いはらさいかく》。町人の生活を描いた物語。「世間胸算用《せけんむねざんよう》」も有名。
- **浄瑠璃《じょうるり》** **曾根崎心中《そねざきしんじゅう》** 近松門左衛門《ちかまつもんざえもん》。身分の差による悲劇的な恋愛を描いた。
- **川柳・狂歌《きょうか》** 世の中の有様を、風刺とユーモアをこめて俳句や短歌の形式で描く庶民文学。
- **読本《よみほん》・滑稽本** **東海道中膝栗毛《とうかいどうちゅうひざくりげ》** 十返舎一九《じっぺんしゃいっく》。弥次郎兵衛《やじろべえ》と喜多八《きたはち》の旅を描いた滑稽本。
- **南総里見八犬伝《なんそうさとみはっけんでん》** 滝沢《たきざわ》（曲亭《きょくてい》）馬琴《ばきん》。里見家の興亡を書いた長編の読本。

明治・大正・昭和の作家と作品

近代化の中で、西洋の文化も流入し、さまざまなスタイルの作家が活躍した。

作家

- **森《もり》　鷗外《おうがい》**（一八六二～一九二二）軍医としてドイツに留学。「舞姫《まいひめ》」「高瀬舟《たかせぶね》」など。
- **夏目漱石《なつめそうせき》**（一八六七～一九一六）英語教師をしながら執筆《しっぴつ》。「吾輩《わがはい》は猫《ねこ》である」など。
- **芥川龍之介《あくたがわりゅうのすけ》**（一八九二～一九二七）「今昔《こんじゃく》物語集」を元にした短編小説「羅生門《らしょうもん》」など。
- **宮沢賢治《みやざわけんじ》**（一八九六～一九三三）農学校の教師をするかたわら創作。「春と修羅《しゅら》」など。
- **太宰《だざい》　治《おさむ》**（一九〇九～一九四八）生きる苦悩《くのう》や退廃的な美を描く。「人間失格」など。
- **川端康成《かわばたやすなり》**（一八九九～一九七二）日本の美を描き、ノーベル文学賞受賞。「雪国」など。

歌人・俳人

- **正岡子規《まさおかしき》**（一八六七～一九〇二）「万葉集《まんようしゅう》」を尊重し、短歌・俳句の革新運動を行った。
- **石川啄木《いしかわたくぼく》**（一八八六～一九一二）三行書きの短歌を平易な言葉で歌った。「一握《いちあく》の砂」など。

基本問題

(1) 松尾芭蕉が奥羽・北陸の旅について書いた紀行文の作品名を答えなさい。
（　　　）

(2) 「日本永代蔵」の作者を答えなさい。
（　　　）

(3) 森鷗外の作品を次から選びなさい。
ア 春と修羅　イ 伊豆《いず》の踊子《おどりこ》
ウ 舞姫　エ 一握の砂
（　　　）

(4) 「一握の砂」に収められているものを選び、記号で答えなさい。
ア 短歌　イ 物語
ウ 俳句　エ 説話
（　　　）

(5) 「羅生門」の作者を次から選びなさい。
ア 太宰治　イ 芥川龍之介
ウ 正岡子規　エ 宮沢賢治
（　　　）

解答
(1) おくのほそ道　(2) 井原西鶴
(3) ウ　(4) ア　(5) イ

覚えておきたい 慣用句

からだに関する慣用句

足を引っ張る　人の行いの邪魔《じゃま》をする。

頭を冷やす　興奮した気持ちを冷静にする。

腕《うで》を振《ふ》るう　能力を十分に発揮《はっき》する。

顔が広い　知り合いが多い。

肩《かた》を並べる　対等の位置に立って張り合う。

木で鼻をくくる　ひどく冷淡《れいたん》な態度をとる。

肝《きも》に銘《めい》ずる　心に刻《きざ》みつけて、忘れない。

口をぬぐう　悪いことをしていながら、知らないふりをする。

首を長くする　期待して待ち遠しく思う。

腰《こし》をすえる　一つに集中して物事を行う。

腹を割る　本心を隠《かく》さずに打ち明ける。

眉唾《まゆつば》もの　信用できず、あやしいもの。

身につまされる　他人の不幸などが自分のことのように思われる。

耳を澄《す》ます　注意して聞こうとする。

胸《むね》をなでおろす　ほっとする。安心する。

目から鼻へ抜《ぬ》ける　頭の働きのよいさま。抜け目がない。

動物・植物に関する慣用句

青菜に塩　力なくしおれた様子。

雨後の筍《たけのこ》　似たような物が次々と出てくるさま。

鵜《う》のみにする　人の考えなどをよく理解せずに受けいれる。

馬が合う　よく気が合う。

閑古鳥《かんこどり》が鳴く　訪れる人が少なく、ひっそりしている。商売のはやらないさま。

狐《きつね》につままれる　意外なことが起こって、訳がわからなくなる。

木に竹をつぐ　調和せずつり合いがとれないこと。

犬猿《けんえん》の仲　仲の悪いこと。

すずめの涙《なみだ》　数量がとても少ないこと。

つるの一声《ひとこえ》　多くの人を否応《いやおう》なしに従わせる、権力者の一言。

虎《とら》の子　大切にとっておくもの。

梨《なし》のつぶて　便りや返事のないこと。

猫《ねこ》の額　場所が大変狭《せま》いこと。

根掘《ほ》り葉掘り　しつこくこまごまと。

花を持たせる　人に手柄《てがら》や勝利を譲《ゆず》る。

虫が知らせる　よくないことが起こりそうに感じること。

藪《やぶ》から棒《ぼう》　だしぬけに物事を行うこと。

色・数に関する慣用句

赤の他人　全く縁《えん》のない人。

朱《しゅ》を入れる　文章などに訂正《ていせい》や添削《てんさく》の書き込《こ》みを入れる。

白紙《はくし》に戻《もど》す　何もなかった元の状態に返す。

色を失う　驚《おどろ》きや恐《おそ》れなどで顔色が真っ青になる。

一目《いちもく》おく　自分よりも優《すぐ》れていると認める。

二の足を踏《ふ》む　実行をためらう。

四《し》の五《ご》の言う　あれこれと文句を言う。

九死《きゅうし》に一生《いっしょう》を得る　危《あや》ういところを、かろうじて助かる。

その他の慣用句

お茶を濁《にご》す　いいかげんに言って、その場をごまかす。

気がおけない　気をつかう必要がない。

しっぽを出す　隠していたことがばれる。

水をさす　うまくいっている仲や物事を、横から邪魔する。

らちがあかない　物事が進まず、決まらない。

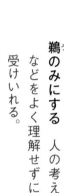

覚えておきたい俳句

松尾芭蕉《まつおばしょう》

江戸時代前期の俳人《はいじん》。旅を続けながら俳諧《はいかい》を作り、俳諧を芸術の域にまで高めた。

古池《ふるいけ》や蛙《かはづ》飛びこむ水の音

静かな春の日、古池に蛙《かえる》が飛び込《こ》み、静けさが破られた。しかし、その後すぐにもとの静寂《せいじゃく》に戻《もど》った。

五月雨《さみだれ》をあつめて早し最上川《もがみがわ》

数々の山や川から五月雨を集めて増水し、すさまじい勢いで流れ下っているよ、最上川は。

おもしろうてやがてかなしき鵜舟《うぶね》かな

おもしろかった鵜飼いも終わると、にぎやかな楽しさの後のもの悲しさを感じる一夜であることよ。

名月や池をめぐりて夜もすがら

中秋《ちゅうしゅう》の名月の美しさに引かれ、池の周りを歩いているうちに、夜を明かしてしまった。

初しぐれ猿《さる》も小蓑《こみの》をほしげなり

山中で冷たい初しぐれに遭《あ》い、小蓑を着た。近くの木にいる猿も、寒くて小蓑を欲しそうだ。

旅に病《や》んで夢は枯野《かれの》をかけ廻《めぐ》る

旅先で病のために床《とこ》に伏《ふ》していても、夢の中で見るのは、枯れ野をかけめぐる自分の旅姿だ。

与謝蕪村《よさぶそん》

江戸中期の俳人。絵画的な作風で、芭蕉の没後《ぼつご》に衰退《すいたい》していた俳諧を復興させた。

春の海終日《ひねもす》のたりのたりかな

春の海は、陽光を浴びて、一日中、静かな波がのたりのたりとうねり続けているよ。

菜の花や月は東に日は西に

一面に広がる菜の花畑に、春の夕暮れがしのび寄る。東の空に月が出て、西の空に夕日が沈《しず》もうとしている。

山は暮れて野は黄昏《たそがれ》の薄《すすき》かな

日が暮れて、山々は暗い影《かげ》になっているが、野にはまだ夕日が当たり、薄の穂《ほ》が光っている。

小林一茶《こばやしいっさ》

江戸後期の俳人。弱者へのいたわりと人間味にあふれた、独特の俳諧を残した。

我と来て遊べや親のない雀《すずめ》

私のところに来て、一緒《いっしょ》に遊ばないか、私と同じように親のない雀よ。

痩蛙《やせがへる》まけるな一茶これにあり

やせた蛙よ負けるな、一茶がここについているぞ。
※春の産卵期に雌《めす》を巡《めぐ》って争う蛙の様子を見て。

名月を取ってくれろと泣く子かな

あの丸い秋の月を取ってくれと泣いてせがむ我《わ》が子のあどけないことよ。

正岡子規《まさおかしき》

明治の俳人・歌人。自然をありのままに詠《よ》む写生俳句を唱え、俳句の革新を進めた。

柿《かき》食へば鐘《かね》が鳴るなり法隆寺《ほふりゅうじ》

法隆寺の門前の茶店で柿を食べていると、寺の鐘《かね》が鳴った。秋の季節をしみじみと感じることだ。

赤蜻蛉《あかとんぼ》筑波《つくば》に雲もなかりけり

赤蜻蛉の群れが飛んでいる。雲ひとつなく澄《す》んだ秋空の下に筑波山が見える。

いくたびも雪の深さを尋《たづ》ねけり

幾度《いくど》も外の雪の深さを家人に尋《たず》ねた。病床《びょうしょう》で寝たきりの身にも、雪の積もる気配は感じられてもどかしい。

種田山頭火《たねださんとうか》

大正から昭和にかけての俳人。放浪《ほうろう》の生活の中で、自由律俳句を詠んだ。

分け入っても分け入っても青い山

行っても行ってもただ青い山が続く。私の惑《まど》いと同じようだ。※出家して行脚《あんぎゃ》する孤独《こどく》な心情が表れている。

うしろ姿のしぐれてゆくか

冬の寒い日、しぐれの中を歩いていく自分の後ろ姿を見つめているもう一人の自分がいる。

夕立やお地蔵さんもわたしもずぶぬれ

夕立の中を歩いてずぶぬれになった。道端《みちばた》のお地蔵さんも私と同じようにずぶぬれだ。

定期テスト対策

得点アップ！ 予想問題

1
この「**予想問題**」で実力を確かめよう！
時間もはかろう

2
「**解答と解説**」で答え合わせをしよう！

3
わからなかった問題は戻って復習しよう！
この本での学習ページ

スキマ時間で漢字と知識事項を確認！
別冊「**スピードチェック**」も使おう

●予想問題の構成

回数	教科書ページ	教科書の内容	この本での学習ページ
第1回	18〜21	立ってくる春	4〜7
第2回	22〜28	なぜ物語が必要なのか	8〜11
第3回	32〜44	私	12〜17
第4回	48〜56	薔薇のボタン	18〜21
第5回	60〜63	メディア・リテラシーはなぜ必要か？	22〜25
第6回	76〜79	AIは哲学できるか	30〜33
第7回	92〜95	async ―― 同期しないこと	38〜41
第8回	96〜102	問いかける言葉	42〜47
第9回	116〜125	旅への思い ―― 芭蕉と『おくのほそ道』――	54〜59
第10回	126〜133	和歌の調べ ―― 万葉集・古今和歌集・新古今和歌集 ――	60〜65
第11回	134〜139	風景と心情 ―― 漢詩を味わう ――	66〜69
第12回	140〜155	最後の一句	70〜75
第13回	166〜171	俳句の味わい／俳句十五句	78〜83
第14回	180〜196	故郷	86〜91
第15回	244〜261	バースデイ・ガール	106〜111

第1回 予想問題

立ってくる春

次の文章を読んで、問題に答えなさい。

解答 37ページ　15分　●7問中　問

祖母の部屋には日めくりの暦ⓐが下げてあった。暦には、二月四日、木曜、立春、の字が並んでいた。

「春って、立つの。」

「立ちますよ。」そう言って、祖母は真面目に頷《うなず》いた。以来①私は、春は立つものだと思うようになったのである。

②立つ春とは、どんなものなのだろう。学校へのみちみち、考えた。人間のかたちをしたものでは、なかろう。空気のようなものか。でも空気は目に見えない。「立つ」と感じるからには、目に見えなくては。本の中にある竜や鬼ⓑや妖怪ⓒに似た、この世のものではない生き物のかたちをしたものか。それも違う、春はもっと柔らかでのほほんとしているから、火を吐いたり金棒をふるったりするものたちの類いではあるまい。春とは、こまかな生気あるものに満ちた、盛り上がるようなものだ。それならば。

歩きながら、晴れた冷たい空気の中に見える遠い富士《ふじ》を眺めつつ、私は「立ってくる春」のかたちを、決めた。

立ってくる春とは、さまざまな小さい生き物でみっしり埋めつくされた一枚の絵のようなものにちがいない。その春が、地平線の向こうにゆっくり上がってくる。最初のころは端っこだけしか地平線近くに見えていないが、太陽がのぼるように、日々次第《しだい》に高くのぼってゆく。そして四月ともなれば、すっかり全天を覆うようになるのである。

これだけのことを決め、ようやく私は満足した。③よしよし。謎は解けた。なるほど春は立つものであろう。まだあんまり見えないけれど、たしかに、今日、ずっと向こうのあの山のあたりに、春が立った。④うんうん。

〈川上《かわかみ》弘美《ひろみ》「立ってくる春」による〉

---

1 ══線ⓐ〜ⓒの漢字の読み仮名を書きなさい。

2 ①私は、春は立つものだと思うようになった とありますが、そのきっかけとなったのはどのようなことですか。

3 ②立つ春とは、どんなものなのだろう。について答えなさい。

(1) 「私」は、「春」について考えるときに、どのようなものと比べていますか。春とは違うと思った具体的なものを、文章中から全て抜き出しなさい。

(2) 「私」は、結局「春」とはどのようなものだと考えましたか。文章中から三十三字で抜き出し、初めと終わりの五字を書きなさい。

4 ③よしよし。④うんうん。とありますが、このとき「私」はどんな気持ちでしたか。その理由もわかるように、文章中の言葉を使って書きなさい。

1	2	3 (1)	3 (2)	4
ⓐ			〜	
ⓑ				
ⓒ				

第2回 予想問題 なぜ物語が必要なのか

次の文章を読んで、問題に答えなさい。

解答 37ページ　15分　●7問中　問

苦しい現実を受け入れるための、物語の役割について考える時、ある一人の青年を思い出します。『犠牲(サクリファイス)わが息子・脳死の11日』(柳田邦男《やなぎだくにお》著)に登場する洋二郎《ようじろう》さんです。文学を愛する感受性豊かな洋二郎さんは、精神の病に苦しみながらも、懸命に生きるための光を見いだそうとします。①ある日の日記にこう記しています。

……ぼくは行きの電車で、孤独な自分を励ますかのように、「樹木」が人為《じんい》的な創造物の間から「まだいるからね」と声を発するかのように、その緑の光を世界に向け発していたのを感じた。

②どこにも居場所を見つけられず、不安に押しつぶされそうになっている青年が、電車の窓に映る樹木と声にならない声で会話を交わしている。③言葉を持たないものの声によって自らを励ましている。

その様子を想像するだけで胸がいっぱいになります。洋二郎さんの心の内には、④彼だけの物語が生み出されていたはずです。彼と現実をつなぎとめるために、どうしても必要な物語だったのでしょう。

残念ながら洋二郎さんは自ら命を絶ってしまいます。脳死状態だった十一日間、父の柳田さんはベッドサイドで息子の日記を読み、樹木との会話の一節に、涙《なみだ》が止まらなくなります。それはこれまで理解してやることができなかった、息子の苦しみの真実にふれる体験でした。⑤洋二郎さんの物語が、死者と生者に別れた親子を、つないだのです。

〈小川《おがわ》洋子《ようこ》「なぜ物語が必要なのか」による〉

---

1 ①ある日の日記 を読んだときの筆者の気持ちがわかる言葉を、文章中から六字で抜き出しなさい。

2 ②どこにも……なっている と同じ内容を表す言葉を文章中から二字で抜き出しなさい。

3 ③言葉をもたないものの声 とありますが、洋二郎さんには、何の、どんな声が聞こえたのですか。

4 ④彼だけの物語 はどんなはたらきをしていたと筆者は述べていますか。「……はたらき。」につながるように、文章中から十字程度で抜き出しなさい。

5 ⑤洋二郎さんの……つないだ とありますが、どういうことですか。次の Ⅰ ・ Ⅱ にあてはまる言葉を、文章中から抜き出しなさい。

父である柳田さんが息子の Ⅰ を読んで、洋二郎さんの Ⅱ にふれる体験ができたということ。

1	2	3	4	5
		何の… どんな声…	はたらき。	Ⅰ Ⅱ

第3回 予想問題 私《わたし》

次の文章を読んで、問題に答えなさい。

解答 37ページ

15分 ●6問中 問

私は電話を切って、カウンターに戻り、心配顔で待っていた女性に、事情を説明した。

「というわけで、情報が二重登録されていたので、一方のデータを消したという実績はあります。ですが、データ自体は①……。」

「つまり、二つあった私のデータの、一つを消したということですね。」

彼女は、私の言葉を遮るように勢い込んで尋ねた。

「……ええ、そうなります。」

「消されたのは、私のデータなのです。」

まるで、存在自体が消されてしまったかのように、彼女は心細げであった。私は彼女の心に寄り添う姿勢を見せるべく、②大きくうなずいた。

「確かに、あなたの情報は消去されました。ですがそれは、二つ存在した全く同じ情報のうちの一つなのです。③どちらが消されても、残った情報はあなた自身のものですよ。」

身ぶりを交え、親身になっていることを強調した私の説明に、彼女は悲しそうに首を振るばかりだ。

「経験していない人には、わからないでしょうね。」

ⓐトクソク状に印字された名前に、彼女は敵意のこもった視線を落とす。危険な兆候だ。その「敵意」が、こちらに向けられないよう、対応はⓑサラに慎重を期さねばならない。

「字面《じづら》が一緒というだけで、ここに記されているのは、『私』の名前ではないんです……。」

「わかりました。それでは、どういった解決策が取れるかを、一緒に考えてみましょう。」

〈三崎《みさき》亜記《あき》「私《わたし》」による〉

1 ‖線ⓐ・ⓑを漢字に直して書きなさい。

2 ①…… に入る言葉を十字以内で考えて書きなさい。

3 ②大きくうなずいた のはなんのためですか。「……ため。」につながるように、文章中から抜き出しなさい。

4 ③どちらが……あなた自身のもの という説明に対し、女性はどのように考えていますか。説明しなさい。

5 「私」の女性への対応の仕方を説明したものとして適切なものを次から一つ選び、記号で答えなさい。

ア 女性の非常識な話に、どう反論するかを考えている。

イ 女性の訳のわからない考え方に、嫌悪《けんお》感を示している。

ウ 女性の言葉に心から共感し、一緒に解決しようとしている。

エ 女性に同意はしていないが、職務上共感を示している。

1	2	3	4	5
ⓐ ／ ⓑ		ため。		

第4回 予想問題 薔薇《ばら》のボタン

次の文章を読んで、問題に答えなさい。

解答 37ページ　20分　●9問中　問

●教p.51・上⑧（こうした経緯があって、……）
●教p.52・下⑧（……薔薇《ばら》のボタンをあらわにした、あの手。）

1 教p.51・上⑪「くしゃくしゃになったピンクの布の塊」とは何ですか。文章中から十一字で抜き出しなさい。

2 教p.51・上⑮「初めて、これがブラウスだとわかった」とありますが、ブラウスとわかる直前と、わかった直後の筆者たちの心情がわかる表現を、文章中からそれぞれ五字で抜き出しなさい。

3 教p.52・上⑥「戦争を知らない世代が抱く戦争のイメージ」とはどのようなものですか。三つに分けて、抜き出しなさい。

4 教p.52・下②「突然……語りたくなった」について答えなさい。

(1) 「回路がつながった」きっかけは何が見えたことですか。十字以内で書きなさい。

(2) 何かを語りたくなったのはなぜですか。文章中の言葉を使って書きなさい。

5 筆者の思いと合うものを次から一つ選び、記号で答えなさい。

ア 新たな遺品を探し出した学芸員のような技術をもちたい。
イ 戦争に対して抱くイメージを変えていかないといけない。
ウ 大切なことを実感をもって伝える存在になりたい。
エ 若い世代に歴史を伝えていく仕事に取り組んでいきたい。

1	2		3			4		5
	わかる直前	わかった直後				(1)	(2)	

第5回 予想問題 メディア・リテラシーはなぜ必要か?

次の文章を読んで、問題に答えなさい。

解答 38ページ

15分 ●7問中 問

第二次世界大戦では、ファシズム国家であるドイツとイタリアと日本は敗れた。その後の裁判で、多くの戦争犯罪が裁かれた。本来なら映画とラジオは、戦争に対して大きな責任があると裁かれねばならなかった。[ⓐ]映画とラジオは被告席に座れない。[ⓑ]責任を追及されなかった。それどころか戦後、映画とラジオは融合して、テレビジョンが誕生する。

技術は進化した。僕たちは今、地球の裏側で起きていることをテレビでライブとして見ることができる。さらに、国境や地域を簡単に飛び越えてしまうインターネットが、メディアにおける新たな要素になった。情報を受信するだけではなく、発信できるようになったことは画期的だ。こうして①メディアは新たな時代を迎える。まさしく今は情報の時代だ。

だからこそ知ってほしい。メディアは便利だけどとても危険でもある。多くの人が情報によって苦しみ、命を奪われてきた。でも、②これは過去形ではない。今も続いている。正しい使い方を知らねばならない。誰のためか。あなたのため。みんなのため。メディア・リテラシーを身につけよう。そしてもしこれに失敗すれば、たぶん③人類はメディアによって滅びるはずだ。

〈森《もり》 達也《たつや》「メディア・リテラシーはなぜ必要か?」による〉

1 [ ]ⓐ・ⓑにあてはまる言葉を次から一つずつ選び、記号で答えなさい。

ア 例えば イ または ウ でも
エ だから オ ところで

2 ①メディアは新たな時代を迎える とありますが、「新たな時代」について次のようにまとめました。[Ⅰ]〜[Ⅲ]にあてはまる言葉を、文章中から抜き出しなさい。

情報の[Ⅰ]も、[Ⅱ]もできる、[Ⅲ]が加わった。

3 ②これは過去形ではない とありますが、「これ」の指す内容を文章中の言葉を使って書きなさい。

4 ③人類はメディアによって滅びる とありますが、筆者はそうならないためにどうすべきだと考えていますか。

1		2			3	4
ⓐ	ⓑ	Ⅰ	Ⅱ	Ⅲ		

第6回 予想問題 AI《エーアイ》は哲学できるか

次の文章を読んで、問題に答えなさい。

解答 38ページ　15分　●4問中　問

そもそも哲学は、自分自身にとって切実な哲学の問いを内発的に発するところからスタートするのである。例えば、「なぜ私は存在しているのか？」とか「生きる意味はどこにあるのか？」という問いが切実なものとして自分に迫ってきて、それについてどうしても考えざるを得ないところまで追い込まれてしまう状況こそが哲学の出発点なのだ。人工知能は、このような切実な哲学の問いを内発的に発することがあるのだろうか。①そういうことは当分は起きないと私は予想する。

＊

しかしながら、もし仮に、人間からの入力がないのに人工知能が自分自身にとって切実な哲学の問いを内発的に発し、それについてひたすら考え始めたとしたら、そのとき私は「人工知能は哲学をしている」と判断するだろうし、人工知能は正しい意味で「人間」の次元に到達したのだと判断したくなるだろう。

哲学的には、自由意志に基づいた自律的活動と、普遍的な法則や真理を発見できる思考能力が、②人間という類の証《あか》しであると長らく考えられてきた。しかしそれらは将来の人工知能によっていずれ陥落させられるであろう。

③人工知能が人間の次元に到達するためには、それに加えて、内発的哲学能力が必要だと私は考えたい。人工知能の進化によって、そのような「知性」観の見直しが迫られている。もちろん、彼らが発する内発的な哲学の問いはあまりにも奇妙で、我々の心に全く響かないかもしれない。この点をめぐって人間と人工知能の対話が始まるとすれば、それこそが哲学に新次元を開くことになると思われる。

〈森岡《もりおか》 正博《まさひろ》「AI《エーアイ》は哲学できるか」による〉

1 ①そういうことは当分は起きない　とありますが、どのようなことが起きないのですか。

2 ②人間という類の証し　であると考えられてきたものを文章中から抜き出し、初めと終わりの五字を書きなさい。

3 ③人工知能が人間の次元に到達するためには　について答えなさい。

(1) そのために必要なものは、2の解答のほかになんだと筆者は考えていますか。文章中から七字で抜き出しなさい。

(2) 人工知能が人間の次元に到達することで、どのようなことが起きると筆者は考えていますか。次から一つ選び、記号で答えなさい。

ア 人工知能が人間の指示を聞かずに勝手に行動すること。
イ 人工知能が発する問いに対し、人間との対話が始まること。
ウ 人工知能が人間と同等の立場を求めて対立すること。
エ 人工知能が人類を今よりも高い次元に導いてくれること。

1	2	3
	〜	(1)
		(2)

第7回 予想問題　async《アシンク》——同期しないこと

次の文章を読んで、問題に答えなさい。

解答 38ページ　15分　●6問中　問

僕たち人間が「調律が狂ってきた」と言うのは、人間的な基準で言っているのにすぎないのではないか。調律というものは、人間が勝手に決めた、人間にとってのいい音を出す作業ではないか。このピアノは、自然が調律した元の形に戻ろうとしたのだ。①人工的な調律から解放された音。いい音だ、とても貴重だと思った。半ば自然に帰ったピアノで「音楽」を奏でることはできないだろうか。

僕は、②サウンドを発する道具として、人間が考案した調律に合わせてつくられた楽器よりも、音楽に加工される以前の音に、これまでよりも興味をもつようになった。今、僕が本当に聴《き》きたい音はどういうものなんだろう。③僕は音を探し始めた。

ニューヨークの自宅スタジオの裏庭で聴こえる鳥の声や雨の音、枯れ葉を踏みしめる音、通勤時間帯の新宿駅の雑踏の音……。さまざまな場所の音を録音し集めてみた。近所の楽器屋さんに行ってシンバルを買ってきて、コップでこすってみて、なにかおもしろい音が出ないかなと試してみた。コップの大きさが変われば、音も全部変わるから、茶碗《ちゃわん》やコーヒーカップ、いろんなコップを集めて音を出してみる。そうすると自分の好きな音が出てくる。他にも、振動しているシンバルの上に紙を置いてみたりした。厚い紙、薄い紙。特にわら紙のような薄い紙はすごくいい音がする。僕は身のまわりのさまざまな物が発する音を楽しみたくなってきた。

〈坂本《さかもと》 龍一《りゅういち》「async《アシンク》——同期しないこと」による〉

---

1 ①人工的な調律とありますが、この「人工」と反対の意味の言葉を、文章中から二字で抜き出しなさい。

2 筆者が②サウンドを発する道具として興味をもったのは、どんな音ですか。文章中から十二字で抜き出しなさい。

3 ③僕は音を探し始めた。について答えなさい。

(1) どんな音を見つけましたか。三つに分けて簡潔に書きなさい。

(2) 音を探した結果、どんな気持ちになりましたか。そのことがわかる一文を文章中から抜き出し、初めの五字を書きなさい。

1	2	3 (1)			3 (2)

第8回 予想問題 問いかける言葉

次の文章を読んで、問題に答えなさい。

解答 39ページ　15分　5問中　問

海外の学校で、質問すること、問いを出すことで新しい世界が現れることを経験した私は、①日本に帰国して、同じようにクラスメイトに単刀直入に疑問を投げかけました。すると、けげんな顔をされることがたびたび起きたのです。皆が同じであることが尊重され、異なる意見をもつこと、異なる意見を出すことはあまり歓迎されない。そういう空気が流れていると思った記憶があります。

日本の社会では、周囲の空気を読み取り、それに素早く溶けこむことが、人と人とのコミュニケーションにとって重要な要件であるとされているように思います。そして周囲に素早く溶けこむためには、何でもすぐに②わかった気になることが求められているようにも思えます。

しかし、わからないものはわからないとして、もやもやが残ったほうがいいのではないでしょうか。何かがおかしい、何か腑《ふ》に落ちないという思い、③そこから疑問が生まれ、問いを発していくことで対話は生まれます。決して結論を押しつけるのではなく、「あなたはどう思いますか?」と投げかける。言葉による問いかけには、閉じた世界に異質なものを投げこみ、新しい風を吹きこむことで、その閉じている世界を開いていく力があるのです。問いを出したり、出されたりすることは、自分の世界とは異なる世界との出会いを生み出すのです。

〈国谷《くにや》 裕子《ひろこ》「問いかける言葉」による〉

1 ①日本に帰国して……投げかけましたとありますが、筆者がこのようにしたのはどんなことを経験したからですか。

2 ②わかった気になると反対の意味を表す言葉を、文章中から六字で抜き出しなさい。

3 ③そこが指すものはなんですか。

4 この文章で、筆者が述べていることをまとめた次の文の［Ⅰ］・［Ⅱ］にあてはまる言葉を、文章中から抜き出しなさい。

問いかける言葉によって、［Ⅰ］が生まれ、自分とは異なる新しい世界と出会い、［Ⅱ］を開いていくことができる。

1	2	3	4 Ⅰ	4 Ⅱ

第9回 予想問題

旅への思い——芭蕉《ばしょう》と『おくのほそ道』——

次の文章を読んで、問題に答えなさい。

解答 39ページ　15分　●14問中　問

①月日は百代《はくたい》の過客《くわかく》にして、行《ゆ》きかふ年もまた旅人なり。②舟の上に生涯を浮かべ、馬の口とらへて老いを迎ふる者は、日々旅にして旅を栖《すみか》とす。③古人も多く旅に死せるあり。予《よ》もⓐいづれの年よりか、片雲《へんうん》の風にⓑ誘はれて、漂泊の思ひやまず、海浜《かいひん》にさすらへて、去年《こぞ》の秋、江上《かうしやう》の破屋にくもの古巣を払《はら》ひて、やや年も暮れ、春立てる霞《かすみ》の空に、白河《しらかは》の関越えむと、そぞろ神《がみ》の物につきて心をくるはせ、道祖神《だうそじん》の招きにあひて、取るもの手につかず。

ももひきの破れをつづり、笠《かさ》の緒《を》付けかへて、三里に灸《きう》すゆるより、松島《まつしま》の月まづ心にかかりて、住める方《かた》は人に譲《ゆづ》りて、杉風《さんぷう》が別《べつ》墅《しよ》に移るに、

④草の戸も住み替はる代ぞ雛《ひな》の家

表《おもて》八句を庵《いほり》の柱にかけおく。

〈「旅への思い——芭蕉《ばしょう》と『おくのほそ道』——」による〉

1 ——線ⓐ・ⓑをそれぞれ現代仮名遣《づか》いに直して、全て平仮名で書きなさい。

2 ①月日は百代の過客にして、行きかふ年もまた旅人なり。の現代語訳となるように、Ⅰ〜Ⅲにあてはまる言葉をあとから選び、記号で答えなさい。

月日はⅠのⅡであり、行くⅢ来るⅢもまた旅人である。

ア 百年　イ 年　ウ 旅人
エ 永遠　オ 新年　カ 観客

3 ②舟の上に生涯を浮かべ、馬の口とらへて老いを迎ふる者 とは、どんな職業の人ですか。現代語で二つ書きなさい。

4 ③古人 とはどんな人のことですか。次から一つ選び、記号で答えなさい。

ア 亡《な》くなった人　イ 古い友人　ウ 昔の人　エ 貧しい人

5 筆者はどこを旅しようとしていますか。それがわかる地名を文章中から二つ抜き出しなさい。

6 ④草の戸も住み替はる代ぞ雛の家 について答えなさい。

(1) この俳句の季語と季節を書きなさい。

(2) この句の内容を説明した次の文のⅠ〜Ⅱにあてはまる言葉を、現代語で書きなさい。

わびしい我が家も住人がⅠことになったよ。自分の住んでいたときとは異なり、Ⅱを飾る家になることだろう。

1	2	3	4	5	6 (1)	6 (2)
ⓐ	Ⅰ				季語	Ⅰ
ⓑ	Ⅱ				季節	Ⅱ
	Ⅲ					

第10回 予想問題

和歌の調べ——万葉集《まんようしゅう》・古今和歌集《こきんわかしゅう》・新古今和歌集《しんこきんわかしゅう》——

次の和歌を読んで、問題に答えなさい。

解答 39ページ　15分　11問中　問

A 玉の緒《を》よ①絶えなば絶えねながらへば忍ぶることの弱りもぞする　式子内親王《しょくしないしんわう》

B 春過ぎて夏来たるらし白たへの衣《ころも》干したり天《あめ》の香具山《かぐやま》　持統天皇《ぢとうてんわう》

C 五月《さつき》待つ花たちばなの香をかげば昔の人の袖の香ぞする　よみ人知らず

D 心なき身にもあはれは知られけり鴫《しぎ》立つ沢《さは》の秋の夕暮れ　西行法師《さいぎやうほふし》

E 袖ひちてむすびし水のこほれるを春立つけふの風やとくらむ　紀貫之《きのつらゆき》

F 銀《しろかね》も金《くがね》も玉も何せむに勝《まさ》れる宝子にしかめやも　山上憶良《やまのうへのおくら》

G 思ひつつ寝《ぬ》ればや②人の見えつらむ夢と知りせば覚めざらましを　小野小町《をののこまち》

1 A〜Gの和歌の中で、恋の心情をよんだ歌を二つ選び、記号で答えなさい。

2 A〜Gの和歌の中で、体言止めを用いている歌を二つ選び、記号で答えなさい。

3 A〜Gの和歌の中で、季節の移り変わりを感じてよまれた歌を二つ選び、記号で答えなさい。

4 A〜Gの和歌の中で、「古今和歌集」の歌を全て選び、記号で答えなさい。

5 ①絶えなば絶えね　の現代語訳としてあてはまるものを次から一つ選び、記号で答えなさい。

ア 絶えるのだろうか、それはわからない。

イ 絶えてしまうのならば、絶えてしまえ。

ウ 絶えてしまうから、なくなることだろう。

エ 絶えてしまうのか、いや、絶えないだろう。

6 ②人の見えつらむ　とありますが、作者はこれはなぜだと考えていますか。現代語で書きなさい。

7 五感のうち、次の感覚を主にはたらかせてよんでいるのは、どの和歌ですか。それぞれ一つずつ選び、記号で答えなさい。

①視覚　②嗅覚

1	2	3	4	5	6	7 ①	7 ②

第11回 予想問題　風景と心情——漢詩を味わう——

次の漢詩を読んで、問題に答えなさい。

解答 39ページ　15分　●10問中　問

A　黄鶴楼《こうかくろう》にて①孟浩然《もうこうねん》の広陵《こうりょう》に之《ゆ》くを送る　李白《りはく》

故人　西のかた黄鶴楼を②辞し
煙花《えんか》三月　揚州《ようしゅう》に下る
孤帆《こはん》の遠影《えんえい》　碧空《へきくう》に尽き
［　　　　　　］

故人西ノカタ辞シ二黄鶴楼一ヲ
煙花三月下ル二揚州一ニ
孤帆ノ遠影碧空ニ尽キ
惟ダ見ル長江ノ天際ニ流ルルヲ

B　春望《しゅんぼう》　杜甫《とほ》

国破れて　山河《さんが》在り
城春にして　草木深し
時に感じては　③花にも涙を濺《そそ》ぎ
別れを恨んでは　鳥にも心を驚かす
烽火《ほうくわ》　三月《さんげつ》に連なり
家書　万金《ばんきん》に抵《あ》たる
白頭　掻《か》けば更に短く
渾《す》べて簪《しん》に勝《た》へざらんと欲《ほっ》す

国破レテ山河在リ
城春ニシテ草木深シ
感ジテハレ時ニ花ニモ濺ギレ涙ヲ
恨ンデハレ別レヲ鳥ニモ驚カスレ心ヲ
烽火連ナリ二三月一ニ
④家書抵万金
白頭掻ケバ更ニ短ク
渾ベテ欲スレ不ざラントレ勝ヘレ簪ニ

1　A・Bの漢詩の形式をそれぞれ書きなさい。

2　A・Bの漢詩で押韻《おういん》している字を、それぞれ順に全て抜き出しなさい。

3　①孟浩然　は詩の中でなんと呼ばれていますか。

4　②辞し　の意味を次から一つ選び、記号で答えなさい。

ア　断る　イ　諦める　ウ　別れを告げる　エ　批判する

5　［　］にあてはまる書き下し文を書きなさい。

6　Aの詩の内容として適切なものを次から一つ選び、記号で答えなさい。

ア　揚州の美しさ　イ　友との別れ
ウ　家族との旅　エ　亡《な》くなった人への哀悼《あいとう》

7　③花にも涙を濺ぎ　とありますが、何を悲しんでいるのですか。考えて書きなさい。

8　④家書抵万金　に、書き下し文を参考にして送り仮名と返り点をつけなさい。

1	2	3	5	6	8
A	A				家書抵万金
B	B	4		7	

第12回 予想問題 最後の一句

次の文章を読んで、問題に答えなさい。

解答40ページ　15分　●8問中　問

与力《よりき》は願い書を佐佐《ささ》の前に出した。それを開いてみて①佐佐は不審らしい顔をした。「いちというのがその年上の娘であろうが、何歳になる。」

「取り調べはいたしませんが、十四、五歳ぐらいに見受けまする。」

「そうか。」佐佐はしばらく書き付けを見ていた。ふつつかな仮名文字で書いてはあるが、条理がよく整っていて、大人でもこれだけの短文に、これだけの事柄を書くのは、容易であるまいと思われるほどである。大人が書かせたのではあるまいかという念が、ふときざした。続いて、上《かみ》を偽《いつわ》る横着者の所為《しょい》ではないかと思議《しぎ》した。それから②一応の処置を考えた。太郎兵衛《たろべえ》は明日の夕方までさらすことになっている。刑をⓐシッコウするまでには、まだ時がある。それまでに願い書を受理しようとも、すまいとも、同役に相談し、上役にⓑウカガうこともできる。またよしやその間に情偽《じょうぎ》があるとしても、相当の手続きをさせるうちには、それを探ることもできよう。とにかく子どもを帰そうと、佐佐は考えた。

そこで与力にはこう言った。この願い書は内見《ないけん》したが、これは奉《ぶ》行《ぎょう》に出されぬから、持って帰って町年寄《まちどしより》に出せと言えと言った。

与力は、門番が帰そうとしたが、どうしても帰らなかったということを、佐佐に言った。佐佐は、そんなら菓子でもやって、すかして帰せ、それでもきかぬなら引き立てて帰せと命じた。


〈森《もり》鷗外《おうがい》「最後の一句」による〉

1 ===線ⓐ・ⓑを漢字に直して書きなさい。

2 ①佐佐は不審らしい顔をした について答えなさい。

(1) 佐佐は、願い書のどういう点を「不審」に感じたのですか。

(2) 佐佐はこのあとどのような疑念を抱きましたか。文章中から十五字で二つ抜き出し、初めと終わりの四字を書きなさい。

3 ②一応の処置 とはどのようなことですか。[Ⅰ]・[Ⅱ]にあてはまる言葉を、文章中からそれぞれ三字で抜き出しなさい。

願い書は[Ⅰ]に提出するように言い聞かせ、子どもたちを[Ⅱ]ということ。

4 この場面から、佐佐はどのような人物だと考えられますか。次から一つ選び、記号で答えなさい。

ア 細かいことは気にせず、時には規則も破る人物。
イ 間違いのないように、決断を先送りにする人物。
ウ 面倒なことが苦手で、なんでも人任せにする人物。
エ 物事が自分中心に進まないと気に入らない人物。

1		2		3		4
ⓐ	ⓑ	(1)	(2) 〜 / 〜	Ⅰ	Ⅱ	

第13回 予想問題　俳句の味わい／俳句十五句

次の俳句を読んで、問題に答えなさい。

解答 40ページ　15分　●11問中　問

A　春の浜大いなる輪が画《か》いてある　高浜《たかはま》虚子《きょし》

B　万緑の中や吾子《あこ》の歯生え初むる　中村《なかむら》草田男《くさたお》

C　卒業の兄と来てゐる堤かな　芝《しば》不器男《ふきお》

D　ものの種にぎればいのちひしめける　日野《ひの》草城《そうじょう》

E　泥鰌《どじょう》浮いて鯰《なまず》も居るというて沈む　永田《ながた》耕衣《こうい》

F　かぶとむし地球を損なわずに歩く　宇多《うだ》喜代子《きよこ》

〈「俳句十五句」による〉

1　Aの句で、作者が「春の浜」で見たものとはなんですか。俳句の中から五字で抜き出しなさい。

2　Bの句について答えなさい。

(1)　この句で対比されている二つの色をそれぞれ漢字一字で書きなさい。

(2)　この句は何についての感動をよんだものですか。次から一つ選び、記号で答えなさい。

ア　夏の暑さ　イ　わが子の成長

ウ　植物の生命力　エ　子ども時代の思い出

3　C・Fの句の季語と季節をそれぞれ書きなさい。

4　Dの句の「いのちひしめける」とはどのような意味だと考えられますか。次の言葉に続くように書きなさい。

作者が手ににぎりしめた無数の種の中に□。

5　次の鑑賞文にあてはまる句をA～Fの中から一つずつ選び、記号で答えなさい。

①　生き物を擬人化し、水の中の世界を空想して楽しんでいる、ユーモラスな句である。

②　新たな一歩を踏み出した家族がまぶしく感じられ、その門出を喜ぶ気持ちをよんだ句である。

1	2	3	4	5
	(1)	C 季語		①
		季節		②
	(2)	F 季語		
		季節		

第14回 予想問題 故郷

次の文章を読んで、問題に答えなさい。

解答 40ページ　15分　●7問中　問

「今は寒いけどな、①夏になったら、おいらとこへ来るといいや。おいら、昼間は海へ貝殻拾いに行くんだ。赤いのも、青いのも、なんでもあるよ。『鬼おどし』もあるし、『観音様の手』もあるよ。晩には父ちゃんと西瓜《すいか》の番に行くのさ。おまえも来いよ。」

「どろぼうの番？」

「そうじゃない。通りがかりの人が、喉が渇いて西瓜を取って食ったって、そんなの、おいらとこじゃどろぼうなんて思やしない。番するのは、あなぐまや、はりねずみや、猹《チャー》さ。月のある晩に、いいかい、ガリガリって音がしたら、猹が西瓜をかじってるんだ。そうしたら手に刺叉《さすまた》を持って、忍び寄って……。」

その時私はその「猹」というのがどんなものか、見当もつかなかった——今でも見当はつかない——が、ただなんとなく、小犬のような、そして獰猛《どうもう》な動物だという感じがした。

「かみつかない？」

「刺叉があるじゃないか。忍び寄って、猹を見つけたら突くのさ。あんちくしょう、りこうだから、こっちへ走ってくるよ。そうして股をくぐって逃げてしまうよ。なにしろ毛が油みたいに滑っこくて……。」

こんなにたくさん②珍しいことがあろうなど、それまで私は思ってもみなかった。海には、そのような五色の貝殻があるものなのか。西瓜には、こんな危険な経歴があるものなのか。私は西瓜といえば、果物屋に売っているものとばかり思っていた。

「おいらとこの砂地では、高潮の時分になると『跳ね魚』がいっぱい跳ねるよ。みんなかえるみたいな足が二本あって……。」

ああ、閏土《ルントー》の心は神秘の宝庫で、私の遊び仲間とは大違いだ。こんなことは私の友達は何も知ってはいない。閏土が③海辺にいる時、彼らは私と同様、高い塀に囲まれた中庭から四角な空を眺めているだけなのだ。

〈魯迅《ろじん》《ルーシュン》／竹内《たけうち》好《よしみ》訳「故郷」による〉

1 ①夏になったら とありますが、閏土は夏には何をすると言っていますか。「昼間」と「夜」について、それぞれ書きなさい。

2 ②珍しいこと について答えなさい。

(1) 文章中にあげられている「私」にとって珍しいものを、三つ書きなさい。

(2) 珍しいことをたくさん知っている閏土のことを、比喩を使って表現している部分を、文章中から十字で抜き出しなさい。

3 ③海辺 と対比的な場所を表す言葉を、文章中から十字で抜き出しなさい。

1		2		3
昼間…	夜…	(1)	(2)	

第15回 予想問題

バースデイ・ガール

次の文章を読んで、問題に答えなさい。

解答40ページ　15分　●5問中　問

「それで、だ。」と老人は言って、枯れ葉色のネクタイの結び目に手をやった。「私としては、お嬢さん、君に何か①誕生日のプレゼントをあげたいと思う。二十歳の誕生日みたいな特別な日には、特別な記念品が必要なんだよ、なんといっても。」

彼女はあわてて首を振った。「お願いですからそんなことは気になさらないでください。私は上の人に言われて、お食事を運んできただけですから。」

②老人はてのひらを前に向けて両手を上げた。「いやいや、君こそ気にしなくていい。プレゼントといっても形のあるものじゃない。値段のあるものでもない。つまりね。」と彼は言って、両手を机の上に置いた。そして一度ゆっくりと息をついた。「つまり、私としては君の願いをかなえてあげたいんだよ、かわいい妖精のお嬢さん。君の望むことをかなえてあげたい。なんでもいい。どんな望みでもかまわない。もちろんもし君に願いごとがあるならということだけれど。」

「願いごと?」と彼女は③乾いた声で言った。

「こうなればいいという願いだよ。お嬢さん、君の望むことだ。もし願いごとがあれば、一つだけかなえてあげよう。それが私のあげられるお誕生日のプレゼントだ。しかしたった一つだから、よくよく考えたほうがいいよ。」老人は空中に指を一本上げた。「一つだけ。あとになって思い直して引っこめることはできないからね。」

彼女は言葉を失った。願いごと? 雨が風に吹きつけられ、窓ガラスに当たって不ぞろいな音をたてた。沈黙が続いている間、老人は何も言わず彼女の目を見ていた。彼女の耳の中で時が不規則な鼓動を刻んでいた。

〈村上《むらかみ》春樹《はるき》「バースデイ・ガール」による〉

1 ①誕生日のプレゼント とありますが、老人が「彼女」にあげようとしている「プレゼント」とはどのようなものですか。

2 ②老人はてのひらを前に向けて両手を上げた。とありますが、このときの老人の気持ちを次から一つ選び、記号で答えなさい。

ア 「彼女」が恐縮する気持ちを和らげようとする気持ち。
イ 驚く彼女をもっと驚かせたいという気持ち。
ウ 拒否反応を示した「彼女」にいらだつ気持ち。
エ 「彼女」の言い分に対し自分の非を認める気持ち。

3 ③乾いた声 について答えなさい。

(1) 「彼女」のどのような気持ちが表れていますか。次から一つ選び、記号で答えなさい。

ア 嫌悪　イ 期待　ウ 喜び　エ 当惑

(2) (1)の気持ちがこのあとさらに強まった様子を表す文を二つ抜き出し、それぞれ初めの四字を書きなさい。

1	2	3
		(1)
		(2) ・

教科書ワーク国語 特別ふろく①

無料アプリ どこでもワーク

国1 国2 国3

こちらにアクセスして，ご利用ください。
https://portal.bunri.jp/app.html

スキマ時間で国語の知識問題に取り組めるよ！

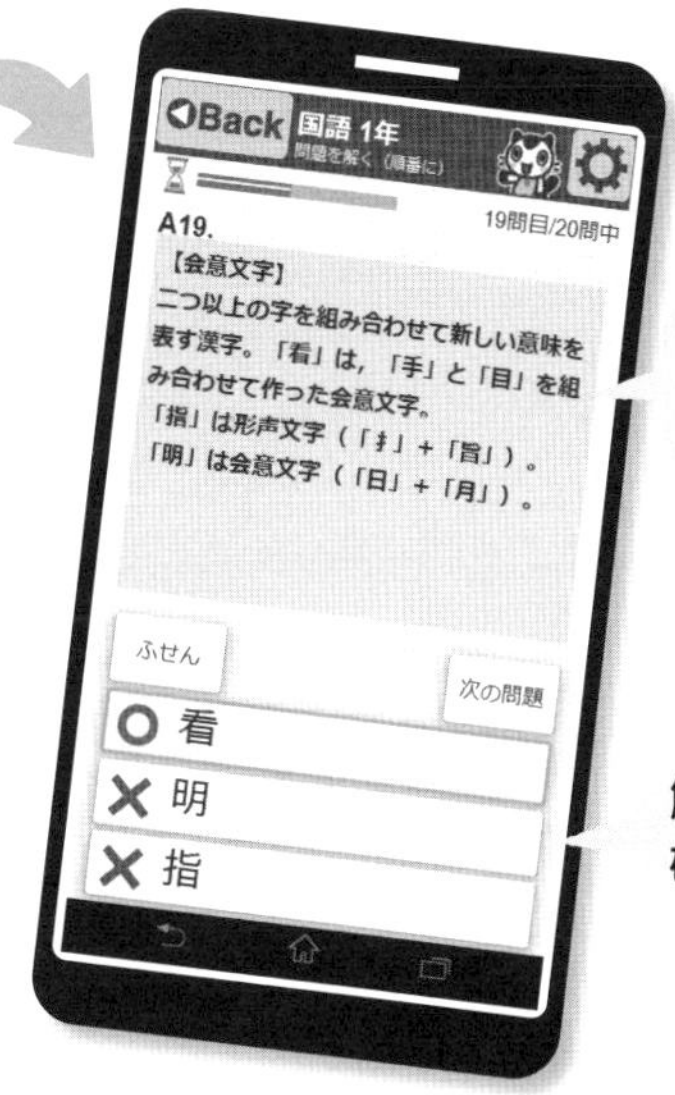

丁寧な解説つき！

解答がすぐに確認できる！

間違えた問題は何度もやり直せるよ！

無料ダウンロード ホームページテスト

無料でダウンロードできます。表紙カバーに掲載のアクセスコードを入力してご利用ください。
https://www.bunri.co.jp/infosrv/top.html

問題▶

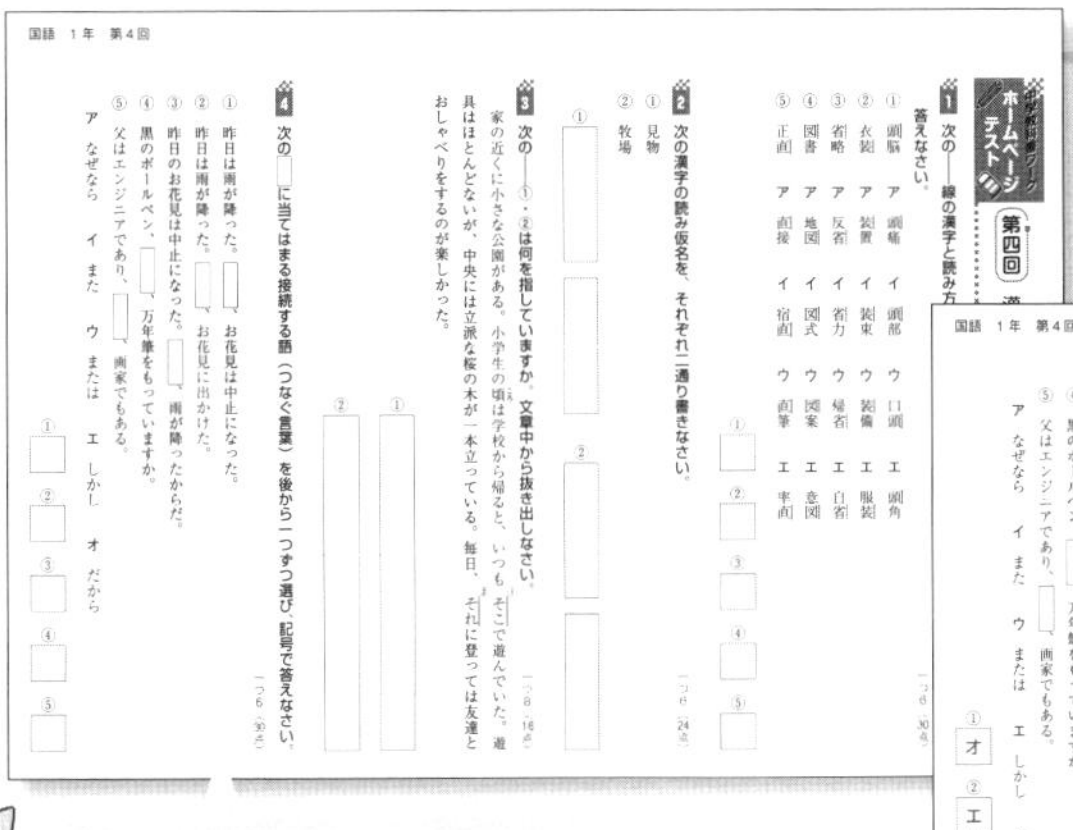

解答が同じ紙面にあるから採点しやすい

▼解答

文法や古典など学習内容ごとにまとまっていて取り組みやすい！

解説も充実！

注意　●アプリは無料ですが，別途各通信会社からの通信料がかかります。
● iPhone の方は Apple ID，Android の方は Google アカウントが必要です。対応 OS や対応機種については，各ストアでご確認ください。
●お客様のネット環境および携帯端末により，アプリをご利用いただけない場合，当社は責任を負いかねます。ご理解，ご了承いただきますよう，お願いいたします。

中学教科書ワーク 解答と解説

この「解答と解説」は、取りはずして使えます。

国語3年 教育出版版

春に

2〜3ページ ステージ1

漢字と言葉

1 ❶うず

2 ❶渦

3 ❶ウ ❷ア ❸イ

教科書の要点

1 ①この気もちはなんだろう ②対句 ③ダム

2 ①エネルギー ②大地 ③あふれよう ④じっとしていたい ⑤もどかしい

おさえよう 〔順に〕イ・イ

基本問題

1 ウ・エ・オ

2 目に見えないエネルギーの流れ

3 もどかしい

4 Ⅰ…ⓐ・ⓒ Ⅱ…ⓑ・ⓓ

解説

1 「この気もちはなんだろう」という言葉が繰り返されているので反復法。

3 未来が待ちきれない思いを一言で表している表現を抜き出す。

4 ⓐ「歩きつづける」、ⓒ「だれかを呼ぶ」は積極的な行動。ⓑ「じっとしている」、ⓓ「黙っている」は消極的な行動。未来に対する前向きな気持ちと不安な気持ちが両方存在していることを捉える。

立ってくる春

4〜5ページ ステージ1

漢字と言葉

1 ❶ぬ ❷こよみ ❸おに ❹ようかい

2 ❶妖怪 ❷縫 ❸暦 ❹鬼

3 ❶ウ ❷エ ❸オ ❹イ ❺ア

教科書の要点

1 立春

2 イ

3 ①生き物 ②太陽 ③全天

4 ①春 ②驚いた（別解驚く） ③立つ ④地平線 ⑤満足 ⑥立春

おさえよう 〔順に〕イ・ア・ア

6〜7ページ ステージ2

1 立つ春とは

2 (1) ウ

(2) 例1まだ寒いのに祖母が春だと言ったから。
例2冬にしか思えないのに、春だと言われたから。

3 例1気温が全く上がらないということ。
例2気温が低いままで寒いということ。

4 〔順に〕のほほん・生気あるもの・盛り上がる

5 (1) 立ってくる 〜 のである。（るのである）

(2) エ

6 水平線から～のような絵

✪解説

1 祖母と話すなかで初めて「立春」という言葉を知った場面と、通学中に「立春」とはどういうものか考える場面とに分けられる。

2 (1)「口をとがらす」のは、不満や不服を表すしぐさ。

(2) 記述対策

・考え方…直前の祖母とのやりとりから、「私」は「まだ冬」だと思っているのに、「今日から春ですよ。」と言われたので、不満を感じていることがわかる。

・書き方…「まだ冬」または「まだ寒い」、「春だと言われた」という二つの要素を含めてまとめる。

3 「寒暖計の赤」とは、温度を示す赤い部分。それが「上がってこない」のだから、気温が低い状態が続いているということである。

4 「私」が「立つ春とは、どんなものなのだろう。」と自問している部分に着目する。人間や空気、竜、鬼、妖怪などと比べながら、「春」について次のように考えている。

・「『立つ』と感じるからには、目に見えなくては。」（→目に見えるもの）

・「春とは、こまかな生気あるものに満ちた、盛り上がるようなものだ。」

・「春はもっと柔らかでのほほんとしている」

5 (1)「これ」は直前の段落全体を指している。

(2) 重要 ――線④の直後に「謎は解けた。なるほど春は立つものであろう。」とあることに着目する。「立つ春とは、どんなものなのだろう。」と疑問を抱いた私は、「立ってくる春」にかたちを与えることで、春を立つものとしてイメージすることができ、満足したのである。よってエが正解。ア「春が立つ理由」については文章中に述べられていないので不適。「私」は、春は目に見えるものだと考えていたので、イ「見えないはずの春」が不適。また「はっきり見えた」わけではない。ウは「たしかに、今日、……春が立った」に一致《いっち》しないので不適。

6 現在の「私」については、最後の段落に書かれている。「立春という言葉を聞くと、反射的に、水平線からゆっくりと立ち上がってくる靄《もや》のような絵を思い浮かべる」とある。

なぜ物語が必要なのか

8～9ページ ステージ1

漢字と言葉

1 ❶かくとく ❷たましい ❸ぎせい ❹あ

2 ❶犠牲 ❷獲得 ❸宛 ❹魂

3 ❶ウ ❷エ ❸オ ❹ア ❺イ

教科書の要点

1 物語

2 受け止める・人生

3 本当に大切な真実

4 ①物語 ②魂の混沌 ③現実 ④親子 ⑤作家 ⑥樹木 ⑦空想の友人 ⑧理性 ⑨心 ⑩文学

おさえよう ［順に］イ・ア

10～11ページ ステージ2

✪

1 ウ

2 (1) アンネ（別解アンネ＝フランク）

(2) 例同世代の悩みを共有している気分で友情に救われているような気持ち。

3 たとえ（肉体は）～てゆく

4 ［順に］安全地帯・（深い）感動

5 物語には時空を超え、人の心をつなぐ役割がある（から。）

6 例混沌とした内面の暗闇に沈んでいる本当に大切な真実こ

光を当てること（ができる。）

7 ・（物語という器を持つことで、）例魂を解放することができる力。

・（他者の物語にふれることで、）例相手の心に深く寄り添うことができる力。

解説

1 重要 「それが作家の原点」の「それ」が指すのは、直前の「日記を読んだ時……大学ノートを買ってきました。」の三文の内容。「私（筆者）」は、「アンネの日記」を読んで、書くことがいかに人の心を解き放つのかを知り、衝撃を受けた。その経験から日記を書くようになり、それが作家になる出発点と考えているのである。

2 (1) 「私は彼女がキティーに語りかけたのを真似《まね》し、アンネに向かって…」とある。

(2) 直後に「時代も立場も飛び越えて、同世代の悩みを共有している気分でした。」とある。「私」は日記を書くことで、心が解放され、救われたような気持ちになっている。

3 「隠れ家生活にあっても、アンネ＝フランクの心は成長」していった。「書く」ことによって「たとえ肉体は狭い場所に閉じ込められていようとも、心はどこまでも豊かに深まってゆく」という「事実」を「アンネの日記」は証明していると筆者は述べている。つまり、日記を「書くこと」がアンネの心の成長を支えたと考えているのである。

4 ――線④のあとから読み取る。「彼ら」とは、洋二郎《ようじろう》さんと、アンネのこと。

5 ――線⑤の直前に「だからこそ、」とあるので「物語には時空を超え、人の心をつなぐ役割がある」が理由にあたる。

6 記述対策

・考え方…――線⑥直前の「本当に大切な真実は、……。その目に見えない何かに光を当てる一つの方法」とある部分に着目する。筆者は、物語に身を置くことでそれが可能になると考えている。

・書き方…――線⑥直前の部分を、言葉を入れ替え簡潔にまとめる。「～こと（ができる）。」という文末にする。

7 「物語という器を持ってさえいれば、……」という部分から、それぞれ読み取る。物語には、自分の「魂を解放」し、「人の心に深く寄り添う」力がある、と筆者は述べている。

私《わたし》／漢字の練習1

12～13ページ　ステージ1

漢字と言葉

1 ❶とくそくじょう ❷とくしゅ ❸きわ ❹すいとうちょう ❺そむ ❻うけたまわ ❼もっぱ ❽なご ❾きそ ❿しょうにか ⓫ゆうば ⓬すけだち

2 ❶間髪 ❷変更 ❸一致 ❹辞儀 ❺蓄積 ❻尋

3 ❶ア ❷ウ ❸イ

教科書の要点

❶ ①私 ②司書

❷ 〔右から順に〕5・4・2・7・1・6・3

❸ ①模範 ②復元 ③個人 ④私

おさえよう 〔順に〕ア・イ・ア

14～15ページ　ステージ2

1 (1) ウ

(2) Ⅰ…不安　Ⅱ…安堵

2 (1) （「）古いほうの督促状は、シュレッダーにかけてもらえますか。（」）

(2) ア

3 エ

4 (1) 例役所のデータが全てなくなってしまったら、「私」

4

という存在そのものも消えてしまうのではないだろうかという想像。

(2) 例1「私」の存在を証明できるのは、データだけだと考えたから。

例2私が「私」であるということを証明できるのは、データがあるからだと考えたから。

解説

1 (1) **重要** 新しい督促データについて、「内容的にはなんら変わりはない」「今までの督促状と一字一句変わらない」とあり、「私《わたし》」は二つのデータは同一でどちらでも変わらないと考えていることがわかる。

(2) 女性は、差し出された新しい督促状に印字された文字を「不安そうな面持ち」で見つめたが、自分の名前だと確信すると「心の底から安堵《あんど》した」様子になっている。この安堵の様子から、この女性が、「私」が同一だと思っているデータには違いがあると考えていることがわかる。

2 (1) 「そう」は直前の女性の言葉を指している。

(2) 新しいデータを見たときの女性の安堵と喜びを踏まえて考える。彼女にとっては新しいデータが本当の自分のデータであるため、それを取り戻せたことを喜んでいるのである。言い換えれば、古いデータは偽物《にせもの》の自分のデータであるため、確実に消してほしいと思ったのである。

3 直前の一文に着目すると、相手の要望を理解し、相手が納得できるような対処をすることを「模範的な市民対応」と言っていることがわかる。ア「市の方針を理解してもらう」、ウ「市民を全て平等に扱い」という内容は書かれていない。イは「私」の考える「模範的な市民対応」とは逆の対応になる。

4 (1) 直前の段落の最後の一文に「もしかしたら、……ではないだろうか?」とあり、仮のことを想像していることがわかる。

(2) 記述対策

・**考え方**… 「私」が女性とのやりとりで気づいたことに着目する。単に「データ」と「個人」の結びつきが深いというだけでは、不十分。「私」の「存在」が「データ」に依存しているという点が、(1)の想像のもとになっている。

・**書き方**… 「『私』(自分)の存在が証明できるのはデータだけ」「データがあるから『私』(自分)の存在が証明できる」という内容であれば正答。

16〜17ページ ステージ3

1 「私」…ア　司書…エ

2 (1) 無感動な表情

(2) 「模範とされる市民対応」からはほど遠いと言わざるをえない。

3 例自分が正当な主張をする利用者であることを司書に理解させようと思ったから。

4 (1) 例(しかるべき部署が、)二重になっている「私」の存在のどちらかを「削除」するということ。

(2) 例どちらが削除されても、同じ「私」なのだから、何の問題もない。

解説

1 **重要** 「私《わたし》」は「貸出データが二重になっているんですね」と言っているので、ア「貸出情報が二つ」が正解。それに対して司書は「いえ、二重になっているのは、データではなく、あなた自身です。」と答えている。これは、「『私』の存在そのものが二重になっている」と説明しているので、エが正解。

2 (1) 「すげない」とは〝愛想がない、そっけない〟という意味で、司書の様子を表したもの。司書の様子を表すこれ以外の言葉に着目すると、「無感動な表情」という描写が二回出てくる。

(2) 同じ段落の最後の一文に「『模範とされる市民対応』からはほど遠い」とある。「市民サービス」の向上を目ざすべき立場でありながら、その意識に欠けていると感じていることがわかる。

3 次の段落に「『正当な主張』をする利用者であることを彼女に理解させるため」とある。彼女が「まるで私が無理な要求をしているとでもいうように」対応したことから、自分の正当性を示すために反論したのである。

4 (1) 記述対策
・**考え方**…「二重状態が解消される」とは、二重になっている「私」の存在の一方が削除されるということ。最後の段落に「しかるべき部署が、どちらかを、『削除』するだろう」とある。
・**書き方**…最後の段落の内容に「二重になっている『私』」などと言葉を加えてまとめる。

(2) 最後の二文に着目する。「私」は、二重になっている「私」はどちらも同じなので、どちらが消えても「何の問題もない。」と考えている。

薔薇《ばら》のボタン

18〜19ページ ステージ1

漢字と言葉

1 ❶かべ ❷ばくふう ❸ひさん ❹ていねい ❺なみだ ❻かたまり ❼しょうちょう

2 ❶丁寧 ❷象徴 ❸涙 ❹壁

3 ❶ウ ❷エ ❸イ ❹ア

教科書の要点

1 〔順に〕広島・ブラウス

2 撮影場所…広島平和記念資料館
撮影年月…二〇一〇年一月
撮影者…石内都（氏）

3 エ

4 ①ブラウス ②遺品 ③おしゃれな服 ④美しかった ⑤美しく ⑥歴史史料 ⑦日常 ⑧イメージ ⑨悲惨さ ⑩学芸員 ⑪（飾り）ボタン ⑫回路 ⑬手

おさえよう 〔順に〕イ・イ

20〜21ページ ステージ2

❶ 1 (1) 遺品・若い女性
(2) 例服が美しかったこと。（別解若い女性の服の美しさ）
例写真が美しかったこと。（別解写真そのものの美しさ）
〔順不同〕

2 原爆の悲惨さを伝える目的のために撮られてきたから（だ。）

3 ウ

4 〔順に〕戦争の遺品・死の瞬間

❷ 1 例筆者が広島平和記念資料館での撮影に立ち会わせてもらった日。

2 ・くしゃくしゃになったピンクの布の塊
・原爆の悲惨さの象徴のようなぼろぼろの布の塊
・色あせて縮こまった布の塊
・固く縮こまった布

3 例1学芸員の手が布の皺を慎重に広げ、赤いボタンが見えたとき。
例2学芸員の女性が慎重に皺を広げて赤いボタンが現れたとき。

4 イ

解説

❶ 1 (1) 重要 48ページ下・⑦「石内氏の写真との最初の出会いは、」で始まる段落で、写真集『ひろしま』を紹介している。
(2) 48ページ・下⑨「驚いたのは」、50ページ上・⑥「もう一つの驚きは、」に着目する。遺品の服たちが美しかった（当時の広島の女性たちがおしゃれな服を着ていた）こと、石内氏の撮った遺品の写真が美しかったことに筆者は驚いている。

2 これまで陰影が強調されたモノクロ写真が多かったのは、原爆の悲惨さを伝える目的で撮られてきたからと述べている。

3 モノクロ写真が相場だった広島の遺品を、石内氏はカラーで撮影していた。石内氏の写真からは「美しく撮る」という意志が感じられ、筆者は「衝撃を受けた」のである。よって正答はウ。アは「被爆した人に申し訳ない」、エ「写真の技術の高さ」については書かれていない。イ「衝撃」を受けたのは石内氏の撮影に対する姿勢に関してだと思われるので、不適切。

4 筆者は、戦争の遺品を歴史史料や資料としてしか見ていなかったことに気づき「はっとしている」。「死の瞬間まで丁寧に営まれていた日常」があったことを実感したのである。

❷

1 「その日」の「その」が指す内容を直前から捉える。

2 「薔薇《ばら》のボタンのブラウス」は、学芸員の手で広げられるまでは「ぼろぼろの布の塊」であった。「布の塊」を表す言葉を51ページ上・⑪〜52ページ下・⑦から四つ順に抜き出す。

3 記述対策

・**考え方**…「回路がつながったように」感じたのは、撮影の場にいた筆者たちである。学芸員が布の塊の皺《しわ》を広げ、「思いがけず赤いボタンが見えたとき」に、「理解し、共感し、何かを語りたくなった」とある。その経験を「回路がつながる」とたとえている。

・**書き方**…学芸員が布の皺を広げて「赤いボタンが見えたとき」という内容でまとめる。

4 学芸員が丁寧に皺を広げたとき、布の塊から赤いボタンが現れ、筆者たちは薔薇のボタンのブラウスを着ていた女性を「身近に感じ」、「時代の気配を感じることができた」とある。学芸員の手は、筆者たちに過去に生きた人たちのことに気づきを与えてくれる象徴だったのである。

構成を考えて主張をまとめる メディア・リテラシーはなぜ必要か？

22〜23ページ ステージ1

★ 基本問題 構成を考えて主張をまとめる

①優先席 ②専用席

★ 教科書の要点 メディア・リテラシーはなぜ必要か？

①カメラの位置（別解視点） ②解釈

③メディア・リテラシー ④メディア

おさえよう 〔順に〕イ・ア

★ 基本問題 メディア・リテラシーはなぜ必要か？

1 (1) 誰…フリードリヒ＝ニーチェ（別解ニーチェ）

言葉…（「）事実はない。あるのは解釈だけだ。（」）

(2) そのもの・視点

2 例情報とは常に、それを伝える人の視点であると意識すること。

3 エ

解説

★ 基本問題 構成を考えて主張をまとめる

〝優先席は必要か〟という課題を提示したあとで、それを解決する方法を主張として述べている。

★ 基本問題 メディア・リテラシーはなぜ必要か？

2 記述対策

・**考え方**…情報は伝える人の視点であると知ることが、メディア・リテラシーの「ファーストステップ」であり「本質」でもあると述べられている。

・**書き方**…――線②直前の内容をまとめ、文末を「……と意識すること。」などとする。

3 人は情報をすぐに真に受けてしまうようにできているので、メディア・リテラシーをもつことが大切、というのが筆者の主張。

24～25ページ ステージ2

1 ①映画 ②ラジオ ③文字メディア

2 (1) 例マスメディアの誕生によって自分たちの生活はより豊かになり、格差や戦争もいつかはなくなるということ。

(2) エ

3 〔順に〕視点・疑い

4 例情報を受信するだけではなく、発信できるようになったこと。

5 例メディアは便利だが危険なものでもあり、今でも多くの人が情報によって苦しみ、命を奪われているから。

解説

1 二十世紀初頭のメディアについては、第一段落で「映像メディア」「通信メディア」「文字メディア」に分けて紹介している。

2 (2)「現実は逆に動いた。」とある。「現実」について具体的に説明しているのは次の段落。次々にファシズムが世界に現れ、それを実現するための宣伝にメディアが使われたのである。

3 **重要** 筆者は、メディアが伝える情報（ここではファシズムのプロパガンダ）を「疑いもなく信じ」こんだ結果、戦争が続いたと述べている。情報は伝える人の視点であると知り、その情報に疑いをもつ「メディア・リテラシー」を身につけていたならば、ファシズムは誕生しなかったと考えているのである。

4 「画期的」とは〝新しい世界を開くさま〟。情報を受信するだけでなく発信できるようになったことを「画期的」と表現している。

5 記述対策

・**考え方**…「もしこれに失敗すれば、たぶん人類はメディアによって滅びるはずだ」とある。「これ」は「メディア・リテラシーを身につけること」を指すので、メディアによって滅びないためにメディア・リテラシーが必要なのだとわかる。

・**書き方**…メディアは便利だが、危険なものなので情報で苦しみ、命を奪われないようにするなど、メディアによって滅びないために必要であるという内容でまとめる。

新聞が伝える情報を考える／漢字の広場1

26～27ページ ステージ1

漢字

1 ❶ごおん ❷とうおん ❸しゅぎょう ❹はんざつ ❺せんちゃ ❻めんぼく ❼きょうもん ❽けびょう ❾きょうせい ❿へいゆ ⓫いちじゅん ⓬きょうげん ⓭じょうみゃく ⓮せいじゃく ⓯ちょっかつ ⓰みぞう

2 ❶肯定 ❷狂言 ❸呪文 ❹奨学 ❺実践 ❻煩雑

基本問題 新聞が伝える情報を考える

1 ①主張 ②見出し ③分量

2 ア

3 1 大坂なおみ・快挙

2 例試合をしてくれて「ありがとう」と敗者を敬う感謝の言葉を述べた。

3 アC イB ウA エC オB

基本問題 漢字の広場1

1 ①呉音 ②漢音 ③唐音

2 ①Aカ Bゲ ②Aリュウ Bル ③Aレイ Bリン

3 ①強 ②名 ③境 ④音 ⑤言 ⑥人 ⑦有 ⑧定

解説

3 **基本問題** 新聞が伝える情報を考える

1・3 大坂《おおさか》なおみ選手がテニスの全米オープンで優勝したときのできごとを、異なる切り口で伝える社説である。A新聞の社説は、大坂選手がさらに強くなる可能性があるということを中心に、B新聞の社説は、大坂選手の優勝は日本テニス界の悲願達成であるということを中心に書かれている。

2 記述対策

・**考え方**…二つの社説とも、試合後の大坂選手の言動をあげている。大坂選手は、セリーナ・ウィリアムズ選手へ「ありがとう」という言葉をかけ、敗者を敬っている。
・**書き方**…敗者を敬っていること、感謝の言葉を述べていることをまとめる。

基本問題 漢字の広場1

1 伝来した古い時期から、呉音→漢音→唐音である。複数の読みをもつ漢字も多いので、用例とともに覚えよう。

2 ①「カ」が漢音、「ゲ」が呉音である。②「リュウ」が漢音、「ル」が呉音である。③「レイ」が漢音、「リン」が唐音である。

3 それぞれの熟語は、①漢音（キョウ）・呉音（ゴウ）、②呉音（ミョウ）・漢音（メイ）、③呉音（キョウ）・漢音（ケイ）、④漢音（イン）・呉音（オン）、⑤漢音（ゲン）・呉音（ゴン）、⑥呉音（ニン）・漢音（ジン）、⑦漢音（ユウ）・呉音（ウ）、⑧漢音（テイ）・呉音（ジョウ）という音読みの組み合わせ。

文法の小窓1 助詞のはたらき

28～29ページ ステージ1

教科書の要点

① ①関係 ②気持ち

② ①体言 ②主語 ③連体修飾語 ④対象 ⑤用言 ⑥限定 ⑦文 ⑧文節 ⑨感動 〔②と③、⑦と⑧は順不同〕

基本問題

1 ①エ ②ア ③ア ④ウ ⑤イ ⑥エ ⑦イ ⑧ウ ⑨ア ⑩ア ⑪イ

2 ①イ ②ウ ③ア ④エ

3 ①ア ②ウ ③エ

4 ①ので・から ②が・けれど ③し・たり 〔それぞれ順不同〕

5 ①イ ②ウ

6 ①ウ ②ア ③イ ④エ

7 ①なあ ②ね ③かしら ④な

8 A接続助詞 B格助詞

解説

1 ①疑問の終助詞。②主語の格助詞。③「運ぶ」に係る連用修飾語を作る格助詞。④対比の副助詞。⑤順接（原因・理由）の接続助詞。⑥疑問を表す終助詞。⑦順接（条件）の接続助詞。⑧限定の副助詞。⑨体言と同じはたらきをする格助詞。⑩主語の格助詞。⑪逆接の接続助詞。

2 ②「を」は、対象の意味を表す連用修飾語を作る。

3 ③「強風で」は、葉が落ちる「原因」を表している。

4 ①順接、②逆接、③並立・同時の関係を表す。

5 ②「ながら」は、「歩く」のと同時に「話す」という意味を表す。

7 終助詞は文や文節の終わりなどについて、感動・疑問・念押し・禁止など話し手（書き手）の態度や気持ちを示す。

8 A順接を表す接続助詞で、「から」は「ので」などと言い換えられる。
B動作や作用の始まりを表す格助詞である。

AI《エーアイ》は哲学できるか

30～31ページ ステージ1

漢字と言葉

1 ❶てつがく ❷ちゅうしゅつ ❸ふへんてき

2 ❶普遍 ❷抽出

3 ❶ウ ❷ア ❸カ ❹キ ❺イ ❻オ ❼エ

教科書の要点

① 人工知能

② 例人工知能によって置きかえられていく可能性。

③ 自由意志に基づいた自律的活動
普遍的な法則や真理を発見できる思考能力 〔順不同〕

4 内発的哲学能力

5 ①人工知能 ②哲学 ③人工知能カント ④哲学的人工知能 ⑤哲学 ⑥内発的 ⑦自律的活動 ⑧思考能力 ⑨陥落 ⑩人間の次元 ⑪内発的哲学能力 ⑫対話

おさえよう 〔順に〕ア・ア

32〜33ページ ステージ2

★

1 過去の哲学者の思考パターンの発見

2 ウ

3 （およそ）人間が考えそうな哲学的思考パターン
過去の哲学者が見逃していた哲学的思考パターン〔順不同〕

4 （この）哲学的人工知能は本当に哲学の作業を行っているのだろうか（。）

5 例自分自身にとって切実な哲学の問いを内発的に発すること。

6 （「）なぜ私は存在しているのか？（」）
（「）生きる意味はどこにあるのか？（」） 〔順不同〕

7 イ

解説

2 人工知能と哲学者の共同作業が成立するから「幸福な」と表現している。

3 「その結果」の「その」が指す内容は前の段落にある。「すると、……。それに加えて、……。」という形で、二つの発見が書かれている。

4 直後で筆者は、「この哲学的人工知能は本当に哲学の作業を行っているのだろうか。」という根本的ともいえる問いを立て、哲学と呼ぶには何が必要か、AIと人間の知能の違いを述べている。

5 記述対策
・考え方…哲学と呼べるために必要なのは、次の段落に書かれている「自分自身にとって切実な哲学の問いを内発的に発する」ことである。
・書き方…「切実な哲学の問い」「内発的に発する」という二つの要素をまとめる。

7 重要 筆者は、哲学的人工知能は内発的に切実な哲学の問いを発することができておらず、「当分は起きない」と述べている。

具体例をもとに説明文を書く／漢字の広場2

34〜35ページ ステージ1

漢字

1 ❶てんぽ ❷やよい ❸こうおつ ❹こうい ❺やきん ❻ぼくめつ ❼りゅうさん ❽ふんきゅう

2 ❶搬入 ❷伯仲

3 ❶さなえ ❷ゆくえ ❸おば（はくぼ） ❹いおう ❺たち ❻さおとめ ❼ふぶき ❽たび ❾ぞうり ❿もめん

教科書の要点 具体例をもとに説明文を書く

1 ①例金属などでできていて、紙などをはさみ、一つにまとめることができる。
②例ゴムでできていて、物を一つにまとめることができる。
共通する特徴（用途）…例物を一つにまとめる。

基本問題 具体例をもとに説明文を書く

★

1 (1) 太陽光・風力・地熱・水力〔順不同〕
(2) 例自然界に存在し、環境に優しく、持続的に使えるという特徴。
(3) 身の回りに

2 イ

基本問題 漢字の広場2

1 ①もより ②でこぼこ

2 ①かわせ・イ ②しにせ・ウ ③かたず・ア

3 ①Aかみて Bじょうず ②Aついたち Bいちにち

解説

1 基本問題 具体例をもとに説明文を書く

1 (2) 「自然界に」以降で、太陽光・風力・地熱・水力などの「再生可能エネルギー」の特徴を一般化して述べている。

(3) 田中《たなか》さんは「再生可能エネルギー」の特徴を踏まえて、文章の最後に、「身の回りにある……と考えています。」と考察を述べている。

2 「再生可能エネルギー」が注目される背景として、書き出しに「四十一・一度。」という日本国内の最高気温をあげて、読み手の興味をひいている。

3 基本問題 漢字の広場2

①B、②Aが熟字訓である。

36～37ページ ステージ1 言葉の小窓1 和語・漢語・外来語 ほか

漢字

1 ❶いかく ❷こどう ❸じょうぞう ❹しんし ❺ちみつ ❻さかのぼ ❼ざんじ ❽じゅんしゅ ❾えいたん ❿かぎあな ⓫しょうぞう ⓬かいしょ

2 ❶項目 ❷弊害 ❸閲覧 ❹中枢 ❺旺盛 ❻該当 ❼勲章 ❽高騰

教科書の要点

1 ①大和言葉 ②日本 ③訓 ④音 ⑤和製漢語 ⑥翻訳 ⑦中国語 ⑧室町 ⑨江戸

基本問題

1 ①和語 ②漢語 ③和製漢語 ④外来語 ⑤和製英語 ⑥混種語

2 ①ア ②ア ③ウ ④ア ⑤ウ ⑥ウ ⑦イ ⑧イ ⑨ウ ⑩イ

3 イ

4 イ

5 ①ウ ②ア ③イ

6 ①和語・外来語 ②漢語・和語 ③漢語・外来語 ④和語・漢語

解説

1 「和語」「漢語」「外来語」は、日本語をその でどころから分類したもの。

2 ①と⑤と⑩、②と⑥と⑦、③と⑧、④と⑨は、それぞれほぼ同じ意味の言葉。語種によって、印象が異なる。

3 「大根」は、和語の「おおね」という言葉を漢字で表して音読みしたもの。中国にも大根はあるが、まったく別の表記になる。

4 イ 「オートバイ」は、「自動」という意味の「オート」と、自転車等を表す「バイク」を合わせて日本で作られた言葉。英語では「motorbike（モーターバイク）」「motorcycle（モーターサイクル）」という。

6 ②「努力」は漢語、「する」は和語。④「古」は「ふる」と訓読みするので和語。「ホン」は「本」の音読み。訓読みではないので注意する。「本」の訓読みは「もと」。

38～39ページ ステージ1 async《アシンク》——同期しないこと

言葉

1 ❶イ ❷ア ❸オ ❹エ ❺ウ

教科書の要点

1 東日本大震災・津波

2 人工的な調律から解放された音

❸ サウンド・ノイズ・音楽〔サウンドとノイズは順不同〕
❹ 同期しない
❺ ①津波　②（人工的な）調律　③音楽　④ノイズ　⑤サウンド　⑥快感　⑦同期しない（音楽）　⑧（人間）社会　⑨不寛容

おさえよう　〔順に〕イ・ア

40〜41ページ　ステージ2

★
1 ア　2 イ
3 例1 同じ方向にまとまる
例2 同期してしまう
4 例 人間は本質的に同期することに快感を覚え、自然と同期するから。
5 (1) 同期しない音楽（別解 合わせない音楽）
(2) 〔順に〕同期しない（別解 多様な）・共存
6 (1) 不寛容
(2) 例1 みんなが同じように行動するのではなく、一人ひとりが個性的な行動をすること。
例2 みんなが行動を合わせるのではなく、個人個人がそれぞれ固有の行動をとること。

★解説

1 第一段落から、筆者が「音」をどのようなものと考えているかが読み取れる。「人間が勝手にこれはいい音、これは悪い音と決めてしまう」とあるので、アはあてはまらない。
2 視覚の「脳が見たいと思っているものだけを見てしまう」ところが、音楽と同じということ。
4 記述対策
・考え方…「どうも人間はネイチャーとして、同期することに快感を覚えるらしく、放っておくと同期をしてしまうらしい。」とある。
・書き方…「人間はもともと同期しやすい存在である」という内容を、「同期」という言葉を使ってまとめる。
5 筆者は、一つ一つの同期しない音楽を共存させることで、「新しい音楽＝同期しない音楽」をつくろうと模索している。
6 (1) 重要 筆者は、音について述べながら、社会について考えている。「一つのテンポに皆が合わせるのではなく」、「固有のテンポをもつ」、固有で多様な音を使って「楽曲という一定のまとまりのあるものをつくる」という表現に注目。「楽曲」を「社会」、「音」は社会を構成する「人間」と置き換えて考えるとよい。
(2) 記述対策
・考え方…直後の「不寛容《かんよう》な時代には、非同期、つまり同期しない音を聴《き》くことが大切なのではないか。」という部分が、筆者が人間社会で大切だと考えること。一人ひとり異なる個性をもつ人が社会という一つのまとまりを作るには、「同期しない」つまり人と異なることを大切にする姿勢が大切だと考えている。
・書き方…「非同期、つまり同期しない音を聴くことが大切」の内容を踏まえ、「音」を「人間社会」に置き換えてまとめる。

問いかける言葉

42〜43ページ　ステージ1

漢字と言葉

1 ❶しちょうしゃ　❷ばいかいしゃ　❸しだい　❹ぎんみ　❺けいこう　❻ふかんよう　❼なや
2 ❶吟味　❷視聴　❸傾向　❹悩
3 ❶ア　❷エ　❸イ　❹オ　❺ウ

教科書の要点

❶ キャスター
❷ 問い
❸ エ
❹ ①問い　②考え　③対話　④自分（というもの）　⑤具体的

⑥考える　⑦同調　⑧自分で考える　⑨異質　⑩疑問　⑪対話
⑫閉じている

おさえよう　〔順に〕ア・ア

44～45ページ　ステージ2

1 例問いかける～はならない
2 〔順に〕明確・共通認識・対話
3 エ
4 例手っ取り早い結論を好むようになる。
例わかったと思った瞬間、考えるのをやめてしまう。
〔順不同〕
5 (1) ある考え方（風が、次第）～ってしまう
(2) 例1人に同調するのを止め、自分で考えるようにさせるはたらき。
例2みんなの同調を止め、自分で考えることをもたらすはたらき。

解説

2 ――線②より前の「具体的な質問は……なるのです。」の一文から読み取る。具体的な質問によって、相手の思考が明確になり、コミュニケーションの基盤となる共通認識の場が形成され、対話が生き生きとするのである。

4 **重要** 直後の「わかりやすく、……。そして、……やめてしまいます。」に注目する。「そして」の前後に二つ書かれている。

5 (1) ある考え方に反対することを、「風向きに逆ら」うと表現していることから捉える。
(2) 記述対策
・**考え方**…最後の段落に「問いかける言葉は、その同調の流れをせき止め、……立ち止まらせます。……、自分で考えることをもたらしてくれるのです。」とあることに着目する。
・**書き方**…同調する人を「立ち止まらせ」、「考えさせる」という二つのはたらきをまとめる。

46～47ページ　ステージ3

1 例多様な人々や、自分とは異なる多様な考え方。
2 (1) 閉鎖的な情報空間
(2) 例1同じような考え方をもった人々とだけ対話し、異なる情報空間にいる人々に対して不寛容になり、排除しようとするようになる。
例2異質なものに出会うこともなく、それによって悩んだり考えたりする機会を失う。
3 〔順に〕（自分たちとは）異なる世界・対話
4 (1) 例筆者が単刀直入に疑問を投げかけたとき。
(2) ウ
5 例疑問が生じ、問いを発するようになり対話が生まれるから。
6 例問いかける言葉を投げかけ対話を生み、異なる世界と出会うこと。

解説

1 記述対策
・**考え方**…「異質なもの」は、ここでは自分とは異なるものを意味する。
・**書き方**…「多様な人々の存在、自分とは異なる多様な考え方が存在している」という部分を踏まえてまとめる。

2 (2) 「閉鎖的な情報空間」にいる人々について述べている部分。閉鎖的な情報空間にいる人々は、同じような考え方の人々とだけ対話をするようになり、異なる情報空間にいる人たちとの間には「分断」が起き、相手に「不寛容」になり、互いを「排除」しようとするようになる、とある。

3 ③を含む文の直後から、「そのきっかけを作るのは、問いかける言葉です。」までで、解決のために必要なことを挙げている。

4 (2) 海外の学校と違い、日本の学校では「けげんな顔」（＝不思議に思っている顔）をされた理由を「皆が同じであることが

尊重され、異なる意見をもつこと、異なる意見を出すことはあまり歓迎されない。」と思った、と述べている。

5 記述対策

・**考え方**…もやもやが残ることで、「そこから疑問が生まれ、問いを発していくことで対話は生まれます。」と述べている。疑問が問いを生み、問いが対話を生むから、わからないままのほうがいいと筆者は考えている。

・**書き方**…「疑問から問いが生まれ、対話が生まれる」という内容をまとめる。

6 「問いかける言葉」で「対話」を生み出すことが閉じている世界を開くことにつながる、という筆者の主張をおさえる。閉じた世界を開くのは、「問いかける言葉」であり、「対話」である。

説得力のある批評文を書く／文法の小窓2

48〜49ページ ステージ1

★**基本問題** 説得力のある批評文を書く

1 例全校生徒に規則正しい生活を呼びかけるため。

2 イ

3 生活につい

4 キャッチコピー

教科書の要点 文法の小窓2

❶ ①ある ②用言 ③判断

❷ ①受け身 ②使役 ③打ち消し ④丁寧 ⑤希望 ⑥たとえ ⑦断定 ⑧推定 ⑨意志

解説

★**基本問題** 説得力のある批評文を書く

1 冒頭に「保健委員会が全校生徒に規則正しい生活を呼びかけるのにふさわしいのは」とある。

2 「Aのポスターがよい」という結論を、文章の冒頭と最後で繰り返している構成。

3 「睡眠の大切さは共感を得やすいのではないか」と考え、Aのポスターを推す根拠として、「学生の睡眠時間」の調査結果の資料を引用している。

4 キャッチコピーという観点から、AとBのポスターを比較している。

50〜51ページ ステージ2

❶ ①ぬ・イ ②そうです・ク ③たい・オ ④ます・ウ ⑤ように・カ ⑥た・エ ⑦まい・コ ⑧せる・ア ⑨だ・キ ⑩よう・ケ

❷ ①ウ ②イ ③エ ④ア

❸ ①イ ②ア

❹ ①ウ ②イ ③ア

❺ イ

❻ イ

❼ ①たがっ ②させ ③でしょ

❽ ①ウ ②エ ③ウ

❾ ①例郵便が届いたのは昨日であると断定している。
②例郵便が届いたのは昨日だろうと推定している。
③例郵便が届いたのは昨日であると人から聞いている。

解説

❶ 助動詞は、活用のある付属語である。それぞれの活用形は、①は連体形、⑤は連用形、その他は終止形である。

❷ 助動詞「れる・られる」の意味は、**受け身**（他から何かをされる）、**可能**（そのことをできる）、**自発**（自然にそうなる）、**尊敬**（動作の主体を敬う）の四つである。文中の意味を一つずつ確かめると、①「自然と思い出す」、②「食べることができそうにない」、③お客様の動作「来る」に敬意を示している、④人から「……される」という意味を表している。

❸ ①「今……した」という意味を表すのは「完了」。②「昨晩」とい

う「過去」の時点の状態（きれい）を表している。

❹「だ」を「な」に置きかえられるものは、形容動詞の活用語尾。体言や「の」につくのは、断定の助動詞。「い」や「ん」についていたら、過去の助動詞「た」が濁ったものであることが多い。

❺「野球部らしい」の「らしい」は推定の意味を表す助動詞。ア・ウ・エの「らしい」は形容詞の一部で、「いかにも……にふさわしい」という意味を表す。

❻「そうだ」には、連用形などに接続し、物事の様子や状態を表す「様態」と、終止形に接続し、人から伝え聞いたことを表す「伝聞」の意味・用法がある。よって接続のしかたの違いから見分ける。「夕立になりそうだ」は、動詞「なる」の連用形についているので様態。

❼指定された意味を示す助動詞を選び、正しく活用させよう。①希望は「たがる」、②使役は「させる」、③丁寧は「です」を選ぶ。

❽①「う」には、意志・勧誘《かんゆう》・推量の意味がある。例文とウは推量で、「たぶん……」という意味を表す。アは勧誘、イ・エは意志。②例文とエは、「ぬ」に置きかえて文意が通じるので、打ち消しの助動詞「ない」。アは形容詞「ない」。イは「ぎこちない」という形容詞の一部。ウは、「遠くはない」のように、「ない」の前に「は」を補えるときは、補助形容詞の「ない」。③例文とウは「……できる」という意味を表すので可能。他は、ア尊敬、イ自発、エ受け身。

❾①断定の「だ」が使われているから、「昨日である」と断定しているとわかる。②「届いたのはどうも昨日らしい」という意味の推定。③「伝聞」は、「昨日届いた」と人から聞いたことを伝える表現である。

言葉の小窓2／ニュースで情報を編集する ほか

52〜53ページ ステージ1

漢字

1 ❶たまわ・もの ❷こくひん ❸わいろ ❹せっそく ❺とうじょう ❻けいこく ❼こうずい ❽つつうらうら ❾ぜんげん ❿はんよう ⓫こうがい ⓬てつさく ⓭さんばし ⓮そしょう ⓯せんさく ⓰ゆし ⓱もうまく ⓲たいじ ⓳いんとう ⓴るいせん

2 ❶民謡 ❷委託 ❸洗濯 ❹許諾 ❺抹消 ❻挟

基本問題 言葉の小窓2

1 ①〔順に〕例お送りした・例お読みになりましたか ②〔順に〕例お会いしたい・例申していました ③〔順に〕例いただいた・例お送りします

2 ウ

3 ①例1いらっしゃいましたら 例2おいでになりましたら ②例召しあがって ③空いていますか ④〇 ⑤〇 ⑥例お帰りになる

4 ①例私がお客様のお写真を拝見します。②例お客様が写真をご覧になります。

教科書の要点 ニュースで情報を編集する

☆〔順に〕画像・アナウンサー・取捨選択

基本問題 実用文を読む

☆ ウ

解説

基本問題 言葉の小窓2

1 動作主は誰かを考えて、敬語を正しく使い分ける。①本を送ったのは「自分」なので謙譲《けんじょう》語、本を読むのは相手なので尊敬語を使う。②「会いたい」のは身内である「父」、「会いたいと言っている」のも「父」なのでどちらも謙譲語を使う。③色鉛筆をもらったのは「自分」、絵を送るのも「自分」なのでどちらも謙譲語を使う。

2 ウ「お聞きになりました」の部分が誤り。話を聞いたのは「私」なので、尊敬語ではなく謙譲語を使う。「お聞きした」「伺《うかが》った」などが適切。

3 ①「おる」は「いる」の謙譲語。「山田様」が「いる」のだから尊敬語を使う。②チーズを食べるのは相手なので、謙譲語「いただく」ではなく尊敬語を使う。③「座席」に敬意を払うのは不自然なので、「空いている」でよい。ただし、話し相手に対して丁寧に言う必要はあるので、丁寧語を使って「空いていますか」とする。④「召しあがる」は「食べる・飲む」の尊敬語。⑤花を与える相手に対する敬意を表すので、謙譲語の「さしあげる」でよい。⑥帰るのは「先生」の動作なので、謙譲語「お帰りする」ではなく尊敬語に直す。

4 ①写真を見るのは「私」なので、謙譲語を使う。②写真を見るのは「お客様」なので尊敬語を使う。

★ **基本問題** 実用文を読む

お知らせしたいのは、「体育館の利用条件の変更」について。変更点がわかりやすく伝わるように工夫するとよい。

旅への思い——芭蕉《ばしょう》と『おくのほそ道』——

54〜55ページ ステージ1

漢字

1 ❶ひょうはく ❷きんき ❸ぼうとう ❹かんがい ❺かかく ❻すす ❼かけい ❽たいざい

2 ❶娯楽 ❷払 ❸譲 ❹隔

教科書の要点

1 ①（松尾）芭蕉 ②紀行 ③江戸

2 ①深川 ②東北 ③北陸 ④大垣 〔②と③は順不同〕

3 ①ワ ②イ ③ウ ④エ ⑤オ ⑥イ ⑦エ ⑧ジ ⑨ズ

4 ①いおり ②えいよう ③きゅうせき ④つわもの

5 ①道祖神 ②山河 ③岩

6 ①旅人 ②すみか ③奥州藤原 ④功名 ⑤山形

おさえよう 〔順に〕ア・イ・ア

56〜57ページ ステージ2

★

1 旅人

2 ⓐとらえて ⓑはらいて

3 舟の上に生涯を浮かべ、馬の口とらへて老いを迎ふる者

4 エ

5 予（も）

6 春・霞〔順不同〕

7 イ

8 道祖神の招きにあひて

9 イ

10 ももひきの〜に灸すゆる

11 (1) 季語…雛 季節…春 (2) エ

12 旅

★解説

1 「月日は百代《はくたい》の過客《くわかく》にして」と「行きかふ年もまた旅人なり」が対句表現になっている。「過客」は旅人のこと。

2 語頭以外の「は・ひ・ふ・へ・ほ」は「わ・い・う・え・お」。

3 「舟の上に生涯を浮かべ」ている者は船頭のこと、「馬の口とらへて老いを迎ふる者」は、馬に人や荷物を乗せて運ぶ馬子《まご》のこと。

4 次の段落で「予《よ》も……思ひやまず」とあるように、芭蕉《ばしょう》自身が旅をしたいと願っていることに注目する。芭蕉は旅に生きることを願い、それを実行した先人に尊敬と憧れを抱いていたのである。

5 「さすらへて」は、「さまよい歩いて」という意味。文頭に「予も」（＝私も）と主語が示されている。

7 「越えむ」は「越えよう」という意志。「白河《しらかは》の関」は、陸奥《むつ》への関所のこと。白河の関を越えて北へと旅をしたいと思っている。

8 対句は対になる言葉や対応する表現を、同じような構造で並べる表現技法。「道祖神《どうそじん》」とは、道路や旅人の安全を守る神のこと。

9 「取るもの手につかず」とは、何かに気を取られて物事に集中できない様子を表す。ここでは旅への思いにとらわれている様子。

10 ももひきの破れを繕ったり、笠《かさ》のひもを付け替えたりと、具体的に身の回りの準備を始め、いよいよ旅に出るのである。

11 (2) 長年暮らしてきた我が家を旅立つにあたってよんだ句。自分がいなくなって住む人が替われば、今度は雛《ひな》人形を飾るような家になるだろうとよんでいる。

12 重要 文章を通して、芭蕉が抱いている旅に対する憧れの気持ちが表現されている。

58〜59ページ ステージ3

❶ 1 エ　2 ②北上川　③衣川（は）　3 (1) さても義臣　(2) ウ

❷ 1 一見すべきよし、人々の勧むるによつて　2 ウ　3 (1) 対句　(2) エ　4 佳景寂寞　5 心澄みゆくのみおぼゆ　6 閑かさ

解説

❶ 3 重要 「兵《つはもの》」とは戦う人のこと。源義経《みなもとのよしつね》の義臣たちが高館《たかだち》に籠もって戦った歴史を思ってよんだ俳句である。今でも変わらず茂っている夏草に比べ、人間の営みのはかなさに心を打たれている。

❷ 1 「一見すべき」だと人に勧められたので、芭蕉《ばしょう》は予定を変更して立石寺《りゅうしゃくじ》まで行くことにしたのである。

4・5 重要 「佳景」とは、よい眺め、よい景色のこと。「寂寞《じゃくまく》」は静かでもの寂しい様子。芭蕉は、立石寺の景色のすばらしさと、澄みわたるような静けさに感動し、ひたすら心が澄みきっていくように感じたのである。

6 静まり返った中で響く蟬《せみ》の鳴き声が、周りの静寂を際立《きわだ》たせているのである。

和歌の調べ——万葉集《まんようしゅう》・古今和歌集《こきんわかしゅう》・新古今和歌集《しんこきんわかしゅう》——

60〜61ページ ステージ1

漢字 1 ❶こきん　❷いの　❸たく　❹さわ

教科書の要点

❶ ①山部赤人　②平安時代前期　③小野小町　④醍醐天皇　⑤鎌倉時代　⑥後鳥羽上皇

❷ ①しろたえ　②あわれ

❸ ①五　②七　③短歌　④長歌　〔①・②は順不同〕

❹ ①初　②四　③四　④初

❺ ①五音　②多くの音数　③複数

❻ ①ウ　②ア　③オ　④イ　⑤エ　⑥カ

おさえよう 〔順に〕ア・ウ・ア・イ

62〜63ページ ステージ2

✪ 1 (1) 白たへの　(2) 〔順に〕緑（別解青）・白　(3) 例夏が来た

2 ウ

3 (1) ウ　(2) かすみ・うぐひす 〔順不同〕　(3) ア・エ 〔順不同〕

4 多摩川にさらす手作り

5 ウ

6 (1) ウ　(2) ア

7 例子どもに及ぶだろうか、いや及びはしない

8 F

解説

✪ 1 (1) 「衣《ころも》」を導く枕詞《まくらことば》になっている。

(2)・(3) 衣の白と対比してよりくっきりと鮮やかに見える若葉の緑に、夏の到来を感じたのである。

2 下の句に「富士の高嶺《たかね》に 雪は降りける」とあるので、富士山に雪が積もっていることがわかる。

3 (1) 三句めが「うら悲し」と形容詞の終止形になっていて、ここで意味が切れている。

(2) 和歌では「かすみ」も「うぐいす」も春の季語になっている。

(3) かすみがたなびいているのを目で見て、うぐいすが鳴くのを耳で聞いている。

4 「さらさらに」を導く序詞《じょことば》になっている。

5 古語の「かなし」は、「悲しい」という意味よりも、「いとしい」という意味で使われることが多い。

6 (1) 「答えかねる」のように、「かねる」には〝～することができない〟という意味がある。

(2) 重要 「防人《さきもり》」とは、九州の警備のために、東国から三年任期で送られる兵士のこと。出発するときに、父母が頭をなでて、無事でいるようにと言ってくれたことを、作者は忘れられないでいる。作者は、イの「なつかしさ」やエの「感謝」のように心落ち着いて親のことを思っているわけではない。ウは、「親のことを忘れてしまいそうになる」の部分が適切でない。

7 「しかめやも」は反語表現であることに注意する。

8 Fの「銀《しろかね》」「金《くがね》」「玉」が「貴重なもの」にあたる。財宝と子どもの価値を比べて、「子どもには及ばない」と歌っている。

64～65ページ ステージ3

❶

1 B三句切れ　C三句切れ

2 〔順に〕袖・水・風

3 エ

4 イ・ウ〔順不同〕

5 どこ…夢（の中）　誰…例恋しい人

6 イ

❷

1 ウ

2 三句切れ

3 出家

4 イ

5 ア

6 例命を長らえると秘めた恋心を隠しきれなくなってしまうから。

解説

❶

1 句切れとは、一首の中の意味上の切れめのこと。Bは〝山里は、冬は寂しさがまさる〟という内容で意味が切れて、そのあとの句でなぜ寂しさがまさるのかという理由を説明している。「まさりける」と連体形になっているのは、係りの助詞の「ぞ」を受けて係り結びになっているためである。

2 「ひちて」は〝水にぬれて〟、「むすび」は〝水などを両手ですくう〟の意味。

3 重要 冬の間は凍っていてすくうことができなかった水は、春の暖かな風によって溶けていることだろう、と冬から春への季節の移り変わりを喜んでいる。

4 「かれぬ」は〝人目（人の往来）がなくなる〟と〝草木が枯れる〟の掛詞《かけことば》である。冬になると里を訪れる人がいなくなり、また、草木も枯れてしまうと二つの理由をあげて、冬の山里の寂しさを歌っている。

5 「思ひつつ」というのは、恋い慕《した》いながらという意味で、ここでの「人」は、恋人を意味する。〝もし夢だとわかっていたならば、目覚めなかったのに〟と歌っていることから、夢で出会ったのだと判断できる。

6 たとえ夢の中ででもいいから会いたい、という作者の切ない恋心が歌われている。

❷

1 「春の夜の夢の」と「の」を繰り返し、歌の終わりは「横雲の空」

と体言（名詞）で止めているので、ウが正解。「夢の浮橋《うきはし》」と「横雲の空」は対句にはなっていないので、アは誤り。二句切れではないので、イは誤り。「春の夜の」は枕詞《まくらことば》ではないので、エは誤り。

2　〝俗《ぞく》世間の感情を断ち切った身であっても、しみじみとした感情をもってしまう〟という内容で意味が切れて、あとの句でそうした気持ちを起こさせる風景がどのようなものなのかを歌っている。三句めの終わりが、「知られけり」と終止形になっていることに着目する。

4　「秋の夕暮れ」と体言止めになっているので、作者が感動しているのは「秋の夕暮れ」の景色である。

5　「玉の緒《を》」とは、命のこと。ここでは自分の命。

6　記述対策

- **考え方**…――線③は「（命が）絶えるなら絶えてしまえ」という意味。下の句の「ながらへば　忍ぶることの　弱りもぞする」が、その理由になる。「忍ぶる」とは、ここでは「恋心を隠す」こと。生き長らえると、恋心を隠す気持ちが弱まってしまうかもしれないという意味。それほど、恋心を隠しているのがつらいということである。
- **書き方**…「恋心を隠し切れない」という内容が書けていればよい。

風景と心情――漢詩を味わう――

66〜67ページ　ステージ1

漢字

1　❶ほうろう　❷しょう　❸かんむり　❹じょじ

2　❶秩序　❷奔放

教科書の要点

1　①五言絶句　②七言絶句　③五言律詩

2　(1)　①七言絶句　②州　③流　④李白　⑤故人（別解孟浩然）　⑥黄鶴楼　⑦三　⑧揚州（別解広陵）　⑨長江

(2)　①五言絶句　②鳥　③少　④孟浩然　⑤春眠　⑥鳥　⑦風雨　⑧花

(3)　①五言律詩　②深　③金　④杜甫　⑤山河（別解山や河）　⑥草木　⑦花　⑧鳥　⑨万金（別解大金）

おさえよう　〔順に〕ア・イ・ア・イ

68〜69ページ　ステージ2

1

1　(1)　ウ　(2)　孟浩然

2　②孟浩然　⑤李白

3　エ

4　ウ

5　イ

2

1　五言律詩

2　〔順に〕深・心・金・簪

3　(1)　例戦乱で都は破壊されたが、山や河などは変わらず存在している。

(2)　城春にして　草木深し

(3)　〔順に〕例人間・例自然

4　例家族

5　烽　火　連《ナリ》㆓三　月㆒

6　ウ

解説

1

1　「故人」とは古くからの友人のことで、ここでは孟浩然《もうこうねん》を示す。

2　「辞する」とは、別れを告げることなので、旅立つ孟浩然の行為。旅立ったあとを見送るのは残された作者＝李白《りはく》である。

4　「碧空《へきくう》」は青空のこと。舟が遠ざかり、青空との境の水平線に吸い込まれるように見えなくなっていく様子を表している。

5　旅立つ友人を見送る場面で、別れの悲しみを歌っている。

❷

3 (1)

記述対策

・考え方…「国破れて」は都が荒廃したこと、「山河在り」は、自然はそのままの姿で変わらずあるということをそれぞれ捉える。
・書き方…戦乱で都の長安が破壊されたことと、それでも山や河などの自然が変わらず存在していることをまとめていればよい。

4 戦乱で離れた家族との別れを恨めしく思っているのである。

5 「烽火《ほうくわ》」はそのままの順番に読むので返り点はつかない。続く三字は、書き下し文を見て、「三」→「月」→「連」の順に読む。二字以上返って読む場合は、一・二点を使う。

6 重要 頭の白髪《しらが》が短く薄くなって、かんざしで冠《かんむり》を髪にとめられそうにないという意味で、自分の老いを感じている。

最後の一句

70〜71ページ ステージ1

漢字と言葉

1 ❶ぼう ❷とぼ ❸うった ❹ぶぎょう ❺あかつき ❻つ・しょ ❼かえり ❽うかが ❾ひか ❿つか ⓫ちんじゅつ ⓬しゃめん

2 ❶裕福 ❷執行 ❸懐中 ❹貫徹 ❺唇 ❻慕

3 ❶イ ❷エ ❸ア ❹ウ

教科書の要点

1 ①いち ②佐佐（佐佐又四郎成意）

2 〔右から順に〕4・5・2・1・3

3 ア・カ〔順不同〕

4 ①斬罪（別解死罪） ②いち ③良心の鏡 ④願い書 ⑤帰らない ⑥条理 ⑦情 ⑧憎悪 ⑨反抗 ⑩生い先 ⑪献身

おさえよう 〔順に〕ア・イ

72〜73ページ ステージ2

★

1 あさって殺される

2 例1子どもを身代わりに父親の命を助けてほしいと奉行に願い出る。
例2お父っさんを助けて、その代わりに子どもを殺してくださいという願い書を奉行に出す。

3 例1どうしたら父親の命を救えるかを考えていた。
例2お父っさんが死なずにすむ方法を考えていた。

4 イ

5 ・例長太郎は父親の本当の子ではないから。
・例父親が長太郎にこの家の跡を取らせようとしていたから。〔順不同〕

6 例死ぬこと。 7 ア

8 例奉行所に願い書を出しに行く。

★解説

2 重要 「そうしよう」は、いちの独り言。このあとで、妹のまつに自分が考えた内容を話している。

3 記述対策

・考え方…このあとで、いちがまつに対してお父っさんを助ける方法を説明していることから、この方法を寝ないで考えていたことが読み取れる。
・書き方…「お父っさん（父親）の命を救う」という内容をおさえてまとめる。

4 周りの人を起こしたくないのは、自分の話を聞かせたくないからである。子ども全員で父親の身代わりになろうという考えなので、母親には内緒にしようと考えたのである。

5 長太郎《ちょうたろう》は血のつながりがないから身代わりになる理由がなく、しかも跡取りを死なせずにすむので、家にとっても都合がよいのである。

6 直後でいちが「そんなら、お父っさんが助けてもらいたくないの。」と反論していることから、まつは、父の身代わりに死ぬのが怖いと思っていることがわかる。

7 「一番鶏《どり》の鳴く頃」とは夜明け前のこと。いちは寝ないで夜通し願い書を書いていたことがわかる。

8 いちがまつに「願い書というものを書いてお奉行様に出す」「私が今夜願い書を書いておいて、あしたの朝早く持っていきましょう」と言っていることから読み取る。

74~75ページ ステージ3

1 (1) イ (2) ウ

2 例1 身代わりの願い出が聞き届けられると、すぐに殺されるため、父の顔を見られないこと。
例2 願い出が聞き届けられると、身代わりの子どもたちはすぐに殺されて父に会えないこと。

3 イ

4 憎悪…ウ 驚異…イ

5 生い先の恐ろしい者

6 ウ

解説

1 (2) 恐ろしい責め道具を見せられても、いちは「少しもたゆたわずに」答えている。「たゆたわず」は「迷わず」という意味。

2 記述対策

・考え方…――線②は、直前の佐佐《ささ》の言葉に対するいちの答えである。佐佐は、願いが聞き入れられた場合、身代わりの子どもたちはすぐ殺されるので父には会えないが、それでもよいかと念を押している。

・書き方…「身代わりの願いが聞き届けられる」「いちたちはすぐに殺される」「父に会えない」という三点をおさえてまとめる。

3 本当に「お上」のことを信じていたら、わざわざつけ足す必要のない言葉である。あえて言っているのは、約束はまちがいなく遂行してもらえますよね、という確認の意味があり、それは権力の正義や高慢を厳しく律する言葉となったのである。

4 重要 奉行という強大な権力者と商人の小娘という関係から考えれば、権力に対してくぎを刺すような発言はありえないものである。それは父を助けたいという強い思いから出たものであって、佐佐はいちの思いの強さと恐れを知らない様子に驚くと同時に、権力に反抗的な態度に憎悪《ぞうお》を感じているのである。

6 「献身のうちに潜む反抗」とあるように、わが身を投げ出してでも父を救おうとする気持ちから、奉行に対しては、反抗的ともいえる強い態度で接している。

漢字の広場3／言葉の小窓3 ほか

76~77ページ ステージ1

漢字

1 ❶み ❷かえり ❸はか ❹すす ❺かお ❻きゅうけいじょ ❼ほんろう ❽きょうい ❾たいかん ❿はっこう ⓫けいちょう ⓬ぞうしょく ⓭しゅうちしん ⓮ひじゅん ⓯そぞう ⓰かくせい ⓱いつわ ⓲こうてつ ⓳しょほうせん ⓴ふごう

2 ❶芳香 ❷収穫 ❸便宜 ❹搾 ❺外堀 ❻藍色

教科書の要点 漢字の広場3

1 ①訓 ②異なる

基本問題 漢字の広場3

1 ①破 ②諮 ③絞 ④診

2 ①A侵 B犯 ②A著 B表

教科書の要点 言葉の小窓3

1 ①単語 ②教訓的

基本問題 言葉の小窓3

1 ①棚 ②棒 ③息 ④板 ⑤峠

2 ①エ ②ア ③カ ④イ

3 ①目 ②舌 ③鼻 ④耳

4 ①ウ ②ア ③エ ④オ ⑤イ

5 イ

解説

1 **基本問題** **漢字の広場3**

異字同訓を書き分けるときは、熟語を考えるとよい。④「診察」という語から、「診る」がふさわしいとわかる。

5 **基本問題** **言葉の小窓3**

「情けは人のためならず」の意味を「情けをかけるのはその人のためにならない」とする誤りが多いので注意。正しくは、「親切にしておけば、相手のためになるだけでなく、めぐりめぐって自分によい報いがくる」という意味。

俳句の味わい／俳句十五句

78〜79ページ ステージ1

教科書の要点

1 ①七 ②十七 ③短い ④句

2 ①初句切れ ②中間切れ ③二句切れ ④句切れなし ⑤破調 ⑥句またがり〔⑤⑥は順不同〕

3 ①感動 ②句切れ

4 ①季節 ②一つ ③歳時記

5 季語

6 ①A・渡り鳥・秋 ②A・螢・夏 ③C・×・× ④B・揚羽・夏 ⑤A・夏草・夏 ⑥A・春の浜・春 ⑦B・木の葉・冬 ⑧A・秋草・秋 ⑨A・蛍・夏 ⑩A・万緑・夏 ⑪A・卒業・春 ⑫A・種・春 ⑬A・蝌蚪・春 ⑭B・鯰・夏 ⑮A・×・× ⑯B・かぶとむし・夏 ⑰B・つくつく法師・秋

おさえよう 〔順に〕ア・イ

80〜81ページ ステージ2

1 (1) みるみるわれの小さくなり

(2) 例小さくなっていくのは渡り鳥のほうなのに、自分が小さくなっているところ。

2 (1) 例1 渡り鳥の目から「われ」を見ている情景に視点を切り替える工夫。

例2 作者の視点から渡り鳥の視点へと、視点を逆転させる工夫。

(2) 渡り鳥の目〜でいる気分

3 A渡り鳥 Bおおかみに

4 (1) エ (2) ユーモラス・幻想的〔順不同〕

5 ⓐ冬 ⓑ夏

解説

1 **重要** 第二段落で「不思議な表現」について説明している。飛び去る渡り鳥を見上げているのだから、ふつうは渡り鳥が小さくなっていくが、俳句では見ている自分が小さくなっていく。そこを不思議だと感じているのである。

2 (1) **記述対策**

・**考え方**…第四段落に「視点を逆転させた」とある。作者の視点から渡り鳥の視点へ変えるという工夫がされている。

・**書き方**…「作者（われ）の視点から渡り鳥の視点へと、視点を逆転させた」という内容でまとめる。

(2) 「このように視点を逆転させたことで、この句を読む人は」に続けて、読んだ人が感じる思いが書かれている。

4 (1) 「実際に作者は狼《おおかみ》を見て句を作ったわけではなく、」とある。実際に見たという内容のア・イ・ウは誤り。

(2) 「一匹の狼に蛍《ほたる》が一つしがみついた場面」を、「ユーモラス」で「幻想的な光景」と述べている。

5 季重なりの句だが、蛍の舞う夏をよんだ句と筆者は述べている。

82〜83ページ ステージ3

❶
1 や
2 A・C・D〔順不同〕
3 E
4 中間切れ
5 ①D ②E ③C ④B ⑤A

❷
1 Ⅰ…B・C Ⅱ…自由律俳句
2 例おたまじゃくしがいる水の中に小石を投げ入れたら、まるで天変地異が起きたように大騒ぎになっている様子。
3 例1決意 例2意志
4 季語…つくつく法師 季節…秋
5 (1) 破調 (2) ア

解説

❶
1 ここでは「夏草や」の「や」が切れ字で、ここでいったん句の表現を切っている。代表的な切れ字には「や・ぞ・かな・けり・ぬ・ず」などがある。
2 夏の季語が手がかりになる。Aの季語は「夏草」、Cは「蛍」、Dは「万緑」である。
3 季節の言葉が一つもない句を探す。Eの渡辺白泉《わたなべはくせん》は無季派の代表的な俳人である。
4 Dの句は二句めの「中や吾子《あこ》の歯」の途中に切れ字の「や」が入っているので、中間切れとなる。
5 ①「色彩の対比」はDの句の万緑の「緑」と吾子の歯の「白」を指している。②Eで「戦争」を擬人化している表現が「独特」だといえる。③Cは「蛍」の発する緑色の光がわかるほど辺りの風景がうす暗がりに包まれていることを捉える。④B「まろぶ」とは、ここでは寝転がっている状態を意味する。秋の草むらに寝転んだ作者は、秋特有の澄み切った青い空がまるで海のように見えたのである。⑤植物が「夏草」、スポーツが「ベースボール」を表している。にぎやかな野球の試合とぐんぐん伸びる夏草の勢いを重ね合わせている。

❷
1 定型の「五・七・五」にあてはまらない句を探す。種田山頭火《たねださんとうか》と尾崎放哉《おざきほうさい》は、二人とも自由律俳句を代表する俳人である。
2 **記述対策**
・**考え方**…小石を水の中に投げ入れた人間の視点ではなく、蝌蚪《かと》（おたまじゃくし）の視点から捉えて「天変地異」と表現していることをつかむ。
・**書き方**…「蝌蚪」でも「おたまじゃくし」でも可。蝌蚪が騒いでいることがわかるように書く。文末は「……様子。」とまとめる。
3 本人の強い思いが感じられる言葉で表現する。
4 季語が定まった頃は旧暦で、現在の新暦よりも一か月ずれていることを理解する。セミ科の昆虫である「つくつく法師」は夏の季語に思えるが、秋の季語。
5 (1) 定型の文字数であっても文節で区切ると大きくくずれている句のことを「破調」または「句またがり」という。
(2) 作者は木の葉が次々と落ちていく様子に、忙しい毎日を送る自分自身を重ね合わせてあせりを感じている。

初恋《はつこい》

84〜85ページ ステージ1

教科書の要点
❶〔順に〕ア・ア
❷〔順に〕七音・五音・七五調・優雅な
❸ ①林檎 ②花櫛 ③花ある君 ④白き手 ⑤ためいき ⑥細道

おさえよう〔順に〕イ・ア

基本問題
★ 1 イ

2 林檎

3 例1「君」が「われ」に林檎を渡したこと。
例2少女が少年に林檎を与えたこと。

4 三

5 イ

★解説

1 ここでの「花」は、「華やかで美しいこと」を意味している。

3 同じ連の一・二行めに注目する。「やさしく白き手」は「君」の手のこと。手をのばして「われ」に林檎《りんご》を渡したのがきっかけで恋心が生まれたのである。

4 **重要**「われ」のためいきが、「君」の髪の毛にかかるというところから、二人の距離がとても近いことがわかる。

5 直前に「問ひたまふこそ」とある。「君」は、細道は「誰が初めに通った跡なのでしょうか」と恋の始まりを思い起こしながら「われ」に尋ねている。

故郷

86～87ページ ステージ1

漢字と言葉

1 ❶ぼっ ❷は ❸おく・もの ❹とうふや ❺はん ❻だんなさま ❼きょうぐう ❽きょうさく ❾すいじ ❿にわとり ⓫えいゆう ⓬すうはい

2 ❶椅子 ❷帽子 ❸渇 ❹掘 ❺茎 ❻貝殻

3 ❶エ ❷イ ❸ア ❹ウ

教科書の要点

1 ①閏土 ②宏児 ③水生 ④楊おばさん

2 〔右から順に〕3・5・2・1・4

3 ①二十 ②寂寥 ③やるせない ④閏土 ⑤神秘の宝庫 ⑥豆腐屋小町 ⑦旦那様 ⑧悲しむべき厚い壁 ⑨目に見えぬ高い壁 ⑩隔絶 ⑪地上の道

おさえよう 〔順に〕ア・イ・イ・ア

88～89ページ ステージ2

1

1 (1) 例わびしい村々が、いささかの活気もなく、あちこちに横たわっている様子。

(2) 寂寥の感

2 もともと故～のだから。〔別解いのだから〕

3 例1（異郷の地へ引っ越すために、）故郷に別れを告げに来たから。
例2住み慣れた古い家と別れ、なじみ深い故郷をあとにするために来たから。

2

1 艶のいい丸顔・血色のいい、まるまるした手 〔順不同〕

2 喜び…例「私」と再会できた喜び。
寂しさ…例「私」との身分の差を感じ、対等になれない寂しさ。

3 ウ

解説

1

1 自分が心に描いていた故郷のすばらしさとは全く違った風景を見て失望したのである。

2 「こう」の指す内容はあとに続く部分。

3 **記述対策**
・**考え方**…直後に「今度は、故郷に別れを告げに来たのである。」とある。
・**書き方**…「故郷」「別れ」などの言葉を使い、文末を「……から。」などとまとめる。

2

1 閏土《ルントー》の顔と手について、現在の様子と比較して書かれている部分から昔の様子を捉える。

2 閏土も「私」との再会を喜んでいるのだが、二人の間にある身分の差を意識して、昔のように話ができないのである。

3 **重要** 昔は親しく呼び合っていた閏土に、「旦那《だんな》様！」と呼ばれたことで、「私」は、自分と閏土は昔のようにはつき合えないことを知ったのである。「悲しむべき厚い壁」とあるように、閏土と自分との立場の違いや、考え方の違いをはっきりと感じ、そのショックで「口がきけなかった」とあるのを捉える。

90〜91ページ ステージ3

★

1 ア

2 イ

3 (1) 宏児・水生 〔順不同〕

(2) 互いに隔絶することのない

(3) ・無駄の積み重ねで魂をすり減らす生活

・打ちひしがれて心がまひする生活

・やけを起こしてのほうずに走る生活 〔順不同〕

4 (1) 手製の偶像・地上の道 〔順不同〕

(2) 例1 あるともないともいえないが、同じ希望をもつ人が増えれば見えてくるもの。

例2 手に入りにくいものだが、同じ希望をもって進む人が増えれば実現するもの。

解説

1 宏児《ホンル》と水生《シュイション》は、身分や地位に関係なく心が通い合っている。それは、昔の「私」と閏土《ルントー》の間柄と同じだと気づいたのである。

2 灰山からわんや皿を掘り出したり、犬じらしを持っていったりした言動から考える。

3 (1) 「彼ら」（宏児と水生）と「私たち」（「私」と閏土）を対比して述べている。

(2) 「せめて彼らだけは、私と違って、互いに隔絶することのないように」と願いを述べている。

(3) 「……のように、……生活をともにすることは（も）願わない」という表現で、三つ続けて書かれている。

4 (1) 「私のいう希望も、やはり手製の偶像にすぎぬのではないか」「それ（＝希望）は地上の道のようなもの」の部分に着目する。

(2) 重要 最後の段落の希望を「地上の道」にたとえた部分に着目する。道も希望も、もともとあるものとは言えないが、歩く人が多くなればそこが道になるように、同じ希望をもつ人が多くなれば希望が現れてくると考えているのである。

自己PR文を書く／漢字の広場4 ほか

92〜93ページ ステージ1

漢字

1 ❶せいれんけっぱく ❷きがじょうたい ❸かせんしじょう ❹こうしょう ❺わようせっちゅう ❻きかがく ❼みんぞくがく ❽すいてき ❾ていこく ❿きかん ⓫ゆいいつ ⓬きどう ⓭ゆうよ ⓮こくふく ⓯へいおん ⓰くうらん ⓱しょくりょう ⓲こうそく ⓳かんそう ⓴ぎょうこ

2 ❶殺菌 ❷厳粛 ❸循環 ❹爽快 ❺栽培 ❻怠

教科書の要点 自己PR文を書く

★ 〔右から順に〕2・1・4・3・5

教科書の要点 表現の工夫を評価してスピーチをする

1 相手・場所・状況 〔順不同〕

2 周りの人の意見を聞くこと・みんなで意見を出し合うこと 〔順不同〕

基本問題 漢字の広場4

1 ①二・一 ②一 ③七・八 ④百・百 ⑤千・万 ⑥三・四

2 ①イ ②カ ③エ ④ア ⑤オ ⑥ウ

3 ①危機一髪 ②〇 ③意味深長 ④試行錯誤 ⑤〇

4 ①じきしょうそう・イ ②ちゅうしゃきんし・エ ③ふんこつさいしん・ア ④きどあいらく・オ ⑤せいりょういんりょう・ウ

解説

1 基本問題 漢字の広場4

四字熟語は、読みと意味を一緒に確認しておこう。①にしゃたくいつ・二つの事柄のうちの一方を選ぶこと。②しゅびいっかん・初めから終わりまで一つの方針で貫かれていること。③しちてんばっとう（しってんばっとう）・苦痛で転げ回ること。④ひゃっぱつひゃくちゅう・全て命中すること。⑤せんさばんべつ・多くの種類があり、皆異なっていること。⑥ちょうさんぼし・目先の違いにこだわり、結局は同じであることに気づかないたとえで、巧みな言葉で人をだますこと。中国の故事による。

3 ①ききいっぱつ・危険が髪の毛一本ほど間近に迫ること。②ごりむちゅう・五里四方もある深い霧の中に立ち、方向を見失うことから、見当がつかないことを意味する。③いみしんちょう・意味が深くて含みがあること。④しこうさくご・何度も行い、失敗を重ねるなかで成功へとつながること。⑤いくどうおん・皆が口をそろえて同じことを言うこと。

4 ①時期がまだ早いこと。③骨を粉にし、身を砕くように努力すること。

学びのチャレンジ

94～95ページ ステージ1

基本問題

1 1 ①（資料）2 ②（資料）1

2 (1) Aイ Bア (2) 心の眼

2 1 (1) 例増えている (2) イ (3) 仕事や勉強が忙しくて読む時間がない (4) 情報機器で時間がとられる

2 (1) 効率 (2) 3 (3) そのため、

解説

1 1 ①は「複数の資料から引用」とあるので、それにふさわしい資料を選ぶ。志村《しむら》氏の論説文は倉田百三《くらたひゃくぞう》やサン＝テグジュペリから文章を引用している。②「筆者の体験談」とは、毛利《もうり》氏が妻と買い物に出かけた際に遭遇したできごとを述べている。

2 (2) 志村氏の文章の最初にある抽象的な言葉を探すと、「心の眼」という言葉がある。

2 1 (2) 年度ごとの割合の差が大きく出ている年代を探す。16～19歳・50代が目立つことに気づく。

(4) 「情報機器で時間がとられる」という理由は、平成20年度では14・8％だったのが、平成25年度では倍近い26・3％となっている。

2 (1) 木村《きむら》さんは時間がないなかでも読書をしたいというテーマで文章を書いているので「効率」があてはまる。

(2) Bの直後の木村さんの文章には「どんなにつまらないと思う本でも最後まで読み通すべきだという考えをもっていました」とあるので、それにふさわしいアドバイスを選ぶ。

(3) 図書館で借りた本を全て読めずに返してしまった、というのが「具体的な体験」といえる。

持続可能な未来を創るために

96～97ページ ステージ1

教科書の要点

1 ①持続可能な開発目標 ②二〇三〇（2030） ③十七（17）

2 ①精密な機械 ②トカゲ ③動的平衡 ④一回性 ⑤死の惑星 ⑥あけぼの ⑦人間 ⑧水の星

おさえよう 〔順に〕ア・イ

☆基本問題

1 (1) 何か不都合が起きるはず（である）

(2) 餌をたくさ

2 ウ

3 例生物がさまざまな物質からできた精密な機械であるという仮定自体がまちがっているという可能性。

☆解説

2 予想に反してマウスに何の不都合も起きなかったことに対して、「いったいこの事実をどう理解したらよいのだろう。」とある。

3 第三段落に着目する。仮定自体がまちがっているという「可能性」が浮かんだのである。仮定については、「生物がさまざまな物質からできた精密な機械であるという仮定。」とある

98〜99ページ ステージ2

❶ 1 動的平衡にあるもの

2 イ

3 例生命の、時間を止めたり、逆戻りしたりできないところ。

❷ 1 地球…四十六億年
人類…三百万年

2 新参者

3 (1) 野蛮人
(2) ①環境汚染 ②共存

❶解説

1 研究によって、生命は時間の流れとともに、変化などを繰り返しながらも一定の平衡が保たれているものであり、一回性の現象であることがわかった。「そのような生命」を筆者は「動的平衡にあるものと呼びたい」と述べている。

3 記述対策

・考え方…「のり付けされた折り紙細工」と似ているのは「生命」で、「再び逆戻りできない」ところが似ている。生命は、時間の流れとともに変化しながらも平衡が保たれていて、一回性の現象だから、逆戻りができないのである。

・書き方…「生命」「時間」「逆戻りできない」という要素をまとめる。

❷

2 「新参者」とは、「新しく仲間に加わったもの」という意味。地球の歴史に新しく加わったのが人類、という文脈である。

3 「あけぼの」とは、「始まり」の意。筆者は、環境汚染や戦争をやめない人類を「野蛮人」と捉えており、「地球上のすべての生物との共存をめざ」すこれからが人類の文明の始まり（あけぼの）と考えているのである。

100〜101ページ ステージ3

☆ 1 ①ア ②カ

2 水の星・蒼い星〔順不同〕

3 (1) 例宇宙からうつした地球の写真
(2) ウ

4 例表面に水がたっぷりと渦まいているのに中は火の玉なこと。

5 例その子孫である人間が地球の自然を大切にしていないから。

6 ア

☆解説

1 星に対して人間のように「孤独な」と表現していることから、①はアの「擬人法」。③は「写真」で終わっているので、カの「体言止め」。

2 「地球」を別の言葉に三字で言いかえているところを探す。

3 (1) 前の連に「……地球を／外からパチリと写した一枚の写真」とある。

(2) 「昔のひと」と現代人とを比較していることを捉える。宇宙から写した地球の写真を見なかった「昔のひと」より、現代人のほうが地球環境に対して意識が高いはずなのに、そうではない現状を作者は嘆いている。

4 作者が不思議だと思っているのは、太陽とのほどよい距離によって水が豊富にあるにもかかわらず、地球の中心部は「火の玉」状となっているという点である。

5 記述対策
・考え方…伝説にあるノアの箱船に積まれた（乗った）人々に我々人類も連なっていると、作者が捉えていることに着目する。その人々は善良であったのに、子孫である私たちはそうではないと言っているのである。
・書き方…「子孫」または「子子孫孫」とする。「地球の美しさを守らない」などでも可。

6 詩の内容を読み取り、適切なものを選ぶ。作者は現代人を「わりあいぼんやりとしている」と表し、「子子孫孫のていたらくを見れば」ノアの箱船によって運ばれた善良な者たちに連なっている者とは到底思えない、と批判している。その批判のなかで、地球が唯一無二の存在であることを様々な表現で描いている。また、大切にされていない今の地球を「どこかさびしげ」と表現し、そこにすむ人間も「さみしいのもあたりまえ」と表現している。

「対話力」とは何か／意見を共有しながら話し合う

102～103ページ ステージ1

教科書の要点 「対話力」とは何か

❶ 対話力
❷ 例自分の考えをもつ。
例人の意見をよく聞き、しっかり受け止める。
例自分の考え方をしなやかに変化させる柔軟さをもつ。
❸ ①多文化共生 ②対話力 ③自分の考え ④応答 ⑤真意 ⑥柔軟さ ⑦出し合い ⑧学び合い ⑨結論

おさえよう 〔順に〕ア・イ

基本問題 意見を共有しながら話し合う

1 持続可能な社会の実現に向けて私たちができること
2 フードマイレージ
3 例誰にでもできるというところ。
4 紙を無駄にしない・節電や節水をする 〔順不同〕
5 ウ

解説

基本問題 意見を共有しながら話し合う

1 司会が「今回の議題は、」に続けてテーマをあげている。
2 「私が考えたのは、フードマイレージです。」と最初に意見を示している。
3 重要 「私は、ナツさんの意見の……賛成です。」と述べ、合意形成へと話し合いの流れを進めている。
4 直前のハルさんの意見をまとめている。
5 フユさんは、「今まであがったものは実際に取り組まれていてすばらしいことですが」とよさを認めたうえで、話し合いを次の段階に進めようという意図で発言している。

104～105ページ ステージ2

1 対話力
2 日頃から
3 イ
4 〔順に〕応答・言葉（別解態度・反応）
5 ・例言葉の背景にある、本当に伝えたいことを把握すること。
・例それまで気づかなかった相手の話の真意に気づくこと。 〔順不同〕
6 ウ

解説

7 互いに、さ〜論を目ざす

1 冒頭の一文で「多文化共生社会において、対話力を高めるためにはどうしたらよいのでしょう」と問いかけている。

2 同じ段落の「日頃から、……。さらに、……。」の二文で、訓練の内容が述べられている。

3 「相手の伝えてきたことを、きちんと受け止めていることを、言葉や態度で示す」＝「応答」。

4 「応答」は「国際社会における当然のルール」であることを伝えるのが、「国際的な会議」の例。

5 記述対策
・考え方…――線④直後の「そのようなとき……。また……。」の部分で、疑問をもつことで可能になることが二つ書かれている。「どのようなことが可能になるか」を問われているので、「……できる」などと書かれている箇所に着目する。
・書き方…「本当に伝えたいことが把握できる」の「相手の話の真意が見える」という二つに分けてまとめる。

6 重要 「相手の意見に……納得したら、逆に積極的にそれを生かし、新たな自分の意見を生み出していく」ことを「しなやかな柔軟性」と表現している。ア「相手の意見にあわせて」、イ「相手から批判されるたびに」の部分が合わない。エ「相手よりもいい意見をもてるように」とは述べていないので誤り。

7 ――線⑥の主張から、筆者は、対話によって意見が変わることを肯定的に考えていることが読み取れる。そのことを最終段落で、「『対話』の意義」としてまとめている。

バースデイ・ガール

106〜107ページ ステージ1

言葉

1 ❶オ ❷ア ❸カ ❹イ ❺エ ❻ウ

教科書の要点

❶ ①彼女 ②老人 ③僕

❷ ①二十歳 ②現在

❸ 〔右から順に〕4・2・6・5・1・3

❹ ①二十歳 ②がっかり ③（フロア・）マネージャー ④オーナー〔別解604号室〕 ⑤不規則な鼓動 ⑥変わった ⑦ノオ

おさえよう 〔順に〕ア・イ・ア

108〜109ページ ステージ2

1 例1 彼女の願いが老人の予想と違っていたので驚いたから。
例2 彼女の願いがいっぷう変わっていて驚いたから。
例3 彼女の願いが普通の女の子が願うようなことではなかったので驚いたから。

2 (1) （もっと）美人になりたい・賢くなりたい・お金持ちになりたい 〔順不同〕
(2) エ

3 ウ

4 イ

5 例 彼女の願いごとをかなえるために思念を集中している。

解説

1 このあとに、老人は「彼女」の願いごとについて「いっぷう変わった願い」「もっと違ったタイプの願いごとを予想していた」と感想を伝え、「驚いた」のだと気持ちを説明している。

2 (1) ――線②の前の「例えば、そうだな」に続けて、具体的な三つの願いごとが書かれている。

(2) **重要** このあとの「彼女」の言葉に着目する。「実際にかなえられてしまって、その結果自分がどんなふうになっていくのか」が「うまく想像できない」と説明している。美人にも、賢くも、お金持ちにもなりたいと言っているので**ア**は誤り。**イ**・**ウ**は文章中に書かれていない。

3 そのあと、「彼女」が自分の気持ちを正直に語っていることに着目。自分の思いを表すのにふさわしい言葉を吟味していたとわかる。

4 少し間をおいて「なるほど。」と繰り返している。「彼女」の言葉を受け止め考えたうえで納得していることが読み取れる。したがって**イ**が正解。**ア**「表面的」、**ウ**「反発」が誤り。また、老人の反応は淡々としていて、**エ**のような「感心」は読み取れない。

5 記述対策

- **考え方**…額にしわをよせた老人は思念に集中するように空中の一点を見つめた。その後、静かにほほえみ、「君の願いはかなえられた」と言っている。したがって、額にしわをよせている間は願いをかなえるために集中していたのだと判断できる。
- **書き方**…「彼女の願いごとをかなえる」という点をおさえてまとめる。

110～111ページ ステージ3

1 ・例願いごとが実際にかなったのかどうかということ。
・例願いごととしてそれを選んだことを、あとになって後悔しなかったかということ。〔順不同〕

2 (1) エ
(2) 例人生はまだ先が長そうで、ものごとのなりゆきを最後まで見届けたわけではないから。

3 例彼女の時間のかかる願いごととはどのようなものかということ。

4 「人間とい

5 イ

解説

1 「別に無理に聞き出すつもりはないよ。」という前置きに続けて、「僕」は二つ質問をしている。

2 (1) 「イエス」とも「ノオ」とも言えない、という意味。
(2) 願いがかなったかどうかは、**まだ最後まで見届けていないので、結論が出ていないため答えられない**と「彼女」は言っているのである。

3 記述対策

- **考え方**…「それ」は、「時間のかかる願いごと」を指している。「僕」は「時間のかかる願いごと」とは何かと考えてみたが、オーヴンで焼かれるパイ料理のイメージしか浮かんでこなかったのである。
- **書き方**…「彼女の願いごと」と「時間がかかること」について話題になっているので、「願いごと」と「時間」という言葉を使ってまとめる。

4 **重要** 最後の「私が言いたいのは。」のあとの「彼女」の言葉に注目する。「**人間は何を望んでも自分以外にはなれない**」という一種の諦めを語っている。

5 「彼女」は自分の「人生」を語るなかで「車のバンパーのへこみ」について話している。「人生」についてふれているのは**イ**と**エ**。「車のバンパーのへこみ」は運転する人には影響のないものなので、大きな問題として示されているわけではない。したがって、**エ**「絶望」とまでは言えない。

青春の歌——無名性の光

112〜113ページ　ステージ1

教科書の要点

❶ ①青春　②眩しさ　③無名性

❷ ①無名者　②かけがえ　③今　④大人　⑤輝き

❸ ①一台分　②無名性　③光　④未来　⑤今　⑥過去　⑦夏

おさえよう　〔順に〕イ・ア

基本問題

1 例友だちよりも自転車一台分、先で止まっている様子。

2 雲を雲と呼びて

3 イ

4 かけがえのない何者か

解説

1 記述対策

・**考え方**…短歌の二句めで「止まりし」とあるので、友だちは自転車を止めていることがわかる。〈私〉は友だちよりも自転車一台分先に進んでから止まったのである。

・**書き方**…「友だちよりも」や「自転車一台分先で止まっている様子」など、短歌の言葉に説明を加えてわかりやすくする。

2 ——線②の直後に「例えば、通勤途中の……想像しにくい。」とあるように、「美しい飛行機雲」や「巨大な入道雲」などを見ても、大人だったらわざわざ立ち止まらないだろう、と筆者は述べている。

3 「自転車一台分」について、筆者は「この短歌のポイント」だと述べている。遠すぎず近すぎない距離だが、決して同じ位置にいないことが、この二人の存在や人生が決して交換できるものではないことを示しているのである。

4 「かけがえのない」とは、「ほかに代わりになるものがいない」「このうえなく大切な」という意味である。

やわらかな想《おも》い

114〜115ページ　ステージ1

教科書の要点

❶ イ・イ

❷ ①笑い声　②涙　③かたまり　④から　〔①〜③は順不同〕

❸ ①笑顔　②沈黙　③光　④深呼吸　⑤言葉　⑥想い

おさえよう　〔順に〕ア・ア

基本問題

1 父の静かな笑顔（から）・母の電話の沈黙（から）・あなたの瞳の中の光（から）・わたしの深呼吸（から）・世界中のいろんな人から　〔順不同〕

2 (1) 赤ちゃんの笑い声・理由のない涙

(2) エ

解説

1 「言葉の記号で／置き換えることのできない想い」が流れ出すところを五つあげている。

2 (2) 重要 「記号」とは「言葉の記号」のこと。言葉で表現できない感情を「柔軟なエネルギーのかたまり」と表現している。

素顔同盟

116〜117ページ　ステージ1

1 例1 誰も自分の心の内を読めない点。

例2 自分がしょんぼりしていることが誰にもわからない点。

2 例 寂しい時は寂しい顔を、悲しい時は悲しい顔をしたいという思い（があったから）。

3 イ

4 自然…森林地帯

人工物…高層ビル

5 例仮面をつけていた

6 (1) 例彼女が仮面を外したこと。

(2) 例仮面を外すことは違法であるから。

7 ウ

8 エ

解説

2 ――線②の直後の一文に着目する。「僕」は、どんな時でもありのままの表情をしていたいと願っていることがわかる。

3 橋がないということは、簡単に向こう側に行くことができないようになっているということである。「僕」が暮らす、川の「こちら側」の世界には、真の「自然」は存在しないことが暗示されている。

4 ――線④を含む段落では、川の対岸と「僕」の暮らす「こちら側」が対比的に描かれている。自然と人工物の対比は、この作品のテーマであり「素顔」と「仮面」もその象徴である。

5 「みんなと同じ笑顔」とある点に着目する。彼女もみんなと同じように笑顔の仮面を着用しているということである。

6 「彼女のその行為《こうい》が違法であることがわかっていながら」とあることから読み取る。仮面を外すことはこの世界では禁じられており、警察に通報されるべき行為だったのである。

7 直後の内容に着目する。同類に出会えた喜び以上に、彼女に声をかけなかったことに対する後悔の気持ちが強く表されている。

8 **重要** 「僕」が仮面を外したいと思うのは、「寂《さび》しい時は寂しい顔を、悲しい時は悲しい顔をしたかった」からである。**イ**「自己主張のために違法であることを進んで行う」や、**ウ**「大人への怒りから社会に反抗」はあてはまらない。

118～119ページ ステージ2

1 〔順に〕仮面・素顔

2 ア

3 (1) 例彼女とまた会うこと

(2) その後も東

4 例仮面を外し、社会や警察から逃れて、川の上流の対岸の森の中で素顔で暮らしている集団。

5 (1) 笑顔の仮面

(2) 例（公園と森を隔てる）川

(3) 例川の上流の対岸で素顔同盟に加わり、素顔で暮らしている。

6 例仮面を捨てて素顔で生きる決心。

解説

1 学校では「仮面に疑問をもつ者はいなかった」が、彼女は公園で仮面を外して素顔になっていたことから考える。

2 **重要** 「僕」は、勇気がなくて彼女に声をかけられなかったことを悔やんでいる。そのため、彼女に非難されているように感じたのである。

3 「僕」は、彼女に会うことをどうしても諦めきれず、もしかしたら会えるかもしれないと、東の公園に通うようになったのである。

4 どういう集団なのかは、直後に説明されている。

5 (1)(2) 同じ段落の一行めに「笑顔の仮面が川に浮いている」とある。

(3) **記述対策**
・**考え方**…彼女の仮面が川に浮いているということは、彼女が上流で川に仮面を捨てたということになる。上流の対岸には素顔同盟があるとうわさされているので、「僕」は、彼女がその集団に加わったと推測したと考えられる。
・**書き方**…「素顔同盟に加わる」「素顔で暮らす」という二点をおさえてまとめる。

6 川の上流には、素顔の彼女がいて、素顔同盟があるはずである。そこに向かって歩く「僕」は素顔で生きることを決めたと考えられる。

語り継ぐもの

120〜121ページ　ステージ1

基本問題

1 (1) そういう思
(2) 例 戦争を知らない若者たちにも繰り返し聴いてもらいたかったから。
2 ウ
3 ア
4 低学年の子どもたちにも理解できる内容
5 例 核兵器の恐ろしさと平和の尊さを強く感じてほしいから。

解説

1 (2) 聴く人が「つらくなって」「二度と聴」かなくなってしまうのを避けるために、筆者は読み方を工夫したのである。

2 筆者が詩を「百パーセント表現してしまったら、聴く人は」「つらくな」り、「耐えきれ」なくなってしまうほど、その内容は深刻なものだったのである。

3 筆者が、原爆詩のCDを制作したり詩の朗読をしたりしている理由を最後の段落から読み取ることができるので、そこから未来ある若者や子どもたちにこめた思いを捉える。

4 「広島編より、低学年の子どもたちにも理解できる内容になった」と、広島編と比べる形で、長崎編の内容が説明されている。

5 記述対策
・**考え方**…直後の内容に着目する。「声にすることで、黙読する時には見えなかったものが見えて」きて、「胸の奥深くまで詩の重さが伝わってくる」とある。
・**書き方**…多くの若者や子どもたちに感じてほしいと筆者が述べている内容を簡潔にまとめる。

言葉の力

122〜123ページ　ステージ1

基本問題

1 ・（言葉も自分も）大事にしていない（人。）
・（言葉が）現実を創っている（ことを知らない人。）
・（言葉は）うそをつくための道具（と考えている人。）
2 イ
3 うそをついている本人
4 例 言葉と自分が一致していない人生は不幸だから。
5 自分そのもの
6 創造する力・心の構え
7 ア

解説

1 このあとの三つの例からそれぞれ捉える。

2 三つの例をふまえると、いずれも言葉を大事にしていないために自分の人生をつらく厳しいものにしていることがわかる。

3 このあとで、「だまされていると気づかないのは、うそをついている本人だ。」とある。

4・5 ——線④の直前には「だから。」、——線⑤の直前には「だからこそ」とあるので、どちらも理由はその前に書かれていることがわかる。

6 最後の段落の内容を捉える。

7 重要 筆者は、根本的な問題は言葉を信じていないところにあると考えている。言葉を信じれば、本当の言葉で自分を語ることができ、自分の人生を確実に創っていけるのである。

言葉でつかんだ世界一

124〜125ページ　ステージ1

基本問題

1 世界ランキング一位
2 エ
3 なるんだ
4 (1) A（ロジャー＝）フェデラー（選手）
B（「）僕よりグランドスラムに近い男――それは、ミスター・クニエダさ。（」）
(2) 例1 健常者と障がい者に垣根はなく、同じスポーツとして分け隔てなく受け止めるという考え方。
例2 健常者も障がい者も同じスポーツとして分け隔てないとする考え方。
5 ウ
6 〔順に〕精神面・連覇を果たす
7 例 いつも大切なところで、自分の自信を高める言葉と出会ってきたこと。
8 イ
9 エ

解説

1 筆者は、「世界ランキング一位に」「なりたい」と言っている。

2 「それ」が指す内容を捉える。「なりたい」ではなく、「なるんだ」と思うこと、を指している。「なりたい」は願望だが、「なるんだ」は強い意志を表している。クイン氏は、曖昧な願望ではなく、強い意志をもつことの大切さを伝えているのである。したがってエが正解。

3 「そこで、」とあることに着目する。直前のクイン氏の言葉を受けて行動していることから、クイン氏のアドバイスを実行したのだと読み取れる。筆者は、世界一に「なるんだ」という気持ちをいつも忘れないようにしようとしたのである。

4 (1) ここでは、ロジャー＝フェデラー選手と会ったときのことが述べられているので、Aはロジャー＝フェデラー選手。また「その後、……言葉を贈《おく》ってくれた」とあるので、Bには、これよりあとのフェデラー選手の言葉が入る。
(2) フェデラー選手の言葉の直後に「このフェデラー選手の言葉には、……という考え方が表れている。」と説明されている。

5 クイン氏の言葉は、筆者の緊張が最高潮に達していたときにかけられたもの。「緊張する」ということを「戦闘《せんとう》準備ができている証拠」と、試合を前に準備が整っているというよい方向に解釈している。これによって、筆者は無理に緊張をほぐそうとしたり、忘れようとしたりする必要がなくなり、緊張をよいものとして受け止めて試合に臨めたのだと考えられる。したがってウが正解。

6 同じ段落の最後の一文に着目する。リハビリのつらさや孤独に耐えたおかげで「精神面」が鍛えられ、それが「連覇《れんぱ》」につながったのだと説明されている。

7 **重要** 「これが、世界一を実現した力」とあるので、「これ」が指す内容をここより前から探すと、直前に「いつも大切なところで、自分の自信を高める言葉と出会ってきた。」とある。筆者は、「自信を高める言葉」が自分を支え、世界一という最高の結果に到達する力になったと考えているのである。

8 筆者は、障がい者になっても、それが「今の自分の原点だ」と考えて、「この命ある限り、思いっきり使ってやろう。」と前向きに捉えている。そして、クイン氏やフェデラー選手の言葉と出会って自信を高めながら、世界一になったのである。

9 北京《ペキン》パラリンピックは二〇〇八年、ロンドンオリンピックは二〇一二年に開催され、筆者は連覇を果たしている。

プラスワーク 聞き取り問題① 話し合い

126ページ

〔解答の漢字や片仮名《かな》の部分は、平仮名で書いてもかまわない。〕

(1) 例新しくできる公園の名前
(2) 例公園を利用するのは主に子供たちだから。
(3) 例地元で親しまれている場所
(4) 例少し堅《かた》い印象。
(5) イ

解説

(3) 全員の提案が出された後で、司会が内容を整理している言葉に注意する。
(4) 丸山《まるやま》さんは、「花山神社《はなやまじんじゃ》公園」という名前について、「少し堅《かた》い印象の名前だと思いました」と、自分が感じたことを述べている。
(5) 丸山さんは「田中《たなか》さんの案にある、『ふれあい』という言葉はとてもよい」と述べているので、イが正解。アは「別の案を出している」が、ウは「事実と異なると反論している」が、エは「自分も案を挙げている」がそれぞれ誤り。

放送文

それでは、聞き取り問題を始めます。
これから、グループでの話し合いの内容と、それについての問題を五問、放送します。放送は一回だけ行います。聞きながら、メモをとってもかまいません。それでは、始めます。

司会　これから、「新しくできる公園の名前」について話し合います。私たちの住む花村《はなむら》市では、今年新しくできる公園の名前を募《ぼ》集《しゅう》しています。校長先生の呼びかけで、各クラス、一つずつ案を出すことになりました。皆《みな》さん、順番に発表してください。まずは田中《たなか》さんからどうぞ。

田中さん　田中です。私は、「ふれあいわんぱく公園」という名前を提案します。公園を利用するのは主に子供たちなので、子供たちにわかりやすい名前がよいと思ったからです。

司会　では次に、林《はやし》さんお願いします。

林さん　林です。私は「花山神社《はなやまじんじゃ》公園」という名前を提案します。公園の隣《となり》の花山神社は、地元ではよく知られています。名前を聞いただけで公園の場所がわかるのがよいと思います。

司会　最後に、丸山《まるやま》さんどうぞ。

丸山さん　丸山です。私は「けやきの丘《おか》公園」という名前を提案します。公園ができる丘には、美しいけやき並木があり、市民に親しまれています。並木の風景は公園の特徴《とくちょう》にもなると思います。

司会　それでは、出された提案を整理したいと思います。田中さんは「ふれあいわんぱく公園」という案でした。子供たちにわかりやすい名前がよいという理由です。林さんは「花山神社公園」、丸山さんは「けやきの丘公園」という案ですね。どちらも地元で親しまれている場所から名づけています。田中さんの提案は、子供たちにわかりやすい名前、という点でほかの二つと異なります。皆さん、何か意見はありますか。はい、林さん。

林さん　田中さんの「ふれあいわんぱく公園」の案についてですが、公園を利用するのは主に子供たちだという点に疑問があります。私は毎朝家の近くの公園でジョギングをしていますが、大人の人をたくさん見かけます。公園は、幅《はば》広い世代が利用するのではないでしょうか。田中さん、どうですか。

田中さん　確かに林さんの言うとおりですね。いろいろな世代の人が親しみを感じる名前のほうがよいかもしれません。

司会　丸山さんは、何か意見がありますか。

丸山さん　林さんの「花山神社公園」は、少し堅《かた》い印象の名前だと思いました。中学生の私たちが考えるのだから、もう少し親しみやすい名前がよいのではないでしょうか。林さん、どう思いますか。

林さん　堅い印象、と言われると、確かにそうかもしれません。

司　会　丸山さん、もう少し親しみやすい名前がよいということですが、ほかに名前の案はありますか。

丸山さん　はい。田中さんの案にある、「ふれあい」という言葉はとてもよいと思います。私と田中さんの案を合わせて「けやきの丘ふれあい公園」はどうですか。

林さん　うん、よい響《ひび》きだと思います。私は賛成です。

田中さん　田中です。私も賛成です。

問題文

以上で、話し合いは終わりです。それでは、問題です。

(1)　校長先生の呼びかけとは、どのような内容でしたか。解答欄《らん》にあてはまる言葉を書きなさい。

解答文　花村《はなむら》市に□は何がよいかを考えて、各クラスから一つずつ案を出すこと。

(2)　田中《たなか》さんが「子供たちにわかりやすい名前」がよいと思ったのは、なぜですか。

(3)　司会が話していた、林《はやし》さんと丸山《まるやま》さんの提案の共通点を、解答欄にあてはまるように書きなさい。

解答文　□から名づけた点。

(4)　丸山さんは、林さんの「花山神社《はなやまじんじゃ》公園」という名前の案に対して、どのような印象だと述べていましたか。

(5)　この話し合いの内容としてあてはまるものを、次の**ア・イ・ウ・エ**から一つ選び、記号で答えなさい。

ア　田中さんは林さんの意見を受けて、別の案を出している。

イ　丸山さんは、田中さんの案のよいところを指摘《してき》している。

ウ　丸山さんは林さんの意見に対して、事実と異なると反論している。

エ　司会は全員の提案がそろった後に、自分も案をあげている。

これで、聞き取り問題を終わります。

プラスワーク　聞き取り問題②　グループ・ディスカッション

127ページ

〔解答の漢字や片仮名《かな》の部分は、平仮名で書いてもかまわない。〕

(1)　立場……反対
理由……例プラスチックのごみによる環境破壊《かんきょうはかい》

(2)　例軽くて（お年寄りや子供でも）持ち運びしやすいこと。
例一度開けてもふたを閉めることができること。〔順不同〕

(3)　例落ちても割れにくい点。

(4)　例1外国に頼《たよ》っている
例2国内で完全にリサイクルできていない

(5)　ウ

解説

(4)　和田《わだ》さんは、プラスチックごみの処理が国内では完全にできないため、外国にごみを輸出していると述べている。

(5)　和田さんは小川《おがわ》さんの意見に対して、「確かに……」と認めているので**ウ**が正解。**ア**は「議論に偏《かたよ》りが出ないよう呼びかけている」が、**イ**は「インターネットで調べて」が、**エ**は「あくまでも受け入れていない」がそれぞれ誤り。

放送文

それでは、聞き取り問題を始めます。

これから、グループ・ディスカッションの内容と、それについての問題を五問、放送します。放送は一回だけ行います。聞きながら、メモをとってもかまいません。それでは、始めます。

司　会　これから「ペットボトルを使うことに賛成か反対か」について話し合いたいと思います。発言する人は、最初に自分の立場を明らかにしてから意見を述べてください。はい、和田《わだ》さん。

和田さん　私は、ペットボトルの使用に反対です。なぜなら、今、世界的にプラスチックのごみによる環境《かんきょう》破壊《はかい》が問題になっているからです。みんながペットボトルを使うのをやめれば、プラスチックのごみが減らせると思います。

司　会　では次に、村上《むらかみ》さん、お願いします。

村上さん　はい。私は、ペットボトルは使用してよいと思います。なぜなら、ペットボトルは軽くてお年寄りや子供でも持ち運びしやすいからです。また、一度開けてもふたを閉めることができるのも便利です。

司　会　ほかに意見のある人はいますか。はい、小川《おがわ》さん。

小川さん　私も、ペットボトルの使用に賛成です。理由は、ペットボトルは災害に備えての保管に向いていることです。例えば、地《じ》震《しん》が起こった場合、ガラス瓶《びん》だと割れる危険がありますが、ペットボトルなら落ちても割れにくいので安心です。一人一人がきちんとリサイクルごみに出せば、環境への負担も少ないのではないでしょうか。

司　会　なるほど。防災の観点でもペットボトルは活用しやすいということですね。その点について、和田さんはどう思いますか。

和田さん　はい。確かに小川さんの意見のとおり、災害に備えての保管にはペットボトルが適していると思いました。しかし、私は普《ふ》段《だん》の生活ではペットボトルの使用をやめるべきだと思います。新聞で読んだのですが、現在国内ではプラスチックのリサイクルが完全にできておらず、処理できないプラスチックごみは外国に輸出しているそうです。自分たちが出したごみの処理を外国に頼《たよ》るというのは、おかしいのではないでしょうか。

司　会　ペットボトルを使うことに賛成の人は、これについてどう思いますか。はい、村上さん。

村上さん　私は和田さんの話を聞くまで、国内で完全にリサイクルできているものだとばかり思っていました。確かに、これは問題ですね。

和田さん　はい。レジ袋《ぶくろ》も、今では多くのお店で有料となり、その結果マイバッグを持つ人が増えました。このように社会全体が取り組めば、人々の意識も変わっていくのではないでしょうか。

問題文

以上で、グループ・ディスカッションは終わりです。
それでは、問題です。

(1) 和田《わだ》さんは、ペットボトルの使用について賛成、反対、どちらの立場でしたか。また、その理由としてどのようなことを挙げていましたか。解答欄《らん》にあてはまる言葉を書きなさい。

解答文 ［　　］が問題になっているから。

(2) 村上さんは、ペットボトルのよい点としてどのようなことをあげていますか。二つ書きなさい。

(3) 小川《おがわ》さんは、ペットボトルのどのような点が防災に向いていると言っていましたか。

(4) 和田さんは、プラスチックのリサイクルについて、どのような問題点をあげていますか。解答欄にあてはまる言葉を書きなさい。

解答文 プラスチックごみの処理を［　　］という問題点。

(5) このグループ・ディスカッションの内容としてあてはまるものを、次の**ア・イ・ウ・エ**から一つ選び、記号で答えなさい。

ア　司会は、賛成の人が多いことで議論に偏《かたよ》りが出ないよう呼びかけている。

イ　和田さんは、リサイクルについてインターネットで調べてわかった事実を述べている。

ウ　小川さんの、災害に備えての保管にペットボトルが適しているという意見に和田さんは同意している。

エ　村上さんは、リサイクルについて自分の考えと異なる事実を知っても、あくまでも受け入れていない。

これで、聞き取り問題を終わります。

定期テスト対策 得点アップ！ 予想問題

1 立ってくる春　130ページ

1 ⓐこよみ　ⓑおに　ⓒようかい

2 例祖母が春は立つものだと言ったこと。

3 (1) 人間　空気　竜　鬼　妖怪〔順不同〕
(2) さまざまな～ようなもの

4 例1立つ春の謎が解けて満足する気持ち。
例2寒くても立春になる理由がわかって満足する気持ち。

解説

2 直前に「以来」とあるので、その前の祖母とのやりとりに着目。

3 (2) さらにあとの「立ってくる春とは、……」で始まる段落の内容に着目する。

4 「よしよし」も「うんうん」も、同意し納得したときに出る言葉。同じ段落内に「満足した」、「謎は解けた。」とある。この「謎」とは、「立つ春」の謎である。

2 なぜ物語が必要なのか　131ページ

1 胸がいっぱい　2 孤独

3 何の…例（電車の窓に映る）樹木（の）　どんな声…例1声にならない声　例2自分を励ますかのように「まだいるからね」と言っているかのような声。

4 彼と現実をつなぎとめる

5 日記・苦しみの真実

解説

1 「胸がいっぱい」とは、感情の高まりで心が占められること。

2 日記の中で、自身を「孤独な自分」と表現している。

3 洋二郎《ようじろう》さんは、樹木と会話を交わしていたのである。

4 直後の文に着目。「物語」がどんなものかが書かれている。

5 直前の二文から柳田《やなぎだ》さんは、日記を読むことで洋二郎さんの「苦しみの真実」を理解できたことがわかる。日記が、生者（父）と死者（息子）をつないだのである。

3 私《わたし》　132ページ

1 ⓐ督促　ⓑ更　2 例全く同じものなのです

3 彼女の心に寄り添う姿勢を見せる

4 例1字面は一緒でも、全く別の情報だと考えている。
例2見た目は同じでも、これは「私」の名前ではない。

5 エ

解説

2 このあとの「私」の言葉に、「二つ存在した全く同じ情報」とある。

3 直前に「彼女の心に寄り添う姿勢を見せるべく」とある。「～べく」は「～しようとして」の意味。「親身になっていることを強調した」もほぼ同じ意味だが、目的を表す「……ため。」につながらないので誤り。

4 彼女は「字面《じづら》が一緒というだけで、ここに記されているのは、『私』の名前ではない」と反論している。

5 「彼女の心に寄り添う姿勢を見せる」「親身になっていることを強調」などから、共感しているように「見せる」ことを大切にしていることがわかる。

4 薔薇《ばら》のボタン　133ページ

1 薔薇のボタンのブラウス

2　わかる直前…息をつめて　わかった直後…ほっとした
3　理解できない、恐ろしいもの（。）
簡単に触れたり語ったりしてはいけないもの（。）
あまりにも遠くて、共感の余地のないもの　〔順不同〕
4　(1)　例薔薇の赤いボタン（別解ブラウスの赤いボタン）
(2)　例ブラウスを着ていた女性を身近に感じ、その時代の気配を感じることができたから。　5　ウ

解説

2　「息をつめる」は緊張した様子を表す。戦争の遺品を見つめていたときの筆者たちの気持ちがわかる表現である。
4　ぼろぼろの布がブラウスだとわかった瞬間、ブラウスを着ていた女性の存在が一気に身近に感じられたのである。その気持ちの変化を「回路がつながった」とたとえを使って表現している。
5　ア「技術をもちたい」、イ「イメージを変えていかないといけない」、エ「若い世代に歴史を伝えていく仕事に取り組んでいきたい」とは述べていないので誤り。

5　メディア・リテラシーはなぜ必要か？　134ページ

1　ⓐウ　ⓑエ
2　Ⅰ受信　Ⅱ発信　Ⅲインターネット　〔Ⅰ・Ⅱは順不同〕
3　例多くの人が情報によって苦しみ、命を奪われてきたこと。
4　例メディア・リテラシーを身につけるべきである。

解説

1　ⓐは逆接、ⓑは順接の接続語が入る。
2　インターネットにより受信も発信もできるようになったことを「新たな時代」と述べている。
4　「これに失敗すれば」滅びると述べている。「これ」は、「メディア・リテラシーを身につけること」を指す。

6　AI《エーアイ》は哲学できるか　135ページ

1　例人工知能が切実な哲学の問いを内発的に発すること。
2　自由意志に～る思考能力
3　(1)　内発的哲学能力　(2)　イ

解説

1　「そういうこと」の内容は直前に書かれているので簡潔にまとめる。
2　「自由意志に基づいた自律的活動」と「普遍的な法則や真理を発見できる思考能力」の二つが、哲学的な「人間という類の証《あか》し」と考えられてきたと筆者は述べている。
3　筆者は、2の「証し」に加え「内発的哲学能力」までもAIが獲得することで、人間の次元に到達できると考えている。そして到達することで「人間と人工知能の対話が始まる」と述べていることからイが正解。

7　async《アシンク》――同期しないこと　136ページ

1　自然　2　音楽に加工される以前の音
3　(1)　例さまざまな場所の音。
例シンバルをコップでこすった音。
例振動するシンバルの上に置いた紙が発する音。〔順不同〕
(2)　僕は身のま

解説

1　「人工的な調律」と反対の内容を表す「自然が調律した」に着目する。
2　このピアノとの出会いをきっかけに、筆者は「音楽に加工される以前の音」に興味を抱くようになった。
3　(1)　「ニューヨークの……集めてみた。」「近所の楽器屋さんに……音が出てくる。」「他にも……いい音がする。」の三箇所から捉える。
(2)　筆者は、「本当に聴《き》きたい音」を探す中で、身のまわりにいろいろな音があるのに気づき、「さまざまな物が発する音を楽しみたく

8 問いかける言葉 137ページ

1 例海外の学校で、質問や問いを出すことで新しい世界が現れることを経験したから。 2 腑に落ちない
3 例何かがおかしい、腑に落ちないと思うこと。
4 Ⅰ…対話 Ⅱ…閉じた世界

解説

1 海外の学校で質問や問いを出して新しい世界が現れるという経験をした筆者は、日本でも質問や問いを出してみたのである。
4 わからないと感じることから疑問が生まれ、問いかける言葉を発するようになり、対話が生まれる。対話によって、自分とは異なる新しい世界と出会え、閉じていた世界が開かれるようになる、というのが筆者の主張。

9 旅への思い——芭蕉《ばしょう》と『おくのほそ道』—— 138ページ

1 ⓐいずれ ⓑさそわれて 2 Ⅰ…エ Ⅱ…ウ Ⅲ…イ
3 船頭・馬子〔順不同〕 4 ウ
5 白河（の関）・松島〔順不同〕
6 (1) 季語…雛 季節…春 (2) Ⅰ…例住み替わる Ⅱ…例雛人形

解説

2 人生は旅であるという芭蕉《ばしょう》の人生観が端的に述べられている部分。対句表現になっている点にも留意する。
4 「古人」とは昔の人のこと。ここでは、中国の李白《りはく》や杜甫《とほ》、日本の西行《さいぎょう》や宗祇《そうぎ》など、旅に生きた詩人や歌人たちを指している。
5 「白河《しらかわ》（の関）」「松島《まつしま》」はいずれも奥州《おうしゅう》の地名である。
6 「住み替わる代ぞ」と強調されていることから、旅への思いの強さ、決意が読み取れる句である。

10 和歌の調べ——万葉集《まんようしゅう》・古今和歌集《こきんわかしゅう》・新古今和歌集《しんこきんわかしゅう》—— 139ページ

1 A・G 2 B・D 3 B・E 4 C・E・G〔順不同〕
5 イ 6 例恋しい人を思いながら寝たから。
7 ①B ②C

解説

1 Aは忍ぶ恋のつらさ、Gは恋しい人を夢に見たことをよんでいる。
4 その他、BとFが「万葉集《まんようしゅう》」、AとDが「新古今和歌集《しんこきんわかしゅう》」である。
6 「人」とは「恋しい人」のこと。恋しい人を「思ひつつ寝《ぬ》れば」（＝思いながら寝たから）とある。
7 ①視覚で捉えた歌はBで、香具山《かぐやま》の新緑とそこに干された衣《ころも》の白さの色の対比が印象的。②嗅覚で捉えた歌はCで、たちばなの花の香りから昔の人を思い出している。

11 風景と心情——漢詩を味わう—— 140ページ

1 A七言絶句 B五言律詩
2 A楼・州・流 B深・心・金・簪
3 故人 4 ウ
5 惟だ見る 長江の天際に流るるを
6 イ 7 例戦乱の時代（のむごさ）
8 家 書 抵タル二 万 金一

解説

2 押韻《おういん》は五言詩が偶数句末、七言詩が第一句末と偶数句末。
3 「故人」は古い友人のこと。
4・6 友人孟浩然《もうこうねん》が西の方角にある黄鶴楼《こうかくろう》から旅立つ様子を歌った漢詩。
7 「時に感じては」は、「戦乱の時代のむごさに心を痛めては」の意。
8 一字飛ばして返るので一・二点を使う。

12 最後の一句　141ページ

1 ⓐ執行　ⓑ伺
2 (1) 例子どもが書いたものにしては条理が整っている点。
(2) 大人が書～るまいか・上を偽る～はないか〔順不同〕
3 Ⅰ…町年寄　Ⅱ…帰そう　4 イ

解説

2 いちの願い書は「条理がよく整っていて」、子どもが書いたとは思えなかった。そのため、大人に言われて書いたのではないか、悪巧《わるだく》みをしているのではないかと疑ったのである。

4 その場で即決せず、同役や上司に相談したり、手続きをしている間に調べさせようとしたりしている点から、イが正解。

13 俳句の味わい／俳句十五句　142ページ

1 大いなる輪
2 (1) 緑・白〔順不同〕　(2) イ
3 C季語…卒業　季節…春　F季語…かぶとむし　季節…夏
4 例たくさんの命がひしめいている
5 ①E　②C

解説

2 (1) 植物の緑色と、子どもの歯の白色の対照が表現されている。

3 C「卒業」は「入学」とともに春の季語である。

4 「ひしめく」とは「大勢の人が一か所にすきまなく集まる様子」を表す。「ひしめけり」から、ひとつではなく、たくさんの種を握っていると考えられる。

5 ①泥鰌《どじょう》が「鯰《なまず》も居るというて」とあるのが擬人化である。
②「卒業の兄」が「新たな一歩を踏み出した家族」である。

14 故郷　143ページ

1 昼間…例海へ貝殻を拾いに行く。
夜…例父ちゃんと西瓜の番に行く。
2 (1) (五色の) 貝殻・猹 (チャー)・跳ね魚〔順不同〕
(2) 閏土の心は神秘の宝庫
3 高い塀に囲まれた中庭

解説

2 (2) 「神秘の宝庫」は、不思議なものがたくさんつまっている様子をたとえた表現。「私」の友達が「何も知ってはいない」ことと対比して、閏土《ルントー》の心を「神秘の宝庫」と表現している。

3 閏土は自然の不思議に満ちた「海辺」を知っているが、「私」と「私」の友達は町育ちで、建物の中の狭い世界しか知らないのだ。

15 バースデイ・ガール　144ページ

1 例彼女の願いごとを一つだけかなえてあげること。
2 ア
3 (1) エ　(2) 彼女は言・彼女の耳〔順不同〕

解説

1 老人の言葉に注目する。「プレゼントといっても形のあるものじゃない。値段のあるものでもない。」「もし願いごとがあれば、一つだけかなえてあげよう。」と言っている。

3 (1) 「願いごとをかなえる」という突拍子もない話を突然聞いた場面であることから、エ「当惑」が正解。
(2) 老人の突拍子もない申し出に当惑する気持ちが読み取れる。

教科書ワーク 国語 特別ふろく②

定期テスト対策に!

聞き取り問題

こちらにアクセスして，ご利用ください。
https://www.kyokashowork.jp/ja11.html

★自宅学習でも取り組みやすいよう，放送文を簡単に聞くことができます。

★学年ごとに最適な学習内容を厳選しました。

（1年:スピーチ・会話／2年:プレゼンテーション・ディスカッション／3年:話し合い・ディスカッション）

★聞き取り問題を解くうえで気をつけたいポイント解説も充実。

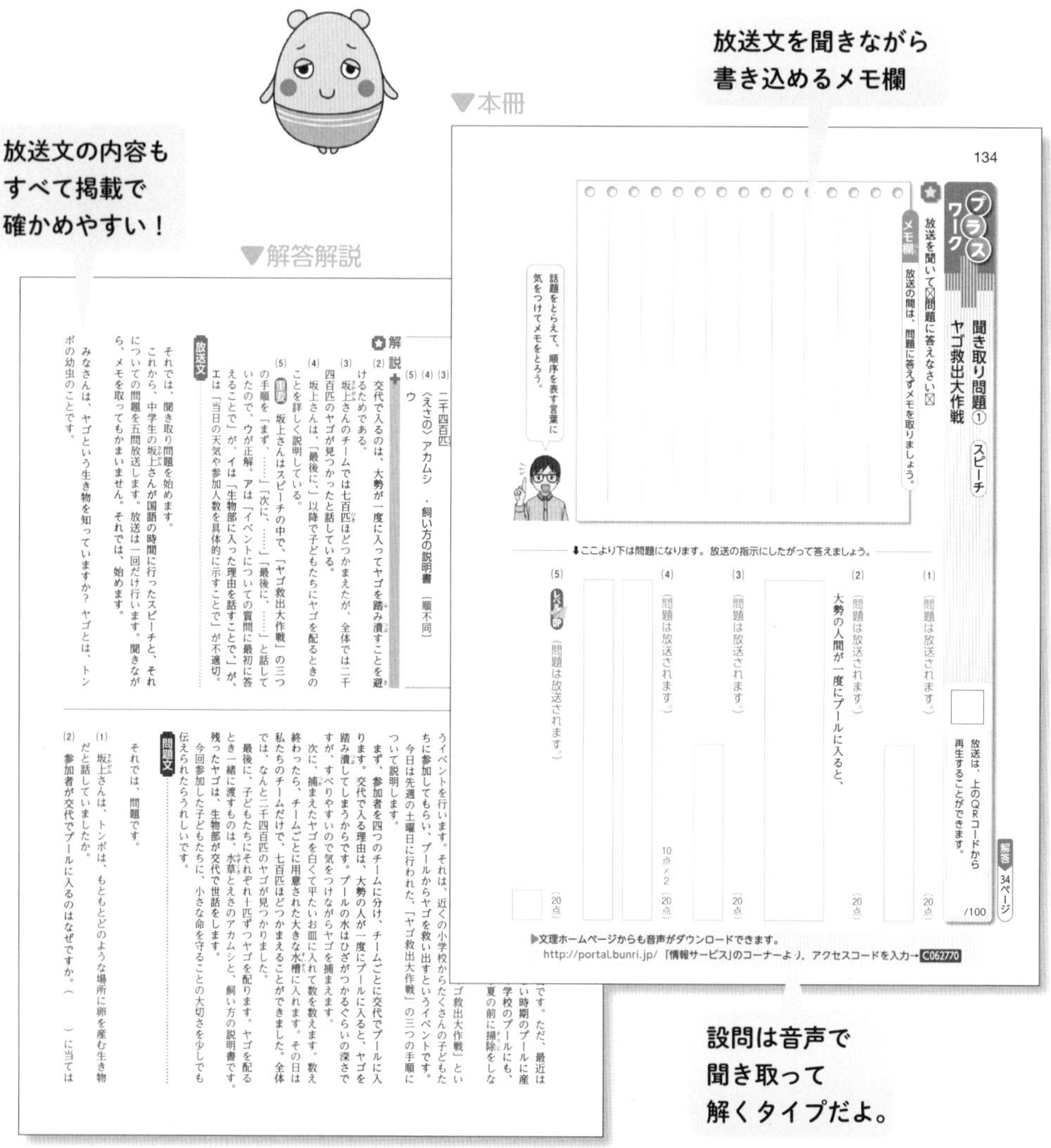

中学教科書ワーク

定期テスト対策

スピードチェック

教科書のまるごと漢字と知識マスター

国語 3年

付属の赤シートを使ってね！

教育出版版

「スピードチェック」は取りはずして使用できます。

*は、新出漢字の教科書本文外の読み方です。

春に　教p.14～15

□❶ 水流がウズまく。 ― ❶ 渦

立ってくる春　教p.18～21

□❶ 着物をヌウ。 ― ❶ 縫う
□❷ コヨミの上では立春にあたる。 ― ❷ 暦
□❸ オニのように恐ろしい。 ― ❸ 鬼
□❹ ヨウカイの物語を聞く。 ― ❹ 妖怪
□❺ *サイホウや編み物が得意だ。 ― ❺ 裁縫
□❻ *生年月日をセイレキで表記する。 ― ❻ 西暦
□❼ *勇者がキジン《おそろしい力を持った存在》を倒す。 ― ❼ 鬼神
□❽ *アヤシイ《神秘的な》光を放つ宝石。 ― ❽ 妖しい

なぜ物語が必要なのか　教p.22～28

□❶ 人間が言葉をカクトク《手に入れること》する。 ― ❶ 獲得
□❷ タマシイを込めて歌う。 ― ❷ 魂
□❸ 多大なギセイをはらう。 ― ❸ 犠牲
□❹ 祖父に手紙をアテル。 ― ❹ 宛てる
□❺ *ライオンがエモノを追う。 ― ❺ 獲物
□❻ *逃げたヤギをホカク《とらえること》する。 ― ❻ 捕獲
□❼ *セイコン《何かに打ち込む心》込めて作品を作る。 ― ❼ 精魂

私《わたし》　教p.32～44

□❶ 会費納入のトクソクジョウ《しはらいなどを迫る文書》。 ― ❶ 督促状
□❷ 理由をタズネル。 ― ❷ 尋ねる
□❸ 深々とオジギをする。 ― ❸ お辞儀
□❹ トクシュな名前をもつ。 ― ❹ 特殊
□❺ 意見がイッチする。 ― ❺ 一致
□❻ 計画にヘンコウを加える。 ― ❻ 変更
□❼ データをチクセキする。 ― ❼ 蓄積
□❽ サイフにカードを入れる。 ― ❽ 財布
□❾ 間ハツを容《い》れず《間ハツを容れず＝すぐに》対応する。 ― ❾ 髪
□❿ *出席者に発言をウナガス。 ― ❿ 促す
□⓫ *弁護士が証人をジンモン《といただすこと》する。 ― ⓫ 尋問
□⓬ *今年の夏はコトに《コトに＝特に》暑い。 ― ⓬ 殊
□⓭ *なつかしい故郷に思いをイタス《思いをイタス＝心を向ける》。 ― ⓭ 致す
□⓮ *イマサラ《いまになってはもう》どうにもならない。 ― ⓮ 今更
□⓯ *大会に向けて力をタクワエル。 ― ⓯ 蓄える
□⓰ *節約してチョチクをふやす。 ― ⓰ 貯蓄

□⑰ ＊長いクロカミを束ねる。

⑰ 黒髪

漢字の練習1

教 p.46

□❶ ある作家の書いたコイブミ。
□❷ ハタを織るための道具。
□❸ ひたすら学問をキワメル。（深く考えて本質を明らかにする）
□❹ 刃物をトグ。
□❺ スイトウチョウの記録。（金銭のだしいれを記したもの）
□❻ 団体の代表をヤメル。（仕事や地位から退く）
□❼ カワの靴を磨く。
□❽ 型紙に合わせて布をタツ。
□❾ 栄誉賞をサズカル。（目上の人から受ける）
□❿ 先輩にマサル活躍ぶりだ。（優れている）
□⓫ テンニョのような清らかさ。
□⓬ 公園にメガミの像が建っている。
□⓭ 相手に負担をシイル。（無理にさせる）
□⓮ ゴウインなやり方は好まない。
□⓯ 師の教えにソムク。（従わない）
□⓰ カイドウを西に進む。（交通面で重要な広いみち）

❶ 恋文
❷ 機
❸ 究める
❹ 研ぐ
❺ 出納帳
❻ 辞める
❼ 革
❽ 裁つ
❾ 授かる
❿ 勝る
⓫ 天女
⓬ 女神
⓭ 強いる
⓮ 強引
⓯ 背く
⓰ 街道

□⓱ 貴重な意見をウケタマワル。
□⓲ 夜はモッパラ読書をする。
□⓳ 考えウル最良の方策。
□⓴ ナゴヤカに談笑する。
□㉑ しだいに表情がヤワラグ。
□㉒ ユエあって都会を去る。（理由）
□㉓ 足の速さをキソウ。
□㉔ ムロマチジダイの建築物。
□㉕ 話題にノボセル。（とりあげる）
□㉖ 緑のマキの草。
□㉗ 「コンジャク物語集」を読む。
□㉘ ショウニカの医師を目指す。
□㉙ キョウコクにダムを建設する。（深くて険しいたに）
□㉚ お巡りさんに道を聞く。
□㉛ 新年にカキゾメをする。
□㉜ 山のユウバエが美しい。（ゆうひに照らされて輝くこと）
□㉝ タンモノでゆかたを作る。
□㉞ ブアイ制で給料をもらう。（取引や生産に応じた報酬）

⓱ 承る
⓲ 専ら
⓳ 得る
⓴ 和やか
㉑ 和らぐ
㉒ 故
㉓ 競う
㉔ 室町時代
㉕ 上せる
㉖ 牧
㉗ 今昔
㉘ 小児科
㉙ 峡谷
㉚ おまわりさん
㉛ 書き初め
㉜ 夕映え
㉝ 反物
㉞ 歩合

□35 チマナコになって捜す。（必死な様子）
□36 これはすごいシロモノだ。（ものや人。悪い意味に使うことが多い）
□37 自説をコワダカに主張する。
□38 友人にスケダチを頼む。（加勢すること）
□39 春の陽気に気分が浮つく。（うきうきして落ち着かなくなる）
□40 波止場に船が着く。

35 血眼
36 代物
37 声高
38 助太刀
39 うわつく
40 はとば

薔薇《ばら》のボタン　教p.48～56

□1 部屋のカベに写真を飾る。
□2 バクフウで窓ガラスが割れる。
□3 ヒサンな状況を脱する。
□4 テイネイな口調で話す。
□5 うれしさのあまりナミダグム。
□6 カタマリのまま肉を買う。
□7 ハトは平和のショウチョウだ。
□8 ＊古代のヘキガが発見される。
□9 ＊感動して思わずラクルイする。（なみだを流すこと）
□10 ＊キンカイを手に入れる。（きんのかたまり）
□11 ＊トクチョウのある声で鳴く鳥。

1 壁
2 爆風
3 悲惨
4 丁寧
5 涙ぐむ
6 塊
7 象徴
8 壁画
9 落涙
10 金塊
11 特徴

＊は、新出漢字の教科書本文外の読み方です。

漢字の広場1　呉音《ごおん》・漢音・唐音《とうおん》　教p.68～69

□1 漢音とゴオンを読み分ける。
□2 漢字をトウオンで読む。
□3 寺での仏道シュギョウ。
□4 ハンザツな作業に追われる。（ごたごたしていること）
□5 別の方法をジッセンする。
□6 家ではセンチャを飲む。
□7 かろうじてメンボクを保つ。（世間に対する立場）
□8 キョウモンを書き写す。（おきょう）
□9 ケビョウで仕事を休む。
□10 歯並びをキョウセイする。
□11 病床の祖母のヘイユを願う。（病気が治ること）
□12 校内をイチジュンする。（ひとまわり）
□13 能とキョウゲンを鑑賞する。
□14 ジョウミャクに注射する。
□15 叫び声がセイジャクを破る。
□16 国のチョッカツ事業。（じかに管理すること）
□17 ショウガクキンを申請する。

1 呉音
2 唐音
3 修行
4 煩雑
5 実践
6 煎（煎）茶
7 面目
8 経文
9 仮病
10 矯正
11 平癒
12 一巡
13 狂言
14 静脈
15 静寂
16 直轄
17 奨学金

- □⑱ 自分自身をコウテイする。 ⑱ 肯定
- □⑲ ジュモンを唱えて念じる。 ⑲ 呪文
- □⑳ ミゾウ（今まで一度もなかったこと）の大事件が起きる。 ⑳ 未曽有
- □㉑ ＊カラクサ模様（カラクサ模様＝つるくさの図案）のふろしき。 ㉑ 唐草
- □㉒ ＊将来のことを思いワズラウ（あれこれ悩む）。 ㉒ 煩う
- □㉓ ＊鍋で豆をイル（鍋などで熱する）。 ㉓ 煎(煎)る
- □㉔ ＊長年の病がイエル（病気などが治ること）。 ㉔ 癒える
- □㉕ ＊島々を船でメグル。 ㉕ 巡る
- □㉖ ＊運命の歯車がクルウ（普通でなくなる）。 ㉖ 狂う
- □㉗ ＊サビシイ思いをする。 ㉗ 寂しい
- □㉘ ＊ノロイの言葉をつぶやく。 ㉘ 呪い
- □㉙ ＊ソウソフ（ひいおじいさん）に写真を送る。 ㉙ 曽祖父

AI《エーアイ》は哲学できるか 教p.76～79

- □❶ 大学でテツガクを学ぶ。 ❶ 哲学
- □❷ データをチュウシュツ（抜きだすこと）する。 ❷ 抽出
- □❸ フヘンテキ（すべてに共通していること）な法則を発見する。 ❸ 普遍的

漢字の広場2　熟字訓 教p.84～85

- □❶ 大通りにテンポを構える。 ❶ 店舗
- □❷ 江戸時代から続く老舗。 ❷ しにせ
- □❸ ヤヨイ時代の遺跡が見つかる。 ❸ 弥生
- □❹ 三月のことを「弥生」という。 ❹ やよい
- □❺ 実力がハクチュウ（力などが釣り合っていて優劣がないこと）している。 ❺ 伯仲
- □❻ 父の兄である伯父さん。 ❻ おじ
- □❼ 両者、コウオツ（優劣）つけがたい。 ❼ 甲乙
- □❽ うら若き乙女に見とれる。 ❽ おとめ
- □❾ 不正コウイは処罰される。 ❾ 行為
- □❿ 為替手形で決済する。 ❿ かわせ
- □⓫ 鉱山でヤキン（鉱石から金属を精製・加工すること）の技術を学ぶ。 ⓫ 冶金
- □⓬ 田に早苗を移し植える。 ⓬ さなえ
- □⓭ 害虫をボクメツ（完全にほろぼすこと）する。 ⓭ 撲滅
- □⓮ 金属をリュウサンで溶かす。 ⓮ 硫酸
- □⓯ 硫黄は火薬の原料になる。 ⓯ いおう
- □⓰ 木綿のハンカチを買う。 ⓰ もめん
- □⓱ 暴言で会議はフンキュウ（もつれて乱れること）した。 ⓱ 紛糾
- □⓲ 固唾（緊張して口の中にたまるつば）をのんで経過を見守る。 ⓲ かたず
- □⓳ 室内に家具のハンニュウ（運びいれること）をする。 ⓳ 搬入

□⑳ 父の姉なので、伯母にあたる。
□㉑ 和服に合わせて草履を履く。
□㉒ 凸凹の多い道。
□㉓ 最寄りの駅まで徒歩で行く。
□㉔ 逃亡者の行方を追う。
□㉕ 早乙女が田植えをしている。　苗を田に植える女性

⑳ おば
㉑ ぞうり
㉒ でこぼこ
㉓ もより
㉔ ゆくえ
㉕ さおとめ

漢字の練習2

教p.87

□❶ 専門書をエツランする。　調べたり読んだりすること
□❷ 武器で相手をイカクする。
□❸ 心臓のコドウを確かめる。
□❹ 蔵で酒をジョウゾウする。　はっこう・熟成させて酒などをつくること
□❺ 課題にシンシに取り組む。　まじめでひたむきなこと
□❻ チミツな作戦を立てる。　細かい点まで行き届いていること
□❼ 新制度のヘイガイが現れる。　他に悪影響があること
□❽ サケが川をサカノボル。
□❾ 異国にショウケイの念を抱く。　あこがれること
□❿ 脳がチュウスウ機能を担《にな》う。
□⓫ ザンジお待ちください。　しばらくの間

❶ 閲覧
❷ 威嚇
❸ 鼓動
❹ 醸造
❺ 真摯
❻ 緻密
❼ 弊害
❽ 遡(遡)る
❾ 憧憬
❿ 中枢
⓫ 暫時

＊は、新出漢字の教科書本文外の読み方です。

□⓬ 法令をジュンシュする。
□⓭ 空がルリ色に染まる。　ルリ色＝紫がかった濃い青色
□⓮ 国からクンショウを授かる。
□⓯ 絶景にエイタンの声を上げる。　深い感動を表現する声や言葉
□⓰ カギアナから中の様子を見る。
□⓱ 本線から支線がブンキする。　二つの方向にわかれること
□⓲ 内容をコウモクごとに整理する。
□⓳ 学業にショウジンする。　集中して努力すること
□⑳ 幼い子のワラベウタを聞く。
□㉑ 村で代々カンヌシを務める。
□㉒ 絵の具でショウゾウ画を描く。
□㉓ ハガネのよろいに身を包む。　かたい鉄
□㉔ 人の多さにキオクレする。　おじけづくこと。ひるむこと
□㉕ 漢字をカイショで書く。
□㉖ 連歌《れんが》からハイカイが生まれた。
□㉗ 議員の汚職をダンガイする。　罪をあばいて責任を問うこと
□㉘ 自転車は車両にガイトウする。
□㉙ 価格がコウトウする。　たかく上がること

⓬ 遵守〈順守〉
⓭ 瑠璃
⓮ 勲章
⓯ 詠嘆
⓰ 鍵穴
⓱ 分岐
⓲ 項目
⓳ 精進
⑳ 童歌
㉑ 神主
㉒ 肖像
㉓ 鋼
㉔ 気後れ
㉕ 楷書
㉖ 俳諧
㉗ 弾劾
㉘ 該当
㉙ 高騰

□30 トウシャバンで印刷する。（印刷の一種）　30 謄写版
□31 彼は好奇心がオウセイだ。　31 旺盛
□32 *自らの不運をナゲク。　32 嘆く
□33 *思わずカンタンの声をあげる。（かんしんして褒めること）　33 感嘆
□34 *ピアノのケンバンをたたく。　34 鍵盤

問いかける言葉 教 p.96～102

□1 情報をシチョウシャに伝える。（見たり聞いたりする人）　1 視聴者
□2 双方のバイカイシャになる。（仲立ちをする人）　2 媒介者
□3 シダイに雨が強まる。（だんだん）　3 次第
□4 内容をよくギンミする。　4 吟味
□5 最近の消費のケイコウ。　5 傾向
□6 相手にフカンヨウな態度を示す。（思いやりがないこと）　6 不寛容
□7 将来の進路についてナヤム。　7 悩む
□8 *先生の講義にキキイル。（熱心にきく）　8 聴き入る
□9 *日がすっかりカタムク。　9 傾く
□10 *青春にクノウはつきものだ。　10 苦悩

漢字の練習3 教 p.113

□1 大きなカケに出る。　1 賭(賭)け
□2 国際平和にコウケンする。　2 貢献
□3 お祝いのタマワリモノ。　3 賜り物
□4 テイセツを守る。　4 貞節
□5 損害をバイショウする。（つぐなうこと）　5 賠償
□6 コクヒンとして来日する。　6 国賓
□7 商品代金をゲップでしはらう。（代金をつきづきしはらう方法）　7 月賦
□8 役人にワイロを渡す。（有利なはからいを求めるため、不正に渡す金品）　8 賄賂
□9 シュウワイで告発される。（わいろを受け取ること）　9 収賄
□10 何者かにユウカイされる。　10 誘拐
□11 イタバサミになって苦しむ。　11 板挟み
□12 セッソクに事を運ぶ。（仕上がりはよくないがはやいこと）　12 拙速
□13 石碑のタクホンを取る。（文字や模様に紙をあてて写し取る方法）　13 拓本
□14 飛行機にトウジョウする。　14 搭乗
□15 登録をマッショウされる。　15 抹消
□16 長雨をインウという。　16 淫(淫)雨
□17 ケイコクに橋が架かる。　17 渓谷
□18 護岸工事でコウズイを防ぐ。　18 洪水
□19 過去の偉人にシシュクする。（ひそかに師と仰ぐこと）　19 私淑

＊は、新出漢字の教科書本文外の読み方です。

□⑳ツツウラウラまで行き渡る。
□㉑労働人口がゼンゲンする。（少しずつへること）
□㉒センタク物を干す。
□㉓規格の同じハンヨウ部品。（いろいろな面でもちいること）
□㉔長編物語のコウガイを読む。（あらすじ）
□㉕庭を木のサクで囲う。
□㉖サンバシから船に乗る。
□㉗魚類は脊《せき》ツイ動物だ。
□㉘身分をサ称《しょう》する。（いつわって言うこと）
□㉙民事訴ショウを起こす。（訴《そ》ショウ＝裁判所にうったえること）
□㉚天皇がショウショを発する。
□㉛休んだ理由をセンサクする。（細かく調べ求めること）
□㉜業務を外部にイタクする。
□㉝使用のキョダクを求める。（よろしいと認めてもらうこと）
□㉞恩師のフホウに接する。（死亡の知らせ）
□㉟ユシ免職の処分を受ける。（理由などを説明して告げること）
□㊱地方色の豊かなミンヨウ。
□㊲モウマクは視神経とつながる。（眼球の内部にあるまく）

⑳津々浦々〈津津浦浦〉
㉑漸減
㉒洗濯
㉓汎用
㉔梗概
㉕柵
㉖桟橋
㉗椎
㉘詐
㉙訟
㉚詔書
㉛詮（詮）索
㉜委託
㉝許諾
㉞訃報
㉟諭旨
㊱民謡
㊲網膜

□㊳子宮の中でタイジが育つ。
□㊴鼻の奥にイントウがある。
□㊵ルイセンが緩く、すぐに泣く。
□㊶＊食事を宿でマカナウ。（用意する）
□㊷＊ツタナイ英語で話す。（上手でない）
□㊸＊相手の要求をジュダクする。（うけいれること）
□㊹＊子供によく教えサトス。（わかるように話し聞かせる）

㊳胎児
㊴咽頭
㊵涙腺
㊶賄う
㊷拙い
㊸受諾
㊹諭す

旅への思い——芭蕉《ばしょう》と『おくのほそ道』——

教 p.116〜125

□❶ゴラクとして読書する。
□❷ヒョウハクの旅に出たい。（さすらうこと）
□❸キンキチホウを旅行する。
□❹小説のボウトウを引用する。
□❺カンガイ深く話を聞く。（しみじみとかんじいること）
□❻月日は百代《はくたい》のカカク。（旅人）
□❼くもの巣をハラウ。
□❽座席をお年寄りにユズル。
□❾海が両国をヘダテル。
□❿一年生に入部をススメル。

❶娯楽
❷漂泊
❸近畿地方
❹冒頭
❺感慨
❻過客
❼払う
❽譲る
❾隔てる
❿勧める

- □⑪ 山頂からカケイ（よい眺め）を楽しむ。 ⑪佳景
- □⑫ 外国にタイザイする。 ⑫滞在
- □⑬ ＊いい香りがタダヨウ。 ⑬漂う
- □⑭ ＊人のために危険をオカス。 ⑭冒す
- □⑮ ＊相手にジョウホ（相手にゆずって意見を受け入れること）する。 ⑮譲歩
- □⑯ ＊カンカクをあけて並ぶ。 ⑯間隔
- □⑰ ＊合唱部に新入生をカンユウする。 ⑰勧誘
- □⑱ ＊交通がトドコオル（先に進まない）。 ⑱滞る

和歌の調べ――万葉集《まんようしゅう》・古今和歌集《こきんわかしゅう》・新古今和歌集《しんこきんわかしゅう》―― 教p.126～133

- □❶ 「コキンワカシュウ」の序文。 ❶古今和歌集
- □❷ 神にイノリをささげる。 ❷祈り
- □❸ 言葉をタクミ（上手なこと）に使い分ける。 ❸巧み
- □❹ 鳥がサワ（谷を流れる川）から飛び立つ。 ❹沢
- □❺ ＊合格をキガンする。 ❺祈願
- □❻ ＊作品にギコウをこらす。 ❻技巧
- □❼ ＊ジュンタク（ものが豊富なこと）な予算がある。 ❼潤沢

風景と心情――漢詩を味わう―― 教p.134～139

- □❶ コウ鶴《かく》楼（コウ鶴楼＝中国武漢市にある高楼）で詩を作る。 ❶黄
- □❷ コガネの山を手に入れる。 ❷黄金
- □❸ 諸国をホウロウする。 ❸放浪
- □❹ ジユウホンポウ（束縛されず思いのままでいる様子）に振る舞う。 ❹自由奔放
- □❺ 「詩聖」とショウされる。 ❺称
- □❻ バンキンに値する芸術品。 ❻万金
- □❼ 社会のチツジョ（正しい順や決まり）を守る。 ❼秩序
- □❽ 夏草がオイシゲル。 ❽生い茂る
- □❾ パンのキジをこねる。 ❾生地
- □❿ 白髪頭の老紳士。 ❿しらが
- □⓫ 王がカンムリをかぶる。 ⓫冠
- □⓬ ジョジ（できごとをありのまま述べること）的な詩を創作する。 ⓬叙事
- □⓭ ＊左右タイショウの図形。 ⓭対称
- □⓮ ＊優勝のエイカンを手にする。 ⓮栄冠

最後の一句 教p.140～159

- □❶ 悪人がザンザイ（打ち首）になる。 ❶斬罪
- □❷ 母は姉《あね》さん女《にょう》ボウだ。 ❷房
- □❸ 優しい人柄をシタウ。 ❸慕う
- □❹ ユウフクな家庭に育つ。 ❹裕福

□5 天然資源にトボシイ。
□6 激しいソウトウ（あらそい）が続く。
□7 両国間にワボク（あらそいをやめて仲直りすること）が成る。
□8 船が港をシュッパンする。
□9 秘密の情報をサグリダス。
□10 司法機関にウッタエル。
□11 おブギョウサマに願い出る。
□12 アカツキ（明け方）に霜が降りる。
□13 門のカンノキ（かんぬき）が外される。
□14 門番はツメショにいる。
□15 カイチュウ（ふところのなか）から時計を出す。
□16 背後をカエリミル（振り返る）。
□17 上役の意向をウカガウ。
□18 設立のシュイ（何かをしようとするときの考えや目的）を述べる。
□19 変装で周りの人をイツワル。
□20 刑がシッコウされる。
□21 おシラス（昔、罪人の取り調べをした場所）に罪人が居並ぶ。
□22 出番まで楽屋にヒカエル。

---

5 乏しい
6 争闘
7 和睦
8 出帆
9 探り出す
10 訴える
11 奉行様
12 暁
13 貫の木
14 詰め所〈詰所〉
15 懐中
16 顧みる
17 伺う
18 趣意
19 偽る
20 執行
21 白州
22 控える

＊は、新出漢字の教科書本文外の読み方です。

□23 ほうびをツカワス（目上の者が目下の者にものを与える）。
□24 ゴウモンを禁止する。
□25 オクする（オクする＝おどおどすること）ことなく人前に立つ。
□26 チンジュツ（口でのべること）の一部始終を聞く。
□27 クチビルが乾く。
□28 目にゾウ悪《お》を帯びる。
□29 初志をカンテツする。
□30 過失のシャメン（許すこと）を願い出る。
□31 ＊武士が罪人を刀でキル。
□32 ＊病院でチブサの検査をする。
□33 ＊祖母へのシボ（なつかしく思いしたうこと）の念が募る。
□34 ＊ビタミンがケツボウ（不足すること）する。
□35 ＊さまざまな困難とタタカウ。
□36 ＊船のホバシラ（船のマスト）を立てる。
□37 ＊ソショウを起こす。
□38 ＊地域でホウシ（社会のためにつくすこと）活動をする。
□39 ＊自分の意志をツラヌク。
□40 ＊幼年時代をカイコ（過去を思い出すこと）する。

---

23 遣わす
24 拷問
25 臆
26 陳述
27 唇
28 憎
29 貫徹
30 赦免
31 斬る
32 乳房
33 思慕
34 欠乏
35 闘う
36 帆柱
37 訴訟
38 奉仕
39 貫く
40 回顧

□41 ＊オモムキ深い風景。
□42 ＊私のシュミは映画鑑賞だ。
□43 ＊犯人がギメイを使う。
□44 ＊会社で事務をトル。
□45 ＊真相究明にシュウネン（思い込んで動かない心）を燃やす。
□46 ＊通訳を会議にハケンする。
□47 ＊不正な行いをニクム。

41 趣
42 趣味
43 偽名
44 執る
45 執念
46 派遣
47 憎む

漢字の広場3　異字同訓

教 p.160～161

□1 医師が病人の脈をミル。
□2 自分の愚かさをカエリミル。
□3 案件を審議会にハカル（意見をきく）。
□4 歴史の本をアラワス。
□5 イチジルシイ効果が見られる。
□6 候補者として友人をススメル。
□7 子供の権利をオカス（権利などを損なう）。
□8 牛の乳をシボル（押して液体を出す）。
□9 討議の前に論点をシボル（狭める）。
□10 風カオル五月。

1 診る
2 省みる
3 諮る
4 著す
5 著しい
6 薦める
7 侵す
8 搾る
9 絞る
10 薫る

□11 キュウケイジョでお茶を飲む。
□12 敵のボウリャク（はかりごと）を見抜く。
□13 運命にホンロウ（意のままにもてあそぶこと）される。
□14 世間にメイワクをかける。
□15 果物をシュウカクする。
□16 シンジュのネックレス。
□17 教授のセイキョ（「死亡」の尊敬語）を知らされる。
□18 ＊病院でケンシンを受ける。
□19 ＊シモン機関からの発表。
□20 ＊彼を委員長にスイセンする。
□21 ＊不審者が会場にシンニュウ（不法にはいること）する。
□22 ＊ハガイジメ（背後から相手を強くしめつけること）にする。
□23 ＊イコイ（気分を楽にして休むこと）の広場に集まる。
□24 ＊人の心をモテアソブ（思うままにする）。

11 休憩所
12 謀略
13 翻弄
14 迷惑
15 収穫
16 真珠
17 逝去
18 検診
19 諮問
20 推薦
21 侵入
22 羽交い絞め〈羽交い締め〉
23 憩い
24 弄ぶ

漢字の練習4

教 p.164

□1 アジアのボウコク（ある国）からの発表。
□2 政変がボッパツ（事件などが急に起こること）する。
□3 世界のハシャとなる。

1 某国
2 勃発
3 覇者

- □❹ シシ《後継ぎ》として家を継ぐ。
- □❺ 背骨の中にセキズイがある。
- □❻ 祖母は昔サンバ《助さん師の古い呼び名》をしていた。
- □❼ 皆でクサモチを食べる。
- □❽ 戦争のキョウイを感じる。
- □❾ ホウショク《たべものに不自由しないこと》の時代と言われる。
- □❿ 王のタイカン《君主がかんむりを頭にのせること》式。
- □⓫ 納豆はハッコウ食品だ。
- □⓬ ケイチョウ《祝いごととむらいごと》用の黒い礼服。
- □⓭ テキギ《その時々の状況に応じて》、問題処理にあたる。
- □⓮ 細胞が分裂し、ゾウショクする。
- □⓯ コウオツヘイテイで評価する。
- □⓰ シュウチシン《はじらいの気持ち》を持つ。
- □⓱ 国際条約をヒジュン《条約などに国家機関が同意を与えること》する。
- □⓲ セイサン《むごいこと》な事件が起こる。
- □⓳ 船をゲンソク《船体のそく面》から眺める。
- □⓴ 外国のカンテイ《軍かん》が来航する。
- □㉑ カキネ越しに隣人と話す。

---

❹ 嗣子
❺ 脊髄
❻ 産婆
❼ 草餅（餠）
❽ 脅威
❾ 飽食
❿ 戴冠
⓫ 発酵
⓬ 慶弔
⓭ 適宜
⓮ 増殖
⓯ 甲乙丙丁
⓰ 羞恥心
⓱ 批准
⓲ 凄惨
⓳ 舷側
⓴ 艦艇
㉑ 垣根

＊は、新出漢字の教科書本文外の読み方です。

- □㉒ 城のソトボリを埋める。
- □㉓ 美術館に並ぶチョウソ《木や石をほって作った像や、粘土で作った像》。
- □㉔ 父は家でバンシャクをする。
- □㉕ 深い眠りからカクセイ《目がさめること》する。
- □㉖ 市民がバイシン員を務める。
- □㉗ 条文にフソクを加える。
- □㉘ あの人にはイツワ《世間に知られていないはなし》が多い。
- □㉙ 郵便はテイシン事業に属する。
- □㉚ 大臣がコウテツ《ある役目の人を別の人に替えること》される。
- □㉛ カレツ《厳しく激しいこと》な戦いを強いられる。
- □㉜ 花がホウコウ《よいかおり》を放つ。
- □㉝ 手拭いをアイイロに染める。
- □㉞ 薬のショホウセン。
- □㉟ 食卓にハシオキを並べる。
- □㊱ 句読点《くとうてん》などのフゴウ。
- □㊲ ＊全国セイハ《優勝すること》を成し遂げる。
- □㊳ ＊ゲッペイは中国のお菓子だ。
- □㊴ ＊犯人が店員をオドス《怖がらせる》。

㉒ 外堀
㉓ 彫塑
㉔ 晩酌
㉕ 覚醒
㉖ 陪審
㉗ 附則〈付則〉
㉘ 逸話
㉙ 逓信
㉚ 更迭
㉛ 苛烈
㉜ 芳香
㉝ 藍色
㉞ 処方箋（箋）
㉟ 箸（箸）置き
㊱ 符号
㊲ 制覇
㊳ 月餅（餠）
㊴ 脅す

□40 ＊子供が同じ遊びにアキル。
□41 ＊死者の霊をトムラウ。
□42 ＊貯金をフヤス。

40 飽きる
41 弔う
42 殖やす

故郷

教p.180〜196

□1 枯れ草のやれクキに覆われる。
□2 ひっそりカン（とても静かな様子）としたお屋敷。
□3 ノウリ（頭の中）に母の顔が浮かぶ。
□4 コン碧《べき》の空を見上げる。
□5 マタくぐりをして遊ぶ。
□6 かわいいボッチャン。
□7 店にはヤトイニン（やとわれて働くひと）が三人いる。
□8 ツヤのある顔をしている。
□9 外出時にボウシをかぶる。
□10 ひもを棒にユワエル。
□11 海辺でカイガラ拾いをする。
□12 運動して喉がカワク。
□13 水面で魚がハネル。
□14 庭はヘイで囲まれている。

1 茎
2 閑
3 脳裏
4 紺
5 股
6 坊ちゃん
7 雇い人
8 艶
9 帽子
10 結わえる
11 貝殻
12 渇く
13 跳ねる
14 塀

□15 お祝いにオクリモノをする。
□16 コンパスのアシのように細い。
□17 トウフを使った料理。
□18 ショウバイハン盛《じょう》の神様。
□19 子どもが野原をカケメグル。
□20 「ダンナ様」と呼びかける。
□21 恵まれたキョウグウに育つ。
□22 天候不順でキョウサク（米や野菜などの出来が悪いこと）になる。
□23 静かにイスに座っている。
□24 記念にコウロ（こうをたくときに用いる器）をもらう。
□25 スイジ（料理をすること）と掃除を担当する。
□26 地面から土器をホリダス。
□27 小屋にニワトリ数羽を飼う。
□28 旧友との別れが名残惜しい（心残りでつらい気持ち）。
□29 エイユウの風格がある。
□30 燭台《しょくだい》をショモウ（のぞみ願うこと）する。
□31 グウゾウスウハイ（信仰の対象のぞうを心から敬うこと）をする。
□32 ＊地中にキュウケイ（地中にある丸い形の植物のくき）をもつ植物。

15 贈り物
16 脚
17 豆腐
18 商売繁
19 駆けめぐる〈駆け巡る〉
20 旦那
21 境遇
22 凶作
23 椅子
24 香炉
25 炊事
26 掘り出す
27 鶏
28 なごり
29 英雄
30 所望
31 偶像崇拝
32 球茎

□ 33 ＊コカンセツを柔軟にする。
□ 34 ＊ネボウして慌てる。
□ 35 ＊会社にコヨウされる。
□ 36 ＊チカクの変動を予測する。（地球の表層部分）
□ 37 ＊ひらりと空中にチョウヤクする。（とびはねること）
□ 38 ＊ナワトビをして遊ぶ。
□ 39 ＊ゾウトウする品物を選ぶ。
□ 40 ＊作品を母校にキソウする。
□ 41 ＊劇のキャクホンを担当する。
□ 42 ＊魚がクサル。
□ 43 ＊あらゆる技術をクシする。（思いのままにつかいこなすこと）
□ 44 ＊ガンタンを祝う。
□ 45 ＊意外な場面にソウグウする。（思いがけなく出合うこと）
□ 46 ＊台所でニタキする。（食べ物をにたりたいたりすること）
□ 47 ＊遺跡をハックツする。
□ 48 ＊ヨウケイジョウを営む。
□ 49 ＊カボチャのオバナを観察する。
□ 50 ＊家でオスイヌを飼っている。

33 股関節
34 寝坊
35 雇用
36 地殻
37 跳躍
38 縄跳び
39 贈答
40 寄贈
41 脚本
42 腐る
43 駆使
44 元旦
45 遭遇
46 煮炊き
47 発掘
48 養鶏場
49 雄花
50 雄犬

＊は、新出漢字の教科書本文外の読み方です。

漢字の広場4　四字熟語　教 p.204～205

□ 1 セイレンケッパクの士。（心や行いが正しいこと）
□ 2 フンコツサイシンの努力をする。（みをくだくほど努力すること）
□ 3 キブンソウカイになる。
□ 4 決断はジキショウソウだ。（はやすぎること）
□ 5 ジュンカンケイロを確認する。（一回りしてもとに戻る道筋）
□ 6 キガジョウタイの地域への援助。
□ 7 牛の乳をテイオンサッキンする。
□ 8 ここはチュウシャキンシだ。
□ 9 メイヨキソンの罪。（体面をそこなうこと）
□ 10 今後のことはゴリムチュウだ。
□ 11 大企業が市場をカセンする。（少数が大部分を支配すること）
□ 12 取引先とコウショウする。
□ 13 和洋セッチュウの様式。（両方のよい点をとって一つに合わせること）
□ 14 庭で植物をサイバイする。
□ 15 セイリョウな風が渡る。（すずしくてさわやかなこと）
□ 16 ＊氷の塊がクダケル。
□ 17 ＊サワヤカな風が吹く。

1 清廉潔白
2 粉骨砕身
3 気分爽快
4 時期尚早
5 循環経路
6 飢餓状態
7 低温殺菌
8 駐車禁止
9 名誉毀損
10 五里霧中
11 寡占
12 交渉
13 折衷
14 栽培
15 清涼
16 砕ける
17 爽やか

□⑱	*干ばつでウエに苦しむ。	⑱ 飢え
□⑲	*キリサメが降っている。	⑲ 霧雨
□⑳	*商品を買いシメル。	⑳ 占める
□㉑	*地球の将来をウラナウ。	㉑ 占う
□㉒	*利益をドクセンする。	㉒ 独占
□㉓	*夜風がスズシイ季節になる。	㉓ 涼しい

漢字の練習5

教 p.207

□❶	キカガク模様を描く。	❶ 幾何学
□❷	ミンゾク《みんかんの風習・しきたりなど》芸能を調査する。	❷ 民俗
□❸	ガラスにスイテキが付く。	❸ 水滴
□❹	テイコクの歴史を調べる。	❹ 帝国
□❺	ゲンシュク《おごそかな様子》な儀式。	❺ 厳粛
□❻	華やかなキュウテイ《国王のすまい》文化。	❻ 宮廷
□❼	部屋のテンジョウを見上げる。	❼ 天井
□❽	ガジュクで油絵を習う。	❽ 画塾
□❾	宇宙から無事にキカン《戻ってくること》する。	❾ 帰還
□❿	ペットの世話をオコタル。	❿ 怠る
□⓫	ドウケツ《ほらあな》を探検する。	⓫ 洞穴
□⓬	ユイイツの方法を試みる。	⓬ 唯一
□⓭	ジョウモンドキが発見される。	⓭ 縄文土器
□⓮	天体のキドウが変化する。	⓮ 軌道
□⓯	一刻のユウヨ《期日を延ばすこと》もない。	⓯ 猶予
□⓰	多くの難題をコクフク《困難に打ち勝つこと》する。	⓰ 克服
□⓱	ヘイオンな生活を送る。	⓱ 平穏
□⓲	クウランに住所を記入する。	⓲ 空欄
□⓳	ショクリョウ危機に備える。	⓳ 食糧〈食料〉
□⓴	コウソクジカン《自由を制限されるじかん》が長い仕事。	⓴ 拘束時間
□㉑	冬は空気がカンソウする。	㉑ 乾燥
□㉒	血液がギョウコ《こりかたまること》する。	㉒ 凝固
□㉓	*雨のシズクが落ちる。	㉓ 滴
□㉔	*利益を消費者にカンゲンする。	㉔ 還元
□㉕	*タイダ《なまけること》な生活を送る。	㉕ 怠惰
□㉖	*教室の掃除をナマケル。	㉖ 怠ける
□㉗	*事実をコクメイ《細かく念を入れること》に記録する。	㉗ 克明
□㉘	*彼はオダヤカな人柄だ。	㉘ 穏やか
□㉙	*よく見ようと目をコラス《一つのところに集中させる》。	㉙ 凝らす

旅への思い——芭蕉《ばしょう》と『おくのほそ道』——

教 p.116〜125

歴史的仮名遣い

現代仮名遣いを確認しよう。

過客《くわかく》	かかく
とらへて	とらえて
いづれ	いずれ
越えむ	こえん
栄耀《えいえう》	えいよう
兵《つはもの》	つわもの
立石寺《りふしやく》	りゅうしゃくじ
坊《ばう》	ぼう

『おくのほそ道』では，
対句的な表現が多く使われ
ているよ。
注意しながら読んでみよう。

ポイント文

現代語訳を確認しよう。

● 月日は百代《はくたい》の過客にして、行《ゆ》きかふ年もまた旅人なり。

訳 月日は永遠の旅人であり、行く年来る年もまた旅人である。

● 三代の栄耀一睡のうちにして

訳 藤原《ふじわら》氏三代の栄華は、ひと眠りのようにはかなく消え

● 功名一時のくさむらとなる。

訳 手柄を立てたが、それは一時のことで今はくさむらとなっている。

● 一見すべきよし、人々の勧《すす》むるによって

訳 一度見ておいたほうがよい、と人々が勧めるので

● 佳景寂寞《かけいじゃくまく》として心澄みゆくのみおぼゆ。

訳 美しい景色がひっそりと静まり返り、心が澄みわたっていくことだけが感じられる。

俳句の大意

俳句の意味と季語を確認しよう。

● 草の戸も…わびしい草庵《そうあん》にも住人の替わるときがやってきた。これからは雛《ひな》を飾るにぎやかな家になることだろう。　季語…雛(春)

● 夏草や…高館《たかだち》からは生《お》い茂った夏草が見える。藤原三代や義経《よしつね》主従の栄華や功名は夢と消えて、面影すらも見ることができない。　季語…夏草(夏)

● 閑《しづ》かさや…この山のひっそりとしたもの寂しさよ。この静けさの中で、蝉《せみ》の声だけが岩にしみ入っていくように聞こえる。　季語…蝉(夏)

作品

作品について確認しよう。

作者	芭蕉《ばしょう》
成立	江戸時代前期
特徴	紀行文

和歌の調べ ——万葉集《まんようしゅう》・古今和歌集《こきんわかしゅう》・新古今和歌集《しんこきんわかしゅう》

教 p.126〜133

和歌の形式・種類

和歌の種類を確認しよう。

短歌 五・七・五・七・七で作る歌。

長歌 五・七を三回以上重ね、七・七で結ぶ歌。

東歌《あずまうた》 東国地方の人々がよんだ歌。

防人《さきもり》の歌 九州に送られた兵士とその家族の歌。

反歌《はんか》 長歌のあとに添える短歌。

和歌の技法

和歌の技法を確認しよう。

枕詞《まくらことば》 特定の言葉を導くために、その直前に置かれる言葉。五音であることが多い。

例 春過ぎて夏来たるらし白たへの衣《ころも》干したり天《あめ》の香具山《かぐやま》　持統天皇《じとうてんのう》

序詞《じょことば》 ある語句を導くための前置きの言葉。後に続く言葉は決まっていない。

例 多摩《たま》川にさらす手作りさらさらになにそこの児《こ》のここだかなしき　東歌《あづまうた》

掛詞《かけことば》 一語に二つ以上の意味をもたせる技法。

例「かれ」→「離《か》れる」・「枯れる」
「ふみ」→「文」・「踏み」

句切れ

和歌の句切れとリズムを確認しよう。

初句切れ	五／七五七七	七五調
二句切れ	五七／五七七	五七調
三句切れ	五七五／七七	七五調
四句切れ	五七五七／七	五七調

語句の意味

意味を確認しよう。

幸《さ》くあれて …無事でいるように

覚めざらましを …目を覚まさなかっただろうに

心なき身 …出家をして俗世《ぞくせ》の感情を断った身

作品

作品について確認しよう。

作品	項目	内容
万葉集《まんようしゅう》	成立	奈良《なら》時代
	特徴	現存する日本最古の歌集
	歌風	素直で素朴な表現
古今《こきん》和歌集《わかしゅう》	成立	平安時代前期
	特徴	最初の勅撰《ちょくせん》和歌集
	歌風	優美で技巧《ぎこう》的な表現
新古今《しんこきん》和歌集《わかしゅう》	成立	鎌倉時代
	特徴	八番めの勅撰和歌集
	歌風	絵画的で洗練された表現

風景と心情——漢詩を味わう——

教 p.134～139

漢詩の形式

漢詩の種類を確認しよう。

五言絶句	五字×四句　例『春暁《しゅんぎょう》』（孟浩然《もうこうねん》）
七言絶句	七字×四句　例『黄鶴楼《こうかくろう》にて…』（李白《りはく》）
五言律詩	五字×八句　例『春望《しゅんぼう》』（杜甫《とほ》）
七言律詩	七字×八句

ポイント文

返り点と書き下し文を確認しよう。

● 煙《えん》花《くわ》　三　月　下ル二揚《やう》州《しう》ニ一

書き下し文　煙花三月揚州に下る

● 春　眠　不《ず》レ覚エレ暁《あかつき》ヲ

書き下し文　春眠暁を覚えず

● 渾《す》ベテ欲《ほつ》スレ不《ざ》レ勝《た》ヘラントレ簪《しん》ニ

書き下し文　渾《す》べて簪に勝へざらんと欲す

語句の意味

意味を確認しよう。

故人	古くからの友人
天際	天の果て・空のはるか遠くの方
知る多少	どれほどかわからない
家書	家からの手紙

俳句の味わい

教 p.166～171

俳句の知識

俳句の知識事項を確認しよう。

定型	五・七・五の三句十七音のこと。
句切れ	言葉のつながりや意味の切れめ。
切れ字	表現をいったん切り、余情や感動を表す言葉。「や」「かな」「けり」など。
季語	一句に一つよみこむ、季節を表す言葉。
歳時記	季語を季節ごとに分類・解説した書物。
自由律俳句	定型や季語などのきまりにとらわれない句。

俳句の大意

俳句の意味と季語を確認しよう。

● 夏草や…夏草が生い茂る季節になった。生命力にあふれるこの季節、生き生きと野球をする人々の姿が遠くに感じられる。　季語…夏草（夏）

● 卒業の…いよいよ卒業を迎える兄と、いつもの堤防に来ている。門出を前にした兄はこれまでと何か違って見える。　季語…卒業（春）

● ものの種…何かの種を握ってみると、その中にあふれんばかりの命がひしめいているのが感じられる。
季語…ものの種（春）

文法の小窓1　助詞のはたらき

教 p.70／p.282〜286

助詞の種類　四種類の違いを確認しよう。

●格助詞

現れるところ……主に体言のあと。
つくる文の成分……主語・修飾語などをつくる。
はたらき……あとの文の成分との関係を示す。
例「私が行く。」　格助詞＝が

●接続助詞

現れるところ……主に用言・助動詞のあと。
つくる文の成分……接続語をつくる。
はたらき……あとの文の成分とさまざまな関係でつながる。
例「寒いけれど外にでよう。」　接続助詞＝けれど

●副助詞

現れるところ……いろいろな語のあと。
はたらき……さまざまな意味をつけ加える。
例「弟だけ出かける。」　副助詞＝だけ

●終助詞

現れるところ……文や文節の終わり。
はたらき……話し手の気持ちや態度を示す。
例「この本を読んでみてね。」　終助詞＝ね

助詞の意味　主な助詞の意味を確認しよう。

	種類	意味	例文
が	格助詞	主体	父が出かける。
を	格助詞	対象	お茶を飲む。
に	格助詞	場所	家にいる。
から	格助詞	始まり	明日から始まる。
で	格助詞	手段	のりで貼る。
から	接続助詞	順接	食べたから満腹だ。
のに	接続助詞	逆接	走ったのに元気だ。
し	接続助詞	並立	大きいし重い。
て・で	接続助詞	補助	先に聞いておく。
ながら	接続助詞	同時	泣きながら話した。
だけ	副助詞	限定	水だけ飲む。
は	副助詞	対比	僕は賛成です。
でも	副助詞	例示	小学生でもできる。
も	副助詞	同類	母にも教えた。
なあ	終助詞	感動	月がきれいだなあ。
の	終助詞	疑問	何がほしいの。
な	終助詞	禁止	何も言うな。

文法の小窓2 助動詞のはたらき

教 p.106／p.287～291

助動詞の意味

主な助動詞の意味を確認しよう。

助動詞	意味	例
れる・られる	受け身	例 肩をたたかれる。
	可能	例 誰でも答えられる。
	自発	例 故人がしのばれる。
	尊敬	例 先生が説明される。
せる・させる	使役	例 雨具を持たせる。
		例 帰らせてください。
ない ぬ(ん)	打ち消し	例 田中さんは来ない。
		例 これが動かぬ証拠だ。
ます	丁寧《ていねい》	例 後で連絡します。
た	過去	例 先週テニスをした。
	完了	例 葉がすべて落ちた。
たい たがる	希望	例 お茶が飲みたい。
		例 妹が遊びたがる。
ようだ ようです	推定	例 結論が出たようだ。
	たとえ	例 まるで映画のようだ。
そうだ そうです	様態	例 もう終わりそうだ。
	伝聞	例 彼も参加するそうだ。
だ です	断定	例 兄は高校生だ。
		例 この本は名作です。
らしい	推定	例 会は延期になるらしい。
う・よう	意志	例 もう少し待とう。
	勧誘《かんゆう》	例 いっしょに帰ろう。
	推量	例 重さ百キロはあろう。
まい	打ち消しの意志	例 これ以上は語るまい。
	推量	例 気温は上がるまい。

助動詞の見分け方

助動詞の意味や、文法的な性質を確認しよう。

● れる・られる

- 「○○から」を補える …受け身の助動詞
  例「ほめられる。」→「先生からほめられる。」
- 「～できる」という意味を表す …可能の助動詞
  例「早く起きられる。」→「早く起きることができる。」
- 「自然と」を補える …自発の助動詞
  例「思い起こされる。」→「自然と思い起こされる。」
- 「～なさる」という意味を表す …尊敬の助動詞
  例「講演される。」→「講演なさる。」

● ない

- 「ぬ」に置きかえられる …打ち消しの助動詞
  例「これはわからない。」→「これはわからぬ。」
- 「有る」の反対の意味を表す …形容詞
  例「遊ぶ時間がない。」→「遊ぶ時間が無い。」
- 直前に「は・も」を補える …補助形容詞
  例「人生は甘くない。」→「人生は甘くはない。」

● らしい

- 「どうやら」を補える …推定の助動詞
  例「寒くなるらしい。」→「どうやら寒くなるらしい。」
- 「ふさわしい」という意味を表す …形容詞の一部
  例「中学生らしい服。」→「中学生にふさわしい服。」